아산재단 연구총서 제267집

구성주의 사회복지 실천 기술론

고 미 영

집문당

머리말

내가 구성주의 철학과 이론을 처음 접하게 된 것은 박사 과정에서 이야기치료를 소개받았을 때였다. 이야기치료는 구성주의적 이론에 근거한 실천 방식이었기에 자연스럽게 구성주의 이론을 배울 수 있었다. 한국에 나와서 이야기치료를 소개하는 과정에서 구성주의와 포스트모던 철학들을 잠시 소개할 기회는 있었지만, 깊이 있게 이 주제를 다루거나 알릴 기회는 드물었다. 아직까지 한국의 사회복지 현장에서 구성주의 이론은 생소한 편이고 잘 이해되지 않고 있는 실정이다.

이번 기회에 아산사회복지재단의 연구기금으로 이 책을 집필할 수 있게 된 것을 참으로 감사하게 생각한다. 나는 구성주의적 실천에 관한 책을 쓸 것을 염두에 두고 그동안 논문들을 통해 구성주의 이론과 실천 방식에 대한 다양한 주제들을 다루어 왔다. 이것을 한데 모아 책으로 엮으려 하니 생각처럼 쉬운 일은 아니었다. 각각의 주제들이 겹치게 되거나 경계가 분명하지 않은 경우도 많아서 이를 통합된 하나의 책으로 엮어내는 과정은 힘들었다.

구성주의는 한마디로 우리가 어떻게 우리의 삶과 세계를 만들어 가는가에 대한 이론이다. 구성주의는 지금까지 우리에게 익숙해져 온 객관주의적 사고에 맞서는 대안적 사고방식을 제시하고 있기 때문에 이를 흔쾌히 받아들이는 것이 쉽지는 않다. 그러나 우리 자신을 진실되게 성찰해 보면 구성주의 철학에서 주장하고 있는 바가 바로 우리 자신의 모습을 비추어 주는 때가 있다.

날로 변화하는 사회복지의 환경과 실천 현장에서 구성주의 사고와 철학이 제기하는 쟁점과 제안들은 사회복지사들에게 현장 감각을 살린 적절한 실천 방식을 구성하도록 도움을 줄 것이라고 본다. 이 책의 1부에서는 구성주의 기초 이론을 소개하면서 사회복지 실천의 전문성에 대해 논의하였다. 특히 구성주의의 원형적인 이론을 사회복지의 실천에 접목시키려는 노력을 내 나름대로 해보았다. 그 결과 구성주의적 사고를 적용한 사회복지 실천의 내용과 과정에 대해 탐구하였다. 제2부는 현재 구성주의적 사고를 실천에 적용하는 이야기치료와 해결중심치료를 소개하면서 사회복지사들에게 유용한 실천 기법이나 실천 방식에 초점을 맞추고자 하였다. 또한 임파워먼트 이론이나 비평이론은 실제로 구성주의를 기반으로 하지 않은 실천 모형, 또는 이론이다. 하지만 구성주의 이론을 적용하여 더 나은 방식으로 실천할 수 있도록 이 이론들을 덧붙였다. 마지막 3부에서는 전통적으로 사회복지 실천의 대상으로 구분되어 왔던 개인, 가족, 집단과 지역사회를 위한 구성주의적 실천을 제안하였다.

내가 구성주의에 대한 연구를 시작한 때로부터 이 책을 완성하기까지는 상당한 시간이 걸렸다. 이 책에 수록된 사례들은 구성주의적 이론을 사용했다고 밝힌 여러 실천가들이 학술지나 책으로 발표한 사례를 재분석하여 사용한 것들이다. 그분들께 사례의 사용을 허락받기 위해서 일일이 이메일과 편지를 보냈지만 답변은 단 한 곳으로부터 받을 수 있었다. 그는 지역사회를 위한 실천 사례의 대표 저자인 David Denborough였다. 그 답변이 나머지 저자들의 마음을 대변해 주리라고 생각하여 여기에 잠깐 소개하고자 한다. 그는 자신의 사례가 한국 독자들에게 소개되는 것을 매우 기쁘게 생각하면서, 한국의 실천가들이 이 방식을 유용하게 쓸 수 있기를 바란다고 하셨다. 또한 나에게 특별히 두 가지 점을 부탁하셨다. 하나는 처음 사례가 실린 학술지를 밝혀주고, 저자들이 쓴 본문을 나의 분석과 구분될 수 있게 해 달라는 것이었다. 그 점은 처음부터 내가 각별히 신경을 써 왔던 것으로, 될 수 있으면 사례의 분석과 인용을 구분하고자 나름대로 최선을 다하였다. 나 자신이 다른 학술지를 통해 발표해 온 논문들의 출처 역시 정확히 밝혀 놓았다. 물론 책으로 엮는 과정에서 상당히 수정되었기 때문에 실제로는 많이 달라지고 새롭게 서술된 부분이 더 많은 것 같다.

구성주의 이론과 철학이 나의 생활과 사고방식에 도움이 되었듯이 이 책을 읽는 독자들에게도 도움이 되기를 바란다. 특히 사회복지사들이 구성주의적 아이디어와 제안을 실천 현장에서 적용할 수 있기를 진심으로 기대하고 있다. 아울러 연구를 지원해 준 아산사회복지재단과 출판을 맡아주신 집문당출판사, 그리고 편집부 최정미 씨에게 깊은 감사를 드린다.

2009년 2월

고미영

차 례

제 1 부 구성주의 실천의 기초

제 1 장 사회복지 실천과 전문성

1. 사회복지 전문직의 실체 …… 19
  1) 전문성을 찾아서 …… 21
  2) 전문성의 실태 …… 24
2. 시대의 변천과 전문성 …… 26
  1) 과학의 시대 …… 26
  2) 색다른 전문성 …… 28
  3) 사고의 변화 …… 30
3. 사회복지 실천 환경 …… 33
  1) 복잡한 사회복지 환경 …… 33
  2) 사회복지에 대한 불신 …… 35
  3) 전문성의 새로운 방향 …… 36

제 2 장 구성주의 이론

1. 구성주의적 사고의 출발 …… 43
  1) 구성주의 정의 …… 43
  2) 지식의 구성 …… 46
2. 구성주의의 이론들 …… 48

1) 급진적 구성주의(radical constructivism) ······ 48
2) 사회적 구성주의(social construction) ······ 50
3. 사회적 구성주의와 사회복지 실천 ······ 53
1) 상호작용 ······ 53
2) Vygotsky 이론 ······ 54
3) 공동체 ······ 57

제 3 장 실천 이론과 원리

1. 포스트모더니즘 시대의 사회복지 실천 ······ 63
1) 실천 이론에 대한 논란 ······ 63
2) 불안정의 시대 ······ 66
3) 현장성 ······ 71
2. 구성주의 실천 이론 ······ 72
1) 객관주의와 거리두기 ······ 72
2) 인간과 실재(reality) ······ 74
3) 해석적 맥락 ······ 76
4) 의미의 추구 ······ 78
3. 구성주의 사회복지의 실천 원리 ······ 81
1) 추상화 작업 ······ 81
2) 언어에의 주목 ······ 83

제 4 장 만남과 대화

1. 대화의 원리 ······ 93
1) 대화의 역할 ······ 93
2) 가능성을 키우는 대화 ······ 100
3) 다양한 형식의 대화 ······ 105
2. 미래를 위한 대화 ······ 107

1) 미리 결과를 예측하지 마라 ······ 107
2) 내담자의 전문성을 이용하라 ······ 108
3) 동반자 관계를 유지하라 ······ 110
3. 대화의 언어 ······ 111
1) 언어의 선택 ······ 111
2) 의미의 상호 보충성 ······ 112
3) 주체성의 창조 ······ 114

제 5 장 실천의 과정

1. 과정을 보는 시각 ······ 121
1) 만남: 실천을 위한 사회적 구성 ······ 122
2) 구성주의적 사정: 긴밀한 상호작용 ······ 124
3) 대안적 실천 ······ 129
2. 구성주의 실천에서 유의할 점 ······ 133
1) 재귀성 ······ 133
2) 다양한 현실 구성 ······ 135
3. 사회복지사 ······ 137
1) 사회복지사의 도전 ······ 137
2) 사회복지사의 과제와 역할 ······ 138
3) 사회복지사의 기술 ······ 140

제 2 부 구성주의의 실천 모델들

제 6 장 이야기치료와 구성주의

1. 이야기치료 개관 ······ 148
1) 이야기치료 가정 ······ 148
2) 이야기의 한계 ······ 149

3) 이야기치료 목표 ········ 150
2. 실천 기술 ········ 151
1) 외재화 대화(externalizing conversation) ········ 151
2) 재저작 대화 ········ 153
3. 사례에 대한 고찰 ········ 155
1) 문제의 구성 ········ 155
2) 비유의 사용 ········ 156
3) 사 례 ········ 159

제 7 장 해결중심 모델과 구성주의

1. 해결중심 모델 개관 ········ 176
1) 변화를 향한 질문 ········ 176
2) 예 외 ········ 177
3) 사회구성주의 ········ 177
2. 실천 기술 ········ 178
1) 예외 질문 ········ 178
2) 기적 질문 ········ 180
3) 척도 질문 ········ 182
4) 대처 질문 ········ 184
5) 미래 확신 질문 ········ 185
3. 사례에 대한 고찰 ········ 186
1) 사례 개관 ········ 186
2) 사례에 대한 해석 ········ 188
3) 사용된 기술 ········ 190
4) 결 론 ········ 192

제 8 장 임파워먼트와 구성주의

1. 임파워먼트 개념 ······ 198
  1) 근대적 정의로 본 임파워먼트 ······ 198
  2) 임파워먼트 의미 ······ 200
2. 구성주의 시각과 임파워먼트 ······ 201
  1) 구성주의의 진단 ······ 201
  2) 구성주의적 임파워먼트 ······ 202
3. 임파워먼트 실천을 위한 전제 ······ 204
  1) 임파워먼트 현실의 창조 ······ 204
  2) 의미 구성 ······ 206
4. 임파워먼트 실천의 실제 ······ 207
  1) 만남의 성격 ······ 207
  2) 임파워먼트의 언어 ······ 211
5. 사례에 대한 고찰 ······ 213
  1) 사례 개관 ······ 214
  2) 사례의 사정 ······ 215
  3) 사례 개입 ······ 216
  4) 결 론 ······ 218

제 9 장 비평이론과 구성주의

1. 비평이론에 근거한 실천: Fook 이론 ······ 225
  1) 개인 중심의 실천 이론 ······ 225
  2) 비평적 반성 ······ 226
  3) 실천 원리 ······ 227
2. 실천의 방식들 ······ 228
  1) 권력 비평 ······ 228
  2) 담론의 형성과 해체 ······ 230

3) 비평적 재구성 ······ 233
4) 새로운 실천 이론의 성립 ······ 233
3. 사례에 대한 고찰 ······ 235
1) 집단사례의 소개 ······ 235
2) 집단을 이끈 실천 이론 ······ 236
3) 집단의 진행 ······ 236
4) 결 론 ······ 240

제 3 부 구성주의 실천의 장

제 10 장 개인을 위한 구성주의 실천

1. 개인과 자아 ······ 247
1) 개인에 대한 관점 ······ 247
2) 이야기적 정체성 ······ 249
2. 변화와 목표 설정 ······ 250
1) 변화의 개념 ······ 250
2) 목표 설정 ······ 251
3. 다양한 실천 양식 ······ 253
1) 이중 경청 ······ 253
2) 재저작 대화 ······ 255
3) 비계 질문 ······ 259
4) 외재화 대화 ······ 261
5) 입장 지도(Position Map) ······ 263

제 11 장 가족을 위한 구성주의 실천

1. 현대 가족의 변화 ······ 270
1) 근대 가족의 이상 ······ 270

2) 가족의 정의의 변천 ··· 272
3) 한국 가족의 변화 ··· 273
4) 투과성이 높은 가족 ··· 275
2. 가족 실천의 기본 틀 ··· 278
1) 전문가 독주에서 가족과의 협력으로 ··· 278
2) 이론적 지식에서 언어 공동체로 ··· 280
3) 구조에서 열린 대화로 ··· 282
3. 가족 실천의 사례 ··· 283
1) 위협 감지 vs 투명한 소개 ··· 284
2) 위기의 확산 vs 선호하는 청중의 영입 ··· 285
3) 치료 vs 외재화 대화 ··· 286
4) 재정비와 회복 vs 인정 예식/공동체 축하 ··· 287
5) 결 론 ··· 288

제 12 장 집단을 위한 구성주의적 실천

1. 집단을 위한 구성주의적 사고 ··· 294
1) 집단 응집력 ··· 294
2) 동맹 관계 ··· 295
2. 집단 발달에 대한 구성주의적 모델 ··· 298
3. 집단을 위한 구성주의적 틀에 관한 지침 ··· 304
4. 집단 실천의 사례 ··· 307
1) 준비 단계 ··· 307
2) 집단 작업 ··· 309
3) 결 론 ··· 312

제 13 장 지역사회에서의 구성주의 실천

1. 맥락에 맞는 실천 ··· 318

2. 연계하는 기술 ··· 320
3. 지역사회 실천 방식: 이야기 이어가기 ··· 321
1) 이야기하기(telling) ··· 322
2) 다시 이야기하기(re-telling) ··· 323
3) 이야기 덧붙여가기(re-telling of re-telling) ··· 323
4. 지역사회에서의 실천 사례 ··· 324
1) 이야기하기(telling) ··· 325
2) 다시 이야기하기(re-telling) ··· 326
3) 이야기 덧붙여가기(re-telling of re-telling) ··· 329
4) 결론: 연계의 기술 ··· 331

참고문헌 ··· 335
찾아보기 ··· 349

제 1 부
구성주의 실천의 기초

제 1 장

사회복지 실천과 전문성

1. 사회복지 전문직의 실체
2. 시대의 변천과 전문성
3. 사회복지 실천 환경

제 1 장 사회복지 실천과 전문성

1. 사회복지 전문직의 실체

사회복지 전문직의 실체에 대한 논의는 사회복지사라는 직업이 탄생한 때부터 지금까지 이어져 온다. 각 시대마다 이 질문에 대한 답을 제시해 왔으나 아직까지 만족스러운 답은 얻지 못했다. 이 점은 우리 시대에까지 아직 같은 논의를 해 오고 있다는 점에서 추론해 볼 수 있다. 사회복지 전문직의 실체가 무엇인지를 정의하려는 노력은 끊임없이 계속될 것이다. 그러나 한 가지 분명한 사실은 전문직의 실체는 사회복지의 특성에 비추어 새롭게 이해될 필요가 있다.

사회복지 전문직을 쉽게 정의하지 못하는 이유 중의 하나로 사회복지가 워낙 방대한 영역에서 실천되어 온 점을 들 수 있다. 그와 더불어 사회복지의 영역은 시대의 요청에 민감하게 부응하여 계속 새롭게 확장되어 왔다. 사회복지라는 전문직은 복잡한 사회, 경제, 역사 혹은 정치적 상황들과 얽혀 있다. 사회복지는 개인을 위한 것인지 아니면 전체 사회를 위한 것인지를 놓고 팽팽한 갈등이 유지되어 왔다(Plant, 1970). 이런 논쟁은 사회복지 내부에서도 적지 않은 분열을 일으켜 왔다. 또한 사회복지의 정체성에 대한 갈등과 논란을

야기하는 원인이 되어 왔다.

이러한 갈등 양상은 전문성의 핵심 내용이라 불리는 실천 이론과 기술로까지 파급되어 나타난다. 이는 "사회복지는 핵심이 되는 이론적 지식의 기반이 없는 것과 같이 보이며 그 실체의 중심에 마치 구멍이 뚫려 있는 것과 같다"라는 Parton(1994: 30)의 비판에서도 드러나고 있다. 전통적으로 사회복지는 거시적 실천과 미시적 실천 간의 분리, 또는 각 시대마다 영입된 다양한 이론들 사이의 혼란, 현장과 이론 간의 괴리 등의 문제를 겪어왔다. 그러나 아직까지 사회복지 전문직은 진화하는 중에 있는 것으로 보인다. 이미 이 전문직은 하나의 결론이나 어떤 합의에 도달하기에는 너무 방대한 분야와 실천 내용을 지니고 있다. 다양한 경로를 통해 사회복지로 흘러들어온 이론과 관점, 모델들은 사회복지 전문직의 경계를 확장시키는 데에 긍정적인 영향을 미쳤다고 평가를 받고 있다. 그러나 동시에 이러한 경향이 사회복지 전문직의 정체성과 실천 현장을 혼란에 빠뜨린다는 부정적인 견해도 동시에 존재한다.

그러나 사회복지 전문직을 수행해 가야 하는 현장에 있는 실천가들에게 이러한 혼란은 매우 심각한 위기를 초래할 수 있다. 대다수 사회복지사들이 다양한 이론의 홍수 속에서 자신의 전문성에 대한 의구심을 가진 채 현장에서 일하고 있다. 명확한 개념이나 통합된 이론의 도움이 없이 서비스를 제공해야 하는 상황으로 말미암아 사회복지사들은 자신들이 수행한 업무가 기술적으로 혹은 윤리적으로 정당한지를 확신할 수 없는 입장에 놓이게 된다. 따라서 만족스럽지 못한 전문성을 채워보고자 새로운 이론이 소개되는 강연이나 세미나에 열심히 참석하기도 한다. 그러나 이러한 미봉책으로는 여전히 전문성에 대한 갈증은 사라지지 않는다. 사회복지사들은 어느 직종보다도 성장과 배움에 대한 열정을 품고 있다. 그러나 정작 '전문성'이 딱히 무엇인지를 정의하기 어려운 상황에서 이러한 열정은 전문가로서의 자질을 높여가는 데에 큰 도움이 되지 못하고 있다.

1) 전문성을 찾아서

사회복지 실천론과 실천 기술론을 가르치는 사람으로서 나는 첫 시간에 학생들에게 '전문적 실천'에 대해 내가 인상적으로 들었던 말을 들려주었다. 이때 실천은 현장에서 대면 서비스를 직접 수행하는 미시적 실천을 염두에 두고 하는 말이다. 그 말은 내가 현장에서 일하던 시절에 진심으로 믿고 따르던 말이다. 나와 함께 일하던 슈퍼바이저는 내담자를 만나러 들어가기 전에 '전문가란 자기가 무엇을 하는 지 아는 사람이다'라는 말을 하곤 했다. 그 말은 앞으로 만날 내담자나 가족들과 어떤 주제를 다룰지, 핵심은 무엇인지, 누가 어떤 질문을 하고, 어떤 답을 예상해야 하는지를 함께 미리 검토하자는 뜻이기도 했다. 그 말의 감격과 여운은 내게 오랫동안 남아 있다. 나는 지금도 그 믿음직한 슈퍼바이저와 함께 머리를 맞대고 우리가 만날 가족들이 어떻게 대응해 올지를 고심하던 시간들이 떠오른다. 그 장면은 마치 전투를 앞에 둔 비장한 병사들의 모습과 같았다. 우리는 우리가 하는 일에 대해 확신에 차 있었다. 우리는 전문성에 기대어 가족들을 어떻게 유도해 갈 것인지에 대해 계획을 함께 세웠다. 신참 사회복지사였던 나는 물론 불안한 마음을 가지고 있었지만, 하늘 같았던 슈퍼바이저가 부족한 내 몫까지 잘 채워줄 수 있으리라는 믿음을 가지고 있었다. 지금 생각해 보면 가족들과 만난 회기는 항상 우리가 예상했던 대로 흘러간 것은 아니었다. 그래도

나에게 무엇인가 배움과 성장이 있었다는 믿음은 사라지지 않았고 내게 참된 전문가로 보였던 슈퍼바이저를 따라할 수 있기를 간절히 바라던 것이 생각난다.

나는 '전문가는…'이라는 말에 감동을 받고 열심히 공부하리라 다짐하는 학생들이 나오기를 바라면서 매번 실천 수업의 첫 시간에 이 말을 해 왔다. 지금 다시 생각해 보면 이 말을 한 나의 의도는 확실하였다. 먼저 '전문성'이 어떠한 실체로서 실제로 존재하고 있음을 암시하려는 것이었다. 전문성의 실체를 학생들에게 각인시키는 것은 그것을 마치 물건처럼 그들에게 전해 줄 수 있다는 뜻이다. 말하자면 교수가 소유하고 있는 전문성이라는 실체를 학생들에게 넘겨줄 수 있을 것이라고 본 것이다. 또 다른 면에서 보면 전문성에 대해 조금의 의구심도 허락하지 않는 것이다. 이것은 교육과 지식에 대한 경험주의적인 사고를 고스란히 보여주는 예이다. 즉 경험주의에서는 지식을 마치 실재 안에 존재하는 것으로 보고 이것을 그대로 전수하는 것을 교육의 목적으로 삼는다. 학생들은 지식을 전수받을 기대를 가지고 교육 현장에 들어온다. 이러한 기대에 부응하기 위해 한 학기 교과 내용은 실로 많은 이론과 실천 기술들로 채워졌다. 그러나 지식 전수를 위한 많은 노력과 이것을 습득하려는 기대에도 불구하고 학생들은 여전히 '전문성의 실체는 무엇인가?'에 대한 의문을 가지고 학기를 마무리하게 된다. 이 점에 대해 나는 지금 부끄러움을 느끼지 않을 수 없다.

전문성이 전문적 지식과 기술로 채워져 있다는 것에 대해 대부분의 전문가들은 찬성할 것이다. 지금까지의 교육에 의하면 이 점은 의심의 여지가 없기 때문이다. 만일 전문가라는 의사가 병에 대해 알지 못하고 그 병을 고칠 만한 기술이 없다면 누가 그 의사를 믿고

몸을 맡길 수 있겠는가. 따라서 전문성에 대한 믿음은 바로 이런 가치관을 통해 우리 안에 자연스럽게 스며들어 와 있다.

사회복지 방법론의 저자인 Compton과 Galaway(1975)는 전문직을 가장 확실히 규정짓는 것은 고도의 지식이라고 역설한 바 있다. 이렇게 고도의 지식을 터득하고 그 지식을 개별적인 상황에서 적절히 적용하는 것은 전문가가 마땅히 갖추고 있어야 할 능력이라고 보았다. 그러나 미리 준비된 전문 지식이 매일 부딪히고 있는 상황 속에서 과연 얼마나 도움이 되고 있는지는 알 수 없다. 조그마한 의심도 없이 자신이 지닌 전문 지식을 매 상황에 적용해 본 사회복지사가 있을지 의문이 든다. 우리가 습득해 온 전문 지식은 우리가 맞닥뜨린 상황 속에서 어떤 말과 행동을 해야 할지를 알려주는 처방전이 아니기 때문이다. 우리가 가진 지식들은 대부분 보편적인 상황에 대한 일반화된 예측성의 지식들이다. 물론 이러한 지식들이 우리가 수행할 업무에 대한 상황을 개념이나 이론을 통해 체계화하고 이해하는 데에 기여하는 바를 부정하는 것은 아니다. 다만 이러한 체계화나 이해가 내담자 자신의 세계와 이해에 얼마나 부합하며 얼마나 도움이 되는가에 대해 확신이 없다는 것이다. 우리가 만나는 대다수의 내담자는 이 평범한 보편성에 머무르지 않고 자신들의 독특하고 고유한 경우들을 가지고 온다. 어떤 경우에도 교과서에 나와 있는 상황의 재연출은 없다. 다만 사회복지사가 나름대로 순발력과 통찰을 통해 지금 맞닥뜨린 상황에 대한 어떠한 질서와 이해를 구성하고 대응책을 내놓음으로써 대개 그 상황을 수습하는 것이다. 사회복지사들이 일관된 확신을 가지고 적용할 수 있는 이론은 없는 것인가? 이런 갈증이 사회복지사들로 하여금 계속 새로운 이론과 기술을 소개하는 워크숍이나 강좌를 기웃거리게 하는 요인들이다. 그러나 우리

시대의 변천은 이러한 갈증의 근원부터 파헤치는 사고의 변천을 가져오고 있다.

나는 이 책에서 이런 시대의 변천을 따라 떠오르는 전문성에 대한 색다른 생각들을 소개하고자 한다. 이것은 반드시 어떤 새로운 전문성을 주장하고자 하는 것은 아니다. 그렇다고 지금까지 쌓아온 지식과 전문성을 부정하려는 것도 아니다. 다만 어떤 것을 '전문성'으로 확신 있게 주장하려는 것과 거리를 둔 견해를 살피고자 한다. 이러한 시도는 이제까지 전문성에 대한 갈증의 원인이 되는 사고, 즉 그러한 갈증을 양산하는 근원을 밝혀보고자 하는 것이다. 따라서 먼저 전문성을 어떻게 바라볼 것인가에 대한 관점을 살펴보고자 한다. 지금까지 학습은 지식의 전달자와 이를 전수받는 학생 사이의 교환으로 여겨져 왔다. 전문성은 지식의 내용이고 이 지식은 잘 정리되어 전달되는 것이 당연히 여겨져 왔다. 그러나 이제 여기에서 나는 이렇게 잘 포장되어 전달되는 종류의 전문성은 이미 낡은 것이라고 보며 새로 발생되는 지식으로 창조되는 전문성에 대해 주의를 기울이고자 한다.

2) 전문성의 실태

영어에서 전문직은 profession으로 원래 라틴어의 profettus라는 단어에서 유래했다고 한다. profettus는 '공적으로 선언하다', '신앙을 고백하고 간증한다'라는 의미를 가지고 있다. 이 단어에서 읽을 수 있듯이 전문성은 공적인 활동을 전제로 한다. 우리가 오늘날 의미하는 전문성은 근대 사회의 산물이다. 근대 사회는 사적인 영역을 공적 영역으로 바꾸는 데 앞장섰던 시대이다. 전문성은 공적인 영역에서의 공인된 활동이다. 이 말은 전문성이 그 시대 사회 구성원들의 인정을 받는 데에서 활동의 의미를 찾을 수 있다는 것이다. 연금술사는 중세 시대에 전문가로 인정받았고, 오늘날에는 우주인이 전문가로 인정을 받는 것과 같은 이치이다.

이제 전문성은 국가고시나 면허제도 등을 통해 확실히 공인받는 것이 오늘날의 추세이다. 또한 전문성은 눈에 드러나는 실질적인 결실이 있어야 한다. 이 부분이 취약할 때 그 전문직은 '위기'를 맞게 된다. 이 같은 이유로 사회복지 전문직에 대해 위기를 선언하는 경우를 종종 보게 된다(Clarke, 1993). 이런 위기를 벗어나기 위해 할 수 있는 일은 그 분야의 지식을 정비하고 탄탄한 조직 체계를 결성하는 것이다. 이를 위해 전문가 교육이나 연구에 투자한다. 전문성은 시대적 합의와 확실한 결과물의 제시라는 조합으로 성립된다. 그러나 이 조합은 상호 영향을 주는 관계로 맞물려 있다. 사회가 신뢰하고 인정하는 기술이나 지식을 갖추면 전문가의 위치는 격상된다.

문제는 사회의 인정은 시대와 맥락에 따라 달라진다는 점이다. 어떤 시대는 어느 특정 지식이나 이론을 선호한다. 예를 들면 철학과 신학이 최고의 전문직으로 떠오르는 시대가 있는가 하면 과학과 공학이 최고의 전문직으로 인정받는 시대도 있다. 현대 사회가 갈수록 다양해지고 학문 간의 접촉과 공유가 일반적 현상으로 나타나면서 어느 분야든지 그 전문성을 인정받고자 치열한 경쟁을 벌인다. 전문성을 인정받을수록 보다 독자적이며 안정적인 지위를 보장받기 때문이다.

2. 시대의 변천과 전문성

1) 과학의 시대

지난 300년간 자연과학의 발전을 뒷받침하면서 지속되어 온 객관주의는 우리가 알고 있는 전문성에 대한 관점을 제공해 왔다. 객관주의는 이미 우리 사고 안에 너무 뿌리 깊이 박혀 있기 때문에 이것을 벗어나기란 쉽지 않다. Jonassen(1992)의 말대로 완전히 객관주의적 환경에서 자라고 훈련받아 온 세대로서 객관주의의 매력을 물리치기는 여간 어려운 것이 아니다. 지금까지 지식의 권위는 객관주의적 틀 안에서 보장되어 왔다. 이 틀 안에서 지식은 객관적이고 보편적인 진리로 외부적 요인들에 의해 변질되지 않는 것이어야 한다. 또한 보편적 진리는 실험을 통해 재연됨으로써 거듭 증명될 수 있는 것이어야 한다. 이런 종류의 지식은 먼저 습득한 자가 변함없이 전수할 수 있는 어떤 것이기도 하다.

현재 진행되는 정규 교육에서 '전문성'에 대한 관점은 근대적 이상의 발현이다. 근대는 인간의 이성을 최고로 인정한 시대이다. 미개한 시대를 타파할 수 있는 것은 오직 인간의 이성이라고 보았기 때문이다. 인간의 이성을 사용하여 합리성과 보편성, 객관성을 담은 진리를 발견하는 것이 근대의 이상이었다. 근대에서 세계는 보편적 법칙을 따라 움직이고 있으며 이런 법칙은 인간의 이성을 사용하여 간파할 수 있을 것이라고 보았다. 여기에는 인간과 그의 생활 세계도 예외가 아니다. 인간을 이해하기 위해서는 인간을 움직이는 보편적이고 체계적인 원리를 찾아내는 것이 필요하다고 보았다. 결국 인간과 세계가 매우 안정된 체계임을 가정하며, 그 체계의 속성을 발견하고 인류 문명을 진보시키는 것이 지식의 목적이 되었다.

이러한 관점은 교육과 실천의 방식을 결정하는 데 큰 영향을 주었다. 교육은 발견된 진리에 대한 증언과 전달이다. 학생은 지금까지 정리되어 온 지식 체계를 받아들이고 습득한다. 이때 전문성은 교육 주체와 대상자 간에 전달되어야 할 지식들의 소유 유무에 달려 있다. 어떤 사람이 전문가로 성장하기 위해서는 그 분야의 지식을 익히고 자신의 것으로 삼아야 한다. 그는 높은 수준의 지식을 얻을수록 전문성을 인정받게 될 것이고, 이러한 습득은 그의 미래와 직업을 결정하는 데 긍정적인 영향을 미칠 것이다.

사회복지 역사에서 전문직의 내용이라고 볼 수 있는 전문적 지식과 이론적 체계는 끊임없이 변화해 왔다. 사회복지가 전문직으로 발돋움하기 시작한 근대 사회는 과학이 학문의 화두로 떠오른 시대였다. 인문, 사회, 자연 모든 분야에서 과학을 발전시킨 객관주의적 철학과 사고의 틀이 다른 어느 것보다 우위를 차지하게 되었다.

이러한 과학의 발달은 사회복지의 전문직 형성에 어떤 영향을 주었는가? 전문직을 인정받기 위해서 사회복지 학문은 '과학'에 동승해야만 했다. 이것은 사회복지라는 학문이 객관주의 틀에 맞추어가야 했으며 그 안에 자리를 잡아야 했던 것을 의미한다. 이는 사회복지를 전문직으로 세워나가기 위해 노력했던 초기 미국의 사회복지의 역사에 잘 나타나 있다. 1915년 미국 사회복지사 대회 즉 NCCC (National Conference of Charity and Correction)에 초청되어 전문성에 관해 강연을 했던 사람은 당시 의학 교육의 전문가로 명성을 떨쳤던 Abraham Flexner였다. Flexner(1915)의 사회복지 전문성에 대한 평가는 매우 충격적이었다. 지금까지도 자주 인용되는 그의 평가는 과학적 학문으로서 사회복지는 매우 부실하다는 것이었다. 그는 사회복지 학문이 독자적이고 명확한 지식체계, 전수할 만한 전문적 기술, 국가주체의 교육이나 전문 자격제도, 전문 조직체나 윤리 강령이 없다고 주장하였다. 과연 당시에 사회복지는 객관주의적 틀에서 볼 때 학문의 틀을 거의 갖추지 못하고 있었다. 큰 자극을 받은 사회복지계는 과학적 지식의 체계를 갖추기 위해 노력하게 되었고 그 첫 열매가 정신의학 이론을 접목시킨 개별사회사업에서 나타났다.

개별사회사업은 사회복지로서는 최초의 사회복지 실천 모델이자 방법론으로 부상하였다. 개별사회사업에서는 Freud 이론을 비롯하여 여러 사회과학적 지식을 받아들였는데, 그 당시 Freud 이론은 매우 '과학적'인 것으로 비춰졌기 때문이다. 이를 시작으로 해서 사회복지계는 그 시대를 대표하는 여러 심리학 이론들과 사회학 이론들을 빠른 속도로 영입해 왔다. 그 결과 다수의 과학적 이론들이 경쟁적으로 사회복지학문 안으로 들어오게 되었다. 반면 지금까지 사회복지 분야의 주요 활동으로 여겨졌던 사회개혁과 공공복지와 관련된 사회행동 등은 비과학적인 것으로 비춰지며 쇠락의 길로 접어드는 일도 생겼다.

2) 색다른 전문성

전문성을 과학이라는 잣대에서 벗어나 새로운 안목으로 바라볼 때 우리는 색다른 종류의 전문성을 만날 수 있다. 이것은 인간적 특성과 관계의 질을 다루는 실천에 주목하는 전문성이다. 이런 종류의 관심은, 여러 시대를 거쳐 존재해 왔지만 주목받지 못했던 구성주의라는 대안적 패러다임에서 발생하였다. 구성주의는 전통적인 이론과 달리 인간이 주체가 되어 이 세계와 인간 지식을 구성해 간다고 가정한다.

이 전문성은 우선 나라는 인간을 구성의 중심으로 보고 여기에 주목하는 데에서 출발한다. 그것은 타인에게 우리 자신을 알도록 허락하며, 우리가 가진 지식과 개념은 우리의 경험과 직접 관련되어 있다는 것을 인정한다. 구성주의에서는 우리가 타인과 세계를 아는 법에 대해 보다 솔직하게 직면하도록 한다. 그 결과 더 이상 우리의 지식이 분리나 조작 혹은 우위성을 주장하도록 허용하지 않도록 한다. 그 대신 우리는 자신과 우리와 만나는 대상자의 실재(reality)를 진정으로 그리고 자발적으로 정의해 가는 법을 배우게 된다.

새로운 전문성에서는 이미 만들어진 정의를 그대로 자신이나 대상자에게 부여하지 않으며 그 정의 속에 자신과 대상자를 가두지 않는다. 우리 자신은 타인과 세계를 자신의 인식 능력의 한계 안에 강제로 밀어 넣어서는 안 되며 상대방에게 굴복하도록 요구해서도 안 된다. 우리 자신과 대상자는 서로를 반영하고 다듬어가는 언어와 의사소통의 기술을 사용하여 하나의 세계 즉 서로 함께 공유하는 맥락을 형성해야 한다. 그 안에서 새로운 관점과 인식이 발생되고 따라서 이제까지와 다른 새로운 실재를 구성하도록 서로에게 영향을 끼치도록 허용해야 한다. 전문가를 만드는 우리의 교육은 세계와 인간을 단순히 경험적 대상들의 객관화된 체계로서 인식하는 것이 아니라 서로 인격적인 관계를 맺고 반응하는 유기적 몸으로서 창조성과 선이 살아 있는 공동체로 인식하게 해야 한다. 이때 우리의 대상은 더 이상 대상이 아니라 인격적 얼굴을 가진 존재, 존재의 공동체 안에서 우리와 관계를 맺으면서 우리를 상호성과 책임성으로 부르는 존재가 된다(팔머, 2000).

사회복지에서 구성주의를 받아들이는 것은 또 다른 이론을 접하는 것이 될 수도 있다. 그러나 구성주의는 사회복지의 전문성을 새로운 맥락으로 바꾸어 주게 될 것이다. 이때 주요하게 다루어질 영역들은 주로 관계성과 관련된 의사소통과 대화의 과정, 정보와 지식의 본질에 관한 논의, 상호작용과 동기 등의 현상에 관한 이론이 될 것이다. 이에 대한 자세한 사항들은 앞으로 다루게 될 주제에서 더 탐구하기로 한다.

3) 사고의 변화

객관주의 사고는 인식 주체와 인식의 대상을 서로 구분하여 보다 합리적으로 진리를 밝혀내려는 것이다. 이 사고에 의하면 인식의 대상은 인식 주체와는 독립적으로 '저쪽 바깥에' 스스로 존재하고 있다. 이 바깥 세계는 자연과 같이 수동적으로 존재할 뿐이다. 따라서 객관주의 사고에서 전문성은 '사실'에 근접한 이론을 배우고 사용하는 것이다. 객관주의에서는 가장 최대한으로 '사실' 그 자체를 밝혀주는 것이 진리이다. 특히 이 '사실'을 검증할 수 있는 이론이야말로 최상의 이론이다. 이와 같이 진리 혹은 '사실을 발견하고자' 하는 노력을 통해 과학은 발전되며 인류의 삶은 획기적으로 진보해 갈 것이라는 믿음이 바로 객관주의의 기본 사상이다. 이것을 사회복지에 적용하자면 전문성은 문제의 본질, 내담자의 특성, 원조 과정의 내용, 실천 상황과 해결책을 가장 정확히 알려주는 이론과 지식을 소유하는 것을 의미한다.

이러한 객관주의 사고의 전통을 벗어나서 실재 세계와 현상에 대한 보편적 진리를 의심해 온 부류의 사람들이 오래전부터 있었다. 이들은 회의론자를 비롯해서 주류 학문에서 소외되어 온 일련의 철학자들이다. 이들의 주장은 인간이 지식을 형성하고 습득해 가는 과정에는 인간적 방식을 피할 수 없다는 것이다. 따라서 과학도 인간 지식의 한 부류로서 당연히 인간적인 인식 과정의 영향을 받게 된다. 이러한 주장에 의하면 "과학적 개념들에는 영속성이 없고 단지 자연현상에 대한 우리들의 해석만이 있는 것이다"(Bronowski, 1978: 96). 인간의 인식에 대한 이러한 각성은 구성주의(constructivism)라는 사상으로 종합되어 포스트모더니즘의 기초 인식론을 형성하게 된다.

우리 시대에는 모든 분야에서 포스트모던으로의 전환이 이루어지고 있으며, 이 시대를 포스트모던의 시대로 분류할 수 있을 것이다. 포스트모던이란 용어는 모든 근대 사상에 저항하며 비평한 인문, 사회 혹은 철학의 흐름을 통틀어 일컫는 말이다. 사회복지에서 포스트모더니즘은 사회적 · 경제적 변화로 야기된 복지환경의 변화를 통해 이해될 수 있다. 복지에 대한 정부의 개입과 책임을 강조해 온 복지국가는 근대적 사고를 대표한다. 복지국가 이념은 보편적이고 통일된 하나의 진보적 선에 대한 가치를 반영하는 것이다. 포스트모던 시대는 이러한 총체적이고 하나로 통일된 이상에 대한 확신을 잃어버렸다. 실제로 "근대의 이상인 국가 개념은 세계화와 기술의 발달로 무력화되었다. 또한 지식과 조직의 방식들은 파편화되고 있음을 인식하게 된다"(Fook, 2002: 23).

포스트모던 시대는 다양한 변화를 불러왔다. 그 하나는 기존의 위계질서에 대한 도전이다. 특권층과 낮은 계층의 안정적인 분리는 더 이상 의미가 없다. 특권층이 누려온 지식과 권위가 무너지면서 전문가들의 위상 역시 흔들리고 있다. 모든 과학적 지식의 권위 역시 도전을 받으며 전문가들의 전문성을 받쳐 주던 객관적인 지식들이 신뢰를 잃어 간다. 포스트모던 시대에는 현장에 근거한 실천가들의 지식이 먼 거리에 있는 연구자의 지식보다 더 가치 있는 것으로 여겨진다(ibid.).

포스트모던 시대는 다른 학문에서와 같이 사회복지에도 위기감을 불러왔다. 현재까지 전문직의 힘은 전문적 지식을 천명할 수 있는 능력과 그 지식에 접근할 수 있는 자들에 대한 엄격한 통제에 근거한 것이다(Leonard, 1997). 사회복지 실천은 점점 더 과학적 규제를 받는 효율적 경영을 부추기는 맥락에 의존하게 되면서 이제까지 지켜온 자율성에 근거한 전문직의 위상이 떨어지고 있다. 사회복지를 포함한 전문직이 직면해 있는 위기를 Fook(2002: 25-26)는 다음과 같이 정리하였다.

포스트모던 시대의 특징

- 전문적 기술과 지식의 가치가 떨어지고 있다.
- 전문적 기술과 지식은 측정되고 평가되도록 분해되고 맥락이 제거된다.
- 전문적 지식의 자율성이 축소되고 경영적 담론에 휩쓸린다.
- 전문적 통제는 축소되어 정책과 의사결정으로부터 거리가 멀어진다.
- 전문적 정체성이 훼손되며 전문직의 경계는 흐려진다.
- 기술이나 프로그램에 근거한 파편화된 형태의 직업이 온전한 전문직을 대신한다.
- 전문직 간의 경계가 흐려지며 특정 기술의 집합으로 가치에 근거한 접근을 대신한다.
- 비슷한 전문직 간에 서로의 영역과 주도권 확보를 위한 경쟁이 고조된다.

3. 사회복지 실천 환경

1) 복잡한 사회복지 환경

시대의 변화는 사회복지 실천의 환경을 매우 빠르게 변화시켜 왔다. 사회복지는 역사적으로 매우 짧은 기간 동안에 사회의 정치, 문화, 경제에서 떠오르는 이슈들과 민감하게 교류하면서 전문직으로 부상해 왔다. 여기에 따른 부작용은 적지 않았다. 사회복지 실천과 학문 안에는 수많은 이론과 모델의 혼재 현상이 나타났다. 또한 빠르게 변화하는 사회 제도 안에서 새롭게 등장하는 사회 문제들의 해결 방식에 대한 혼란과 전문직 내부의 갈등이 심화되는 양상을 드러냈다. 특히 사회복지 실천의 역사가 짧은 한국에서는 아직 사회복지의 성격조차 제대로 합의를 이루지 못한 채 정체성의 혼란을 겪어왔다. 이러한 혼란 가운데에서 사회복지사들은 각종 새로운 지식과 이론의 홍수 속에 휩쓸리고 있다.

사회복지는 "개인을 위한 도움의 차원에서 가족, 집단, 지역사회 및 전체 사회를 대상으로 바람직한 사회적 기능과 사회적 환경을 창출하는 능력을 함양하고자 노력해 왔다"(Sheafor, 1998: 31). 여기에는 기본적인 인간 욕구를 충족시키고 적절한 인간 서비스를 받을 수 있는 사회정책, 서비스, 자원, 프로그램의 계획과 수행까지 포함된다. 이것은 인간의 사회적, 관계적, 행정적인 상호작용과 체계들이 복잡하게 얽혀 돌아가는 한복판에 사회복지가 놓여 있다는 것을 말한다. 따라서 사회복지는 불확실하며 의심스럽고 혼란스러운 상황과 깊이 연루되어 있는 특징을 가지고 있다. 사회복지의 역사가 오래된 복지

국가들도 역시 현장에서의 혼란과 불확실성을 경험하고 있다. 사회복지는 인간의 문제를 해결하고자 시작된 전문직이지만 인간의 상황에 대한 이해나 해결은 쉽게 결론을 내릴 수 없다. 사회, 경제, 문화, 정치, 습관과 인식들도 수시로 변화하며 일상생활에서 한 개인이 겪는 삶의 기회와 한계는 쉽게 규정될 수 없다. 특히 인간 상황의 복잡한 맥락은 포스트모더니즘 시대에 와서 더욱 그 다양성과 상대성을 인정하면서 더 많은 혼란을 야기하는 상황으로 빠져들고 있다.

특히 우리 시대는 전문직의 책임과 효과성을 입증하는 개입을 강조하는 시대이다. 이에 따라 사회복지 정책과 실천은 다양한 변혁과 재구성을 필요로 하고 있다. 현장에서는 사회적 감시 체계에 대한 대응과 소비자 불만에 대응하는 시책들을 강화시켜 나아가는 실정이다. 이런 가운데 가장 시급한 변화는 실천 현장에서 일하는 사회복지사들에게 요구되고 있다. 사회복지사들은 매일 현장에서 내담자를 만나고 실천하는 가운데 쉽게 그들의 비난과 불만의 표적으로 노출되어 있기 때문이다. 사회복지사들은 내담자들의 다양한 욕구와 수많은 문제들을 얼마나 만족스럽게 해결해 가고 있는지에 대해 스스로도 확신을 가지기 어렵다. 현재 사회복지 서비스에 대한 사회적 기대 수준은 점점 더 높아지고 있다. 서비스를 받는 사람들은 점차 서비스 수혜자에서 소비자로의 인식의 전환을 이루어가고 있다. 이러한 소비자 욕구를 만족시키기 위해서 사회복지 기관들은 나름대로 노력하고 있다. 그러한 예들이 바로 자격 제도의 강화나 슈퍼비전 체계의 정비, 감사나 공적 평가 등으로 나타나고 있다. 이러한 것들은 사회복지 기관들이 살아남기 위해 필수적으로 수행해야 하는 과제들이다. 이러한 현장 관리와 질적 수준 조정에 많은 시간과 에너지를 투자하는 것이 오늘날 모든 실천 현장의 실상이다. 그러나 과연 이러한 것들이 내실 있는 사회복지 서비스를 창출하는 길이 될 수 있을 것인가?

2) 사회복지에 대한 불신

전반적으로 사회복지 기관이나 사회복지 종사자들을 불신하는 징표는 여러 곳에서 나타나고 있다. 사회에서 요구하는 질적 수준 평가나 소비자 만족도 평가는 이를 여실히 보여준다. 그러나 더 불행한 것은 사회복지사들 스스로 자신이 수행한 실천 결과나 전문기술에 대해 만족과 확신이 없다는 점이다. 이런 연유로 사회복지는 하나의 직종으로서 어떤 위상을 가지고 있는지 재고될 필요가 있다. 또한 지금까지 수많은 이론과 모델이 소개되고 실천되었음에도 불구하고 사회복지 전문직은 핵심적 이론의 기반이 없다는 비판을 듣고 있다(Parton, 1994).

이런 어려운 상황을 인식하면서 사회복지계 내에서는 자성의 목소리가 높아지고 있다. 특히 현장에 적절한 실천 방법이나 기술에 대한 현장 사회복지사들의 욕구는 날로 높아지고 있다. Jordan (1978)은 사회복지사들이 사회에서 부여한 공식적인 역할을 오로지 비공식적인 협상 방법으로 수행해야 하는 어려움을 가지고 있다고 주장하였다. 사회복지사는 타 전문직이 가지는 공적 분야 활동에서의 권위를 그대로 사용할 수 없다. 그 이유는 공적인 권위나 지배구조로 사회복지사들의 목적을 달성하는 것이 어렵기 때문이다. 사회복지사들은 내담자에게 강요나 억압, 물리적인 제재를 가할 수 없다. 이것은 오히려 사회복지가 지향하는 가치와 맞지 않을뿐더러 사회복지사들은 내담자들과 협력함으로써만 그들의 임무를 원활히 수행할 수 있기 때문이다. 이렇게 공식적인 업무를 비공식적이고 사적으로 수행해야 하는 사회복지사들은 그들의 가치와 목적만이 아니라 목적 달성을 위한 수단에서도 신중히 선택해야 한다. 이것은 내담자들과 만나는 현장의 현실에서 결정되는 것이다. 결국 사회복지사는 내담자들의 욕구와 입장을 올바로 이해하며, 현실에 대한 감각을 지니고, 내담자의 주체성과 상호작용에서 보이는 반응 등에 근거하여 민감하게 대응해야만 한다. 결국 사회복지사들은 대화와 커뮤니케이션에 능숙해야 하며, 상호 협력과 공감의 분위기를 끌어올릴 수 있는 민감성의 소유자가 되어야 한다. 이것이 바로 사회복지사가 객관적이고 외부적인 지식에만 의존할 수 없는 이유이기도 하다.

3) 전문성의 새로운 방향

지금까지 사회복지사의 전문성을 지탱해 온 버팀목은 객관주의적 틀에서 생산되어 온 이론과 실천 모델들이다. 그러나 이러한 이론과 모델에서 가장 중요하게 생각하는 '사실'(fact), '진리'(truth), '실재'(reality)와 같은 단어들은 오늘날 다른 의미로 해석되고 있다. 지식의 성질을 지칭하던 이 단어들은 원래 '사실'의 원어 '파케레'라는 라틴어로 '만들다'라는 뜻이다. 즉 사실이란 인간의 손에 의해 만들어진 것임을 시사한다. 그럼에도 불구하고 사실이라는 단어는 언제나 사실 그대로 남아 있는 것처럼 사회복지사들을 오도하는 경우가 많다. '진리'나 '실재'와 같은 단어들도 현재 인간의 삶과 동떨어져 시공을 초월하는 보편적인 원리를 품고 있는 것으로 받아들여져 왔다. 그러나 우리의 삶을 뛰어넘는 혹은 우리의 세계와 관련되지 않은 진리나 실재는 존재할 수 없다. 그럼에도 불구하고 객관주의에 기초한 이론들은 이러한 것들을 간과해 오고 있다. 따라서 객관주의 이론들은 '사실'과 '실재'로 가득 차 있고, '진리'로 여겨지는 것들이 그 중심축으로 자리 잡고 있다.

객관주의 교육은 자아를 앎의 주체(knower)로, 세계를 앎의 대상(known)으로 그린다. 또 그 사이의 "관계를 조정하여, 앎의 주체로서의 자아에게 앎의 대상으로서의 세계에 대한 우월권을 부여한다"(팔머, 2000: 46). 팔머는 현재 우리가 겪고 있는 많은 문제들은 이 앎의 주체인 서비스 제공자와 앎의 대상인 내담자가 서로 소외되고 분리되어 있는 관계에서 발생한다고 보았다. 이것이 위험한 이유는 서로 소외된 인식의 방법(객관주의)을 택하게 하기 때문이라는 것이다. 소외된 인식 방식은 인식의 주체인 사회복지사는 숨겨지고 인식의 대상이 되는 내담자만을 객관적으로 드러내려 한다. 소외된 인식 방식은 만남의 당사자들이 상호 인식되는 관계가 아니라 일방적으로 어느 한 편만이 드러나게 된다. 이와 같은 소외된 인식 방식으로 사회복지사와 내담자의 거리는 서로 벌어지게 되고 두 상반된 입장으로 완연히 구분되어져 버린다. 이와 같은 분리와 결별이 없으면 경험론적 과학이라는 학문은 사실 존재하기 힘들다. 과학은 인식 주체와 인식의 대상을 정확하게 분리하여 주관적인 오류와 혼란을 최소한으로 줄이려는 노력을 필요로 한다. 그러나 오늘날은 이 분리가 너무나 심화되어서 인식 주체인 전문가와 인식 대상인 내담자는 서로 아무런 관계가 없다. 이때 발생할 수 있는 위험은 '보편화'된 진리를 내담자의 현실 세계에 적용함으로써 그를 얼굴 없는 존재로 만들어가는 것이다.

소외된 인식의 방식은 또한 소외된 방식의 개입을 낳는다. 전문가는 인식 대상인 내담자를 만나기 전에 이미 내담자에 대한 모든 지식과 개입 방식을 갖추어야 한다. 전문가는 효율적이고 합리적인 관점으로 내담자를 관리하고 이해하게 되고, 내담자의 주체성과 실존은 점차로 상실되어 버린다.

이것이 사회복지사가 실패하고 있는 원인임에도 불구하고 그들은 계속해서 이 관계의 질서를 유지해 오고 있다. 이러한 질서가 전문가인 사회복지사에게는 권위와 지배력을, 대상자인 내담자에게는 의존과 책임 회피를 가져온다. 이런 구조에서 인식 주체인 사회복지사는 능동적인 행위자로, 인식 대상자인 내담자는 수동적인 수혜자로 만들어져 간다. 사회복지사는 적극적으로 대상을 파악할 수 있는 객관적인 도구들—이론, 모델, 기술, 관찰 방식 등—을 갖추어서 전문성을 인정받는다. 그리고 가능한 한 정확히 만들어진 틀에 따라 사회복지사가 보고자 하는 것들을 보고 판단하게 된다. 이러한 과정을 거치면서 사회복지에서 실천가와 내담자 그리고 실천 이론과 실천 현장은 서로를 소외시켜 가게 된다.

실천 현장과 실천 이론의 재결합은 지금까지 해 왔던 실수를 인정하고 새로운 앎의 방식으로 나아갈 때 이루어질 수 있다. 앎의 방식을 새로운 시각에서 접근하는 구성주의 이론은 바로 이 점을 지적하고 있다. 구성주의에서 안다는 것은 참여한다는 것을 뜻한다. 서로에 대해 인식하며 서로에게 영향을 주는 관계를 맺는다는 의미에서 앎은 신뢰와 행동의 산물이어야 한다. 이것은 쌍방 모두가 도전과 변화에 자신을 여는 것을 말한다. 이때 아는 것은 인식 대상의 삶으로 들어가며 또한 그것이 우리 자신의 삶으로 들어오도록 허락하는 것이다. 그러므로 개인의 인식 체계와 독립적으로 지식이 존재함을 부인하는 것이 구성주의의 출발이 되었다. 개인이 '인식한다' 혹은 '지각한다'는 것은 외부세계를 단순히 복사하는 것이 아니다. 이는 어느 정도 개인이 스스로 조작하여 나름대로 구성한 것이다. 그렇다면 한 개인이 구체적으로 살아가는 현실에서 본인에게 의미 있고 적합하며 타당한 것으로 인식된다면 그것이 바로 진리요 지식이 되는 것이다. 이러한 지식과 진리를 구성해 나아가는 것이 구성주의가 지향하는 최종 목표가 된다. 이러한 구성은 항상 구체적인 상황을 배경으로 실제적인 과제를 수행함으로써 가능하다. 또한 한번 만들어진 구성은 거기에서 멈추는 것이 아니라 개인과 다른 성원들과의 상호작용을 통해 끊임없이 재구성되어진다.

한마디로 내담자 중심의 실천은 사회복지사의 자기 인식과 내담자의 인식이 적절히 만나 연결되어 공동의 현실이 창조되어야 가능하다. 이러한 실천의 핵심은 내담자와 맺는 관계의 특성과 질에 대한 헌신, 경험에 대한 이해, 의미 추구와 언어의 민감한 사용으로 축약될 수 있다(Parton, 1994). 구성주의에서 진정한 앎이란 주관과 객관이 상호작용하는 과정에서 이루어진다고 말한다. 이것은 색다른 종류의 실천 방식을 창조해 낸다. 따라서 구성주의는 바로 이러한 의사소통과 상호 교류적인 관계를 새롭게 인식하는 데 도움을 주고, 그 과정을 구체화시키는 데 도움을 주는 이론이다. 앞으로 이 구성주의에서 제안하는 사회복지 실천 방식을 좀 더 면밀히 살펴보게 될 것이다.

➘ 주요 용어

전문성, 객관주의, 구성주의, 실재, 진리, 포스트모던

↘ 주요 개념

과학적 사고, 객관주의적 세계관, 구성주의적 인식, 포스트모던적 사고

↘ 생각해 볼 점

1. 지금까지 본인이 가지고 있는 지식, 진리, 세계에 대한 사고는 무엇인가?
2. 사회복지의 전문성은 어떻게 정의할 수 있는가?
3. 지식에 대한 구성주의적 사고는 어떠한가?
4. 우리는 포스트모던 시대에 어떻게 대처하고 있는가?

제 2 장

구성주의 이론

1. 구성주의적 사고의 출발
2. 구성주의의 이론들
3. 사회적 구성주의와 사회복지 실천

제 2 장 구성주의 이론[1)]

1. 구성주의적 사고의 출발

1) 구성주의 정의

이 장에서는 구성주의에 대한 이해를 통해 구성주의는 사회복지 실천에 무엇을 시사해 주는지를 찾고자 한다. 원래 구성주의(constructivism)는 지식에 관한 이론에서 나온 용어이다(Efran, Lukens, & Lukens, 1988). 구성주의는 먼저 인간이 세상을 어떠한 방식으로 인식하는지에 대한 인식론으로 시작하였다. 구성주의는 "우리가 어떻게 의미를 만들고 앎을 창조하는지에 대한 이론"이다(최호창, 1999: 97). 따라서 구성주의는 한마디로 앎의 이론(Duffy et al., 1992)이다.

구성주의는 객체화된 인식대상으로서의 인간을 거부하고 행위하는 인식자로서의 인간을 부각시켰다. 구성주의에서는 수동적으로 놓여 있는 자연과 행동하고 사고하는 인간은 다르다고 보았다. 따라서 보

1) 이 장의 일부는 "구성주의 사회복지 실천의 이론", 『교수논총』 17(7-30)에서 재구성하였음.

편화된 인간이란 존재할 수 없다. 각 개인은 고유한 존재다. 한 개인이 현실을 살아가면서 자신의 삶과 세계를 이해하기 위해서는 그 당사자에게 의미 있고 적합하며 타당한 것을 사용한다. 이것이 곧바로 그에게는 진리이며 그의 지식이 된다. 근대정신은 객관적으로 존재하는 세계를 그대로 밝혀낼 수 있다고 주장했다. 그러나 구성주의는 이 세계는 인간이 자신의 한계 안에서 인식해 낸 것을 구성한 것일 뿐이라고 반박한다.

구성주의와 상반된 입장을 가지는 인식론은 객관주의로 표현되고 있는 사고방식이다. 고대 세계에서는 신이 이 세상을 창조하였다고 보았으므로 신만이 이 세상을 알고 있는 유일한 존재였다. 그러나 인간의 이성이 발달시킨 수학과 논리학은 이 신의 영역을 조금씩 넘볼 수 있게 해 주었다. 인간의 이성에서 나온 도구들을 잘 사용하면 이 세상을 있는 그대로 알아가는 것이 가능하다고 믿게 된 것이다. 이런 신념이 발전되어 나타난 형태가 근대 과학이다. 근대의 르네상스에 들어와서 지식은 과학적 방법으로 발견되는 것으로 '진리'와 거의 동일시되었다. 이를 근본주의라는 용어로 표현한다. 근본주의적 사고는 인간의 지성과 과학이 현실 세계에 대한 진리를 결국에는 밝혀내리라는 믿음이다. 이런 근본주의적 사상들을 담고 있는 인식론을 객관주의라는 용어로 표현한다.

객관주의는 탐구대상에 대해 어떠한 주관적 평가나 이해관계를 개입시키지 않고 사물을 인식하도록 권유하는 사고이다. 객관주의의 가장 큰 특징은 지식을 인간의 외부 세계에 대한 해명으로 보는 것이다. 이때 인식주체의 가치 판단이나 선입견은 객관적 사실을 왜곡시킬 수 있는 장애가 된다. 때문에 될 수 있으면 이를 사고 과정에서 배재하려 하고, 관찰자는 있는 그대로의 현실을 관찰하고 서술하려고 한다. 객관주의는 근대 과학을 발달시켜 온 원천적 사고가 되었으며 철학에서의 경험주의나 실증주의와 같은 입장을 취한다.

그러나 이미 18세기 이전에 이런 신념과 거리를 둔 일련의 사상들이 존재해 왔다. 초기 그리스에서 탄생한 소피스트들은 어느 면에서 최초의 구성주의자라 불린다. 그들은 자신만을 판단의 척도로 삼아 외부세계를 인식하려 했기 때문이다. 이들의 주장에는 구성주의의 특징인 인간과 대상의 만남에서 인간의 주관적 경험세계를 중심으로 지식이 구성된다고 보는 것과 일맥상통하는 점이 있다. 그러나 이들이 자신의 변론을 입증하기 위한 목적으로 자신을 판단의 기준으로 내세웠기 때문에 곧바로 상대주의라는 비판을 받았다.

객관주의적 사고가 사회적 사상의 주류로 부상하는 것과 비슷한 시기인 18세기에 Vico는 최초의 구성주의 인식론을 주창한 학자였다. 그는 지식의 실체가 무엇인가에 대한 색다른 논쟁을 불러일으켰다. Vico는 인간이 알지 못하는 상황에 부딪힐 때 자신을 만물의 척도로 삼아 판단하게 된다는 주장으로 구성주의 인식론의 기초를 세웠다. 이러한 인식은 지식이 인간 외부에 존재하는 것을 탐구하는 것이라고 본 객관주의적 사고와 극명하게 대립된다. Vico는 인간은 자신이 외부 대상을 만나 경험한 세계 즉 주관적인 경험 세계 안에서 지식을 구성한다고 주장하였다. 이러한 지식에 대한 인식을 구성주의라고 부르며, 이 사상은 포스트모더니즘의 핵심 줄기를 이루게 되었다. 구성주의에는 상대주의적 인식론, 발달심리학, 다양한 사회학적·인류학적 이론들이 포함된다. 구성주의는 포스트모더니즘에 들어와 널리 인정받게 되었고 인간이 지식을 얼마나 능동적이며 적극적으로 조작해 왔는지를 밝히려고 노력하였다.

2) 지식의 구성

구성주의는 기본적으로 지식을 인간의 창조물로 본다. 즉 객관주의에서 주장하는 현실 세계를 있는 그대로 반영하는 절대적이며 보편적인 혹은 범우주적인 지식의 존재를 부인하는 것이다. 독일의 철학자 Kant 역시 구성주의에 지대한 영향을 준 인물이다. 그는 절대적 지식을 정확히 파악하는 것은 불가능하다고 주장하였다. 그는 인간의 마음이 자연으로부터 어떤 규칙을 끄집어내는 것이 아니라, 우리가 그 위에 규칙을 부과하는 것이라고 보았다. 이는 현실을 인간의 이성으로 정확히 사진으로 찍어내듯이 알아낼 수 있다고 보았던 전통적인 인식론에 대한 반론이다.

그렇다면 구성주의에서 지식이란 무엇인가? 지식은 어느 특정한 경험에 의해 특정한 시각을 갖게 된 특정한 사람이(혹은 사람들이) 내리는 개인적인 혹은 공동적인 의미 구성과 해석이다. 따라서 지식은 인간에 의해 설정되는 한계를 지닌다. 지식의 성질은 일시적이며, 변화하고 발전될 수 있는 것으로서 특정 사회나 문화적 영향을 받는 것이다(강인애, 2003). 구성주의에서는 사람만이 홀로 그의 사고와 지식에 책임을 져야 한다고 믿는다. 이 세계는 대체로 단순히 우리가 의식하지 못한 채 지어 놓은 것이다(Glasersfeld, 1989).

구성주의가 표방하는 상대주의적 인식론은 객관주의적 인식론과 극명한 대조를 이룬다. 객관주의에서 지각과 현실은 서로를 명확히 드러내는 관계이다. 즉 인간의 지각은 일대일 대칭적으로 그 현실을 그대로 찍어낼 수 있다고 보았다. 반면 구성주의에서 인간은 여러 개념들을 조작하여 현실을 만들어내며 그러한 수단까지도 밝혀낼 수 있다고 본다. 이때 지각과 현실의 관계는 기능적이며 적응적인 것이다. 이 조작을 인식하는 것은 가능하며 이러한 인식은 더 나은 세계를 열어가는 가능성을 열어 놓는다. 따라서 한때 인정받았던 지식은 그 기능이 다함에 따라 쇠퇴할 수 있고, 때로는 지나간 역사 속으로 사라져 버리기도 한다. 객관주의에서 지식은 발견되는 것으로서 현실 세계를 최대한 가깝게 반영하는 것이어야 한다. 그러나 구성주의는 지식을 창조하고 구성하는 것으로 보았고 현실을 살아가고 이해하는 데에 당사자에게 적합하고 타당한 것이어야 한다고 보았다(Glasersfeld, 1989).

구성주의에서 지식은 개인의 인지적 요소와 사회적 요소가 복합적으로 작용하여 지속적으로 구성되는 것으로 본다(강인애, 2003). 객관주의에서는 이미 존재하고 있는 사실이나 진리를 찾아내는 것이 지식을 생산하는 방법이다. 따라서 현실을 통제하고 조작하여 인식자가 범할 수 있는 오류를 최소화할 수 있는 방법으로 지식은 생산된다. 구성주의에서 실재(reality)는 통제나 예측이 불가능하며, 역사적이며 사회·문화적인 요소들로 뒤범벅된 불확실한 것이다. 따라서 구성주의에서는 고정불변의 진리 주장은 성립되지 않으며, 각 지역의 지엽적이며 특수성을 반영한 역사적이고 정황적인 지식이 인정된다.

이와 같이 구성주의는 기존의 전통적 인식론과 정면으로 배치되는 이론으로 여러 학문에 파장을 일으켰다. 특히 아동의 학습에 관한 발달 심리학 이론은 Piaget와 Vygotsky 등의 학자들을 통해 급속히 구성주의로 선회하였다. 구성주의는 교육 철학과 현장 교육에 변화를 불러일으켰으며, 서서히 사회복지와 같은 응용 사회과학 분야에도 영향을 미치고 있다. 앞으로 구성주의를 기반으로 하는 실천 이론의 시각의 변화에 대해 더 상세히 구술하게 될 것이다.

2. 구성주의의 이론들

1) 급진적 구성주의(radical constructivism)

구성주의 안에는 여러 다양한 이론들이 있다. 그중에 지식의 구성 주체를 누구로 보느냐에 따라 크게 두 갈래로 나누어진다. 한쪽은 개인이 발달시킨 인지 도식에서 개인적으로 지식이 구성되는 것이라 보았고, 다른 쪽은 사회적 상호작용을 통해 지식이 구성된다고 주장하였다. 첫 번째 부류를 이끄는 대표적 학자들은 Piaget와 Glasersfeld이며, 두 번째 입장은 Vygotsky와 Gergen에 의해 대변되었다.

Piaget(1954)는 아동의 지식 발달을 연구한 심리학자로 구성주의 이론의 출발을 이룬 사람으로 주목받고 있다. Piaget는 지식을 실체와의 일치 혹은 복사가 아니라 적응을 목적으로 기능하는 것이라고 보았다. 그는 아동이 지식을 얻는 것도 적응 기제를 발달시키는 것으로 이해하였다. 그는 어떤 형태의 지식도 단순한 실체의 복사가 아니며, 이는 그 이전의 구조에 동화의 과정을 포함하기 때문이라고 주장했다(Piaget, 1973). 이전의 구조는 변형되는 것이 아니라 새로운 상황에 적응하는 것으로 이해된다. 여기에서 적응은 생물학적 적응과는 다른 개념이다. 생물학적 적응이 생존을 목표로 한다면 개념적 적응은 모순되지 않고 일치되는 구조를 만드는 것을 목표로 한다. 철학과 역사와 같은 인문학에서는 특히 이러한 적응을 목표로 개념을 구성한다. Piaget는 아동은 어른들이 만들어 놓은 지식을 통째로 삼키는 것이 아니라 구성해 나아간다고 주장하였다(이명숙, 1999).

Piaget의 입장을 발전시킨 Glasersfeld는 '급진적 구성주의'(radical constructivism)를 주창하였다. 급진적 구성주의라고 부르는 이유에는 이전까지의 지식의 개념에서 매우 동떨어진 지식에 대한 새로운 해석을 하고자 했기 때문이다. 그는 Piaget의 입장을 받아들여 지식이 개인 인식자에 의해 능동적으로 구성됨을 주장하였다. 그러나 인식자는 환경과 특성에 따라 그가 접하는 세계를 해석하고 구성하기 때문에 세계와 지식은 서로 일치하는 것이 아니다. 다만 지식이 실제로 살아가는 데 적합하기 때문에 소멸되지 않고 계속 살아남는 것이다. 이것을 적합성(viability)이라고 말한다. Glasersfeld는 Piaget가 주장한 적응의 개념은 잘못 이해되고 있다고 믿었다. 적응이라는 개념이 지식과 실체가 일치하는 것으로 오해되는 것을 피하기 위해 Glasersfeld는 유기체의 적합성 개념을 도입하였다. 환경은 유기체가 조작할 수 있는 것 안에서의 전체적 제약을 말한다. 유기체의 활동과 조작은 제약에 의해서 방해받지 않을 때에 성공하는 것이다. 이렇게 유기체가 제약에 의해 저지당하지 않는 상태를 적합한 상태로 본다. 이런 각도에서 보면 환경은 유기체가 조작을 실패했을 때에만 접촉되는 것이다. 따라서 지식은 이미 있는 실재(reality)에 맞추어진 것이 아니라 단지 경험의 영역에서 유용하게 살아남은 것이다. 즉 행위, 조작, 개념, 이론이 경험 세계 안에서 과제를 완수하는 데 성공할 수 있다면 또는 스스로 정한 목표를 달성할 수 있다면 적합한 것으로 남아 지식이 된다는 뜻이다(이명숙, 1999). 이는 지식이 우리 삶을 위한 도구일 뿐이지 진리가 아니라는 주장이다. 이와 비슷하지만 약간 다른 개념은 지식의 유용성에 대한 주장이다. 이 주장은 인간이 자신을 둘러싼 외부 세계와의 접촉에서 적응하기 위한 한 방편으로 지식을 만들었다는 것이다. 이것은 지식을 유용성의 개념으로 파악한다(이종일, 1999).

객관주의에서 대상은 우리와는 전혀 상관없이 그 나름대로의 법칙에 의해 운행된다. 따라서 지식은 이 움직이지 않는 외부 세계를 대상으로 그것과 일치하는 것을 목표로 한다. 그러나 구성주의는 우리의 의식과 무관한 대상이란 존재하지 않는다고 본다. 인간의 의식과 동떨어진 실재는 없다. 인식자는 그의 경험과 환경과의 상호작용에 기초해서 실재를 해석하고 구성한다(이명숙, 1999). 따라서 지식은 인간과 대상의 만남에서 오는 인간의 주관적 경험 세계를 중심으로 구성된다. 이는 실재에 대한 반영이 아니라 인식자의 특성과 목적에 부합한 구성물이다.

2) 사회적 구성주의(social construction)

초기 구성주의는 객관주의적 인식론에 맞서기 위해 지나치게 개인의 경험과 인식을 강조하는 지식 구성을 주장했다. 그러나 이러한 개인 중심의 지식 구성은 구성주의 안에서 비판에 부딪히게 된다. 지식 구성의 토대를 개인이 아닌 사회적 맥락 안에서 찾고자 한 Vygotsky와 같은 학자는 개인적인 지식 구성의 주장을 탈피한 인물이다. 따라서 구성주의는 Piaget와 Glasersfeld를 주축으로 하는 개인 중심의 인지적 구성주의 혹은 급진적 구성주의(radical constructivism)와 Vygotsky를 시발점으로 Wertsch, Cole, Cobb 등이 발전시킨 사회적 구성주의(social construction)로 크게 두 갈래로 나누어졌다. Piaget가 개인 내적인 힘을 사고 발달을 추구하는 힘으로 본 데 반해 Vygotsky는 외적인 힘 즉 사회적 상호작용이 사고 발달을 추진시키는 것으로 보았다. 이러한 Vygotsky의 생각은 Gergen에게 영향을 주어 인간의 상호작용 자체가 사회적 세계를 구성한다고 보는 사회적 구성주의를 발전시키는 계기가 되었다.

Vygotsky는 사고의 구성에 어떻게 외적인 힘 즉 사회적 상호작용이 영향을 미치는지에 관심을 기울였다. 여기에서 '사회적'이라는 용어를 이해할 필요가 있다. 사회라는 용어는 워낙 광범위하게 사용되고 있기 때문이다. 사회적 상호작용에서 사회는 상호 의존적인 인간들이 모여 만든 공동체라는 의미를 갖는다(이종일, 1999). 이때 상호 의존적이라 함은 각 개인들의 행동이 의미 있는 형태로 다른 사람의 행동에 영향을 주고받을 때를 말한다. 이러한 개별 행동들이 의미를 갖기 위해서는 함께 사용하는 상징체계를 매개로 해야 한다. 이때 각 개인들이 상징체계를 사용하여 서로에게 반응하고 대응하면서 의미를 주고받는 행위를 상호작용이라고 볼 수 있다.

인간은 혼자서 경험하는 것이 아니다. 인간은 다른 사람과 더불어 일련의 공동의 일에 참여하면서 얻게 되는 경험으로 개인의 마음이 형성된다(이종일, 1999). 이런 점에서 Vygotsky는 아동을 사회적·문화적 영향으로 경험을 자신 안에서 형성해 가는 존재로 보았다. 아동의 정신 기능은 문화에서 가르쳐주는 상징체계(언어, 수학, 영상, 기억 등)를 이용하여 구성된다. 아동 안에서 사고를 가능하게 해 주는 것은 아동과 어른과의 상징체계를 통한 상호작용(예: 의사소통)이다. 이런 면에서 Vygotsky의 주장은 지식 구성이 각 개체의 내적 과정에 의해 형성된다고 주장한 Piaget 이론과는 큰 대조를 이룬다.

정리해 보면 Vygotsky는 지식 구성의 사회적 기원을 강조한다. 모든 지식은 한 사회의 공동체에 누적되어 온 역사적 산물로서, 아동은 타인과의 상호작용을 통하여 지식을 자신 안에서 구성한다. 즉 외부로부터 아동에게 내면화되는 상보적 활동으로 아동은 지식을 구성해 간다. 이렇게 보면 아동이 태어난 사회의 상징체계가 아동의 정신세계를 구축하는 데 가장 큰 역할을 하는 셈이다. 만일 서로 다른 상징체계를 사용하는 세계에 태어난다면 그 개인들의 사고의 내용이나 형태는 전혀 다른 것이 될 것이다. 결론적으로 지식은 개체에 의해 홀로 형성되는 것이 아니라 인간의 삶의 과정에서 타인과 더불어 하게 되는 상호작용 활동으로 구축되는 것이다.

Vygotsky의 이러한 입장은 교육 현장에 큰 변화를 불러일으켰다. 대표적으로 Rogoff(1990)는 도제학습을 대안 교육으로 제시했고, Wertsche(1995)는 대화 학습을 사회적 구성주의의 학습법으로 주장했다. 사회적 구성주의 이론으로 사회복지 실천에 큰 영향을 끼친 학자는 Kenneth J. Gergen이다. 사회적 구성주의는 변화나 치유를 이끌어내는 데에 유용한 개념들을 소개하고 있다. 우리 정신의 기능이 사회·문화적으로 주어지는 상호작용(상징체계를 포함한)에 의해 구성된 것이라면, 그 상호작용의 내용을 바꾸어 줌으로써 한 개인의 생각의 내용과 형태를 바꿀 수 있다고 보는 것이다. 사회적 구성주의 이론은 상호 역동적인 관계에 있는 개인들 사이에서 사회 세계가 창조되어 건설되었다고 주장함으로써 이전에 고정적인 실재 관념을 벗어나고 있다. 사회 구성주의가 주장하는 모든 실재(reality)는 본질적으로 개방적이고 언어적인 상징체계에 크게 의존한다. 따라서 "아직까지 뚜렷한 형태를 띠고 있지 않은 인간 실존에 우리는 일관성과 목적을 부여하는 방식으로 언어나 상징적 행위들을 사용할 수 있고, 이런 과정을 통해 새로운 사회 세계를 건설할 수 있다"고 본다(Parton, 1994: 16).

3. 사회적 구성주의와 사회복지 실천

1) 상호작용

사회적 구성주의는 사람들 사이에 있는 상호작용에 주목한다. 특히 상호작용을 가능하게 해 주는 요소는 무엇인지에 관심을 두고 있다. 상호작용은 각 개인의 행동을 매개로 일어나는 것이다. 그러나 한 개인의 행동이 다른 사람에게 무의미하다면 상호작용은 일어나지 않는다. 즉 그 사람의 행동(몸짓, 태도, 생각)이 다른 사람에게 이해가 되고 어떤 영향을 미칠 수 있을 때 상호작용이라는 사회적 행위가 가능한 것이다. 이러한 의미의 교환을 위해 인간은 상징체계를 사용해 왔다. 일찍이 사회학자들은 인간의 기호(sign)의 발명과 사용은 동물들이 사용하는 기호와 확연히 차이가 나는 것에 주목하였다.

Vygotsky에게 큰 영향을 준 Mead는 인간의 사회와 동물의 사회를 구분하는 가장 중요한 획이 인간들이 사용하는 상징체계라고 주장했다. 그는 인간의 사회는 상징(symbol)을 통한 상호작용이 있는 사회이고, 동물의 사회는 단순한 기호(signal)가 반복적으로 사용되는 집단이라고 하여 상징과 기호의 사용을 구분하였다. 상징적 상호작용이란 단순한 물리적 행동의 교환이 아니라 의미를 부여한 행동의 교환을 의미한다. 서로 상대방을 의식하고 상대방에 대응하여 자신의 행동에 어떤 의미를 부여함으로써 상징적 상호작용은 이루어진다(이종일, 1999). 따라서 Mead(1934)는 한 개인의 행위는 오직 그가 구성원으로 있는 사회집단의 상징과 관련해서만이 이해될 수 있다고 보았다. 인간은 상징을 매개로 하여 다른 사람과 더불어 공동의 일에 참여하는데 이것이 개인의 마음을 형성해 준다(이종일, 1999). 따라서 지식은 한 인간의 상징을 통한 상호작용 과정에서 타인과 더불어 구성하게 된다는 것이 사회적 구성주의의 주장이다. 상호작용은 사회적 구성주의 사고에서 핵심을 이루는 개념으로 떠올랐다.

2) Vygotsky 이론

Vygotsky(1978)는 Mead의 입장에서 한걸음 더 나아가 인간의 상징은 매우 특이한 점이 있음을 밝혔다. 그는 인간의 기억은 단순히 자연적인 기억력만이 아니라 전혀 다른 발달 계통에 속하는 기억이 공존하고 있음을 주장하였다. 인간은 기억의 보조 장치를 사용하는 체계를 가지고 있다. 즉 기억을 위해 막대기에 눈금을 그려 넣거나 매듭을 여러 다양한 방식으로 묶어서 자연적으로 부과된 기억을 문화적으로 한층 세련된 체계로 발전시키는 능력을 보여준다는 것이다. 여기에서 Vygotsky는 아무리 고등 동물이라 할지라도 인간처럼 기호를 조작하여 전혀 새로운 형태의 기억체계를 발전시키는 경우가 없음에 주목하였다. 인간은 매우 이른 원시시대에서부터 기억 과정의 심리학적 구조를 변형시켜서 새로운 의미 체계를 구성하는 능력이 있다는 것이다. 이것은 생물적인 차원의 기억을 넘어서는 것으로 고도의 조작적 행위에 속한다. 이것은 매우 인위적이며 외부가 아니라 스스로 발생시킨 자극이라고 볼 수 있다. 이러한 인위적인 기호의 조작은 사회적 발달의 구체적 상황에서 나온 결과물이라고 할 수 있다. 이것은 인간에게 새로운 형태의 행위를 할 수 있게 만들어준다. 이 고도의 기능의 핵심은 스스로 생성하는 자극이라는 점이며, 바로 인간의 즉각적 행동을 유발하는 인위적인 자극 즉 상징체계의 창조와 사용을 가능하게 하는 것이다.

Vygotsky는 인간의 상징은 동물에게서는 전혀 볼 수 없는 "중재적 기능"이 있음을 밝혀 내었다(1978: 39-40). 예를 들면 초등 형태의 행위에서는 자극을 받으면 곧바로 반응하는 행위가 나타난다. 동물들이 위험을 느끼면 바로 그 위험을 벗어나기 위한 행동을 취하는 것과 같은 것이다. 따라서 자극(S)은 그에 대한 즉각적 대응(R)을 초래한다. 그러나 인간이 발명한 상징의 조작은 자극(S)과 반응(R) 사이에 중재적 연결을 요구하는 구조를 가지고 있다. 이 중재적 연결은 매우 특이한 기능을 수행하도록 유인된 이차 자극(상징)이라 할 수 있다. 그것은 처음 자극(S)과 반응(R) 사이에 새로운 관계를 창조해 낸다. 이러한 새로운 관계의 창조는 어느 누구도 피해갈 수 없는 '반드시' 행해야만 하는 속성을 지니고 있다. 또한 이 두 번째 자극 즉 상징은 역으로 작용하는 중요한 특성을 지닌다. 말하자면 개인이 자극받은 환경이 아니라 개인에게로 향하도록 하는 성질을 가진다. 이러한 과정에서 한 개인은 자극에 대해 직접 충동적으로 반응하는 것을 억제할 수 있으며 간접적인 방식으로 그 모든 과정을 완수할 수 있는 보조적 자극을 사용하게 된다.

중재적 연결은 단순히 현존하는 조작을 향상하는 방법이거나 자극과 반응의 연결고리에 덧붙여진 것이 아니다. 이 보조적인 자극은 역행하는 특별한 기능이 있으므로 정신적 작용을 보다 수준 높고 질적으로 전혀 새로운 형태로 변형시킨다. 따라서 인간만이 상징을 사용함으로써 외부로부터 오는 자극에서 자신의 행동을 통제할 수 있고, 생물학적인 발달로부터 탈피하여 문화에 기초한 정신적 과정의 새로운 형태를 창출할 수 있게 된다.

Vygotsky의 이론 중에 사회복지 실천에 많은 시사점을 주는 이론은 근접 발달 이론(the zone of proximal development)이다. 근접발달이란 아동의 내적 발달 과정을 이해하기 위해 고안된 것으로 심리학자나 교육자들에게 유용한 개념이다. Vygotsky는 아동의 발달 수준을 측정하는 데에 두 가지 수준을 고려하도록 권유하였다. 전자는 아동이 문제를 혼자 해결할 수 있는 발달 수준을 실제발달 수준이라고 하고 이는 현재 발달이 완결되어 있는 상태까지의 수준으로 보았다. 후자는 아직 발달은 완결되지 않았지만 성인의 지도나 또래와의 협동을 통해 아동이 문제를 해결해 낼 수 있는 수준을 잠재적 발달 수준이라고 명명하였다. 근접발달의 영역은 실제 발달 수준과 잠재적 발달 수준 사이의 거리, 혹은 그 차이를 일컫는다. 따라서 근접발달 영역은 일종의 아직 완성되지는 않았지만 이미 성숙의 과정에 들어서 있는 기능, 즉 피어나오고 있는 봉오리의 상태를 말하는 것이다.

이 근접발달 영역이 중요한 이유는 인간은 사회적 성격을 전제로 해야만 새로운 것을 얻고 지적으로 성장하는 존재가 된다는 점을 보여주기 때문이다. 특히 근접발달 영역에서 사회적 상호작용이 가장 효과적으로 활용될 수 있다는 사실도 중요하다. Vygotsky는 협동 학습이 근접발달 영역 내에서 이루어질 수 있고, 일단 이런 학습은 개인의 문제해결 능력을 키울 수 있다고 보았다. 또한 이 영역 내에서만 인간이 이전보다 더 나은 수준의 판단을 할 수 있다고 보았다. 사회복지사들이 내담자를 만날 때에는 잠재적 성장을 기대해야 한다. 이때 사회복지사가 사회적 상호작용이 일어날 수 있는 근접발달 영역을 창출하는 것은 효과적인 개입을 위한 길이다. 근접발달 영역 이론은 사람들이 협동하여 사회적 상호작용을 일으킬 때에만 다양하고 발전적인 지식이 창출될 수 있다는 근거를 제시한다. 따라서 사회복지사의 역할이 이런 근접발달 영역으로 내담자를 초대하고 그 안에서 상호작용하는 것이 된다면 내담자의 잠재적인 성장을 촉진하게 될 것이다.

3) 공동체

사회복지 실천에 사회적 구성주의가 던지는 또 하나의 중요한 실천 주제는 사회복지 실천에서의 공동체를 분석하는 사고의 틀이다. 공동체는 한 개인이 탄생하고 성장한 곳으로 그의 사고와 의식, 행위 양식 등을 형성하는 데에 큰 영향을 미친다. 특히 가족이나 동료 집단과 같은 소집단이, 혹은 부족이나 민족과 같은 보다 큰 집단이 개인에게 행사할 수 있는 긍정적인 혹은 부정적인 힘은 지대하다. 이 힘의 구조를 파악하는 것이 한 개인을 이해하는 데 매우 중요하다.

특히 사회적 구성주의는 공동체가 각 개인들에게 행사하는 힘을 개념화하여 사고의 틀을 제시하는 데 유용한 이론이다. 이러한 작업은 변화를 창출하기 위한 밑거름이 될 수 있다. 한 개인이 역량을 높이고 보다 성숙한 판단을 할 수 있기 위해서는 지금까지 익숙해져 온 사고의 틀을 벗어나는 것이 매우 중요하다. 어떠한 사고의 틀을 벗어난다는 것은 반성적 추상과 인식을 필요로 한다. 한 개인이 공동체를 통해 얻게 된 여러 지식과 사고의 양식, 판단이나 결정하는 데 작용하는 가정과 전제들은 매우 은밀하게 그 사람의 사고의 저변에 깔려 있다. 그러나 이러한 가정과 전제들은 그 사람의 삶과 너무나 가깝게 밀착되어 그 사람을 지배하고 있기 때문에 특별한 기제를 통하지 않고는 쉽게 인식되지 않는다. 근접발달 영역에서는 바로 지금까지 익숙했던 사고와 행동양식으로부터의 거리두기와 반성적 추상과 같이 한 개인이 성장하고 변화하는 데에 필요한 중요한 상호작용을 할 수 있다. 이것은 정체성을 새롭게 하기 위한 기반을 닦아주는 영역이 될 수 있다. "사회적 정체성은 그 정체성을 부여하는 당사자에게 달려 있는 것"이다(Lynch, 1998: 14). 새로운 사회적 교류는 적절하고 유용한 상호작용을 불러일으켜서 새로운 사회적 실재나 정체성을 향해 열려지는 계기를 마련한다.

지금까지 서술해 온 구성주의 핵심 주제들을 정리해 본다면 우선 구성주의는 객관적으로 판단할 수 있는 고정된 현실관을 벗어나도록 하는 것이다. 구성주의에서 모든 관습적인 지식은 비판의 대상이 된다. 또한 관찰과 측정은 그것에 개입되는 인식자의 주관성으로 말미암아 지식 생산의 통로로 부적절한 것으로 여긴다. 구성주의적으로 볼 때 실제로 존재하는 것과 사람들이 존재한다고 믿는 것 사이의 구분은 명확하지 않다. 오히려 사람들은 자신이 보고자 하는 것을 보게 될 것이므로 이런 판단은 보류된다. 사회복지사의 객관적인 지식은 내담자를 분류하고 구분해 내는 기준으로 부적절하다. 왜냐하면 사회복지사가 사용하고 찾을 수 있는 유형은 그의 인식 안에 존재하고 그 안에서만 머물러 있는 폐쇄적인 것이기 때문이다. 그의 인식의 경계를 벗어난 유형은 일단 사회복지사에게는 보이지 않고 구분되지 않는다.

지금까지 우리가 만들어낸 지식의 유형들은 역사적이며 문화적인 전통이 배어 있는 것이다. 구성주의 실천의 핵심은 이런 저변에 깔려 있는 가정과 전제들을 찾아내는 것이다. 만약 이러한 지식들이 내담자의 삶을 제한하는 형태로 작용한다면 내담자는 새로운 현실과 역사 창출을 위해 자신이 따라온 삶의 유형을 뒷받침하고 있는 가정들에 눈을 돌려야 한다. 가정들에 대해 새로운 인식을 가지게 되면 내담자들의 삶은 변화하게 될 것이다. 어떤 지식이라도 그 지식이 생산되는 배경이 있다. 따라서 이런 지식에 반영되어 온 역사적·문화적 가정들을 분별해 내는 일이 가능하다. 역사와 문화가 다양한 형태로 존재해 왔듯이 지식도 다양하며 지엽적인 범위를 벗어나지 못한다. 우리가 아는 방식과 다른 방식의 지식과 삶이 있음을 인정하고 수용하는 것 역시 구성주의적 실천의 기본 과제가 될 것이다.

➘ 주요 용어

급진적 구성주의, 사회적 구성주의, 지식, 전제, 가정

➘ 주요 개념

근접발달 영역, 상호작용, 자아, 실재, 경험, 공동체, 현실 구성

➘ 생각해 볼 점

1. 지금까지 자신을 누구라고 정의해 왔는가?
2. 지금까지 자신을 지탱해 온 과거의 역사적·문화적 가정들은 무엇인가?
3. 구성주의적으로 어떻게 자신의 경험을 재구성할 수 있는가?
4. 현재 자신의 지식은 어떻게 형성되어 왔는가?

제 3 장

실천 이론과 원리

1. 포스트모더니즘 시대의 사회복지 실천
2. 구성주의 실천 이론
3. 구성주의 사회복지의 실천 원리

제 3 장 실천 이론과 원리[1)]

1. 포스트모더니즘 시대의 사회복지 실천

1) 실천 이론에 대한 논란

사회복지 실천의 역사는 괘종시계의 추처럼 시대의 요구와 가치, 우선순위에 따라 정체성과 전문직 경계선의 쏠림 현상이 심했다. Reid(2002)는 이런 현상을 '동향'(trend)이라는 말로 정의했다. 그는 '지식에서의 동향'이란 말을 사용하여 사회복지의 쏠림 현상을 설명하였다. Reid는 어느 일정 기간 동안 사람들에게 중요하게 인식되고 어느 정도 기간을 견뎌내며 널리 퍼져나가는 실천 지식의 발전을 지식의 동향으로 정리하였다. 이러한 지식은 이론, 모델, 실천 방법들로 대개 적어도 10년 정도는 사람들의 기억 속에 있고 여러 출판물에 등장하는 것들이다. 그가 정리해 놓은 이런 주요한 동향의 예를 살펴보면 다음과 같다.

이미 기술한 대로 전쟁 후에 일어난 정신역동학적 방법이 한동안

1) 이 장은 "구성주의적 실천방법의 탐구", 2004, 『교수논총』 16(7-26)에서 재구성하여 실었음.

전문성의 내용이던 시절을 거치면서 이에 만족하지 못한 일련의 실천 운동이 1950년대부터 1960년대에 이르기까지의 시대를 주도해 갔다. 여기에는 가족체계이론, 행동주의, 교류분석, 게슈탈트, 실존주의, 현실치료, 인지치료 등의 이론이 포함된다. 이러한 이론들은 원래 실제 사회복지 밖에서 발전되었으나 사회복지 안으로 흘러들어와 영향을 미친 이론들이다. 1970년 이후에는 특별히 사회복지사들에 의해 자체로 개발된 이론과 모델들도 생겨서 외부에서 들여온 이론들과 뒤섞인 형태로 발전했다. 그 예로는 심리사회 이론, 과제중심 모델, 위기개입 모델, 인지행동 이론, 일반주의(generalist) 이론, 생태체계 이론, 생태학 이론, 강점 관점, 페미니스트 실천, 임파워먼트 실천 등이 있다. 그리고 보다 최근에는 해결중심 모델, 중독 모델, 자조 모델, 다문화 이론, 내러티브, 가족보존, 단기치료, 반억압 반차별 이론, 비평 이론 등이 소개되었다.

이처럼 종합세트 꾸러미와 같이 다양한 이론, 모델, 관점들은 실제 현장에서 도움을 주는 동시에 문제를 발생시킨다. 이런 다양성을 정체성의 혼란으로 보아야 할 것인지 아니면 전문성의 진보로 보아야 할 것인지에 대한 논란은 꾸준히 계속되어 왔다. 부정적인 견해로는 참으로 "어리둥절하고 당황스러운 선택의 나열"이라는 혹평이 있다(Rosen, 1998: 258). 아울러 "서로 어울리지 않는 여러 잡다한 이론, 방법, 기술, 모델, 학파와 전문직들의 총집합 주머니"라는 부정적 견해도 존재한다(Goldstein, 1990: 37). 그러나 다른 한편에서는 "이러한 발전은 우리가 새로운 아이디어나 개념, 전략, 방법, 기술들에 더 마음을 열 수 있도록 해 주었으며 이 모든 것들은 우리 실천을 더 풍성하게 해 주었다"는 긍정적인 견해도 있었다(Turner, 1996: 699). 결론적으로 사회복지는 전문직의 영역과 위상을 공고히 하기 위해 다수의 이론이 경합을 벌인 역사를 발전시켜 왔다.

현장에서 일하는 사회복지사들에게 실천 이론의 의미와 효용은 그들의 생존과 관련된다. 사회복지는 전문성을 인정해 주는 정부 또는 사회의 정책과 소비자들의 욕구에 의해서만 그 전문직이 유지될 수 있기 때문이다. 사회복지사들은 한편으로는 사회적 의식을 대표하면서 동시에 내담자들의 개인적 욕구에도 부합해야 한다는 두 가지 다른 욕구를 만족시켜야 하는 모순에 빠져 있다(Fook, 2002). 만일 이 둘 중에 어느 하나라도 만족시키지 못한다면 과연 사회복지는 어디에 설 수 있을 것인가? 사회복지 실천 이론의 혼란은 바로 사회복지 역사에 기인하고 있으므로 피할 수 없는 것이다.

이론의 효용성에 대해 구성주의의 답은 단순하다. 구성주의에서 이론은 실제 부딪치는 현상을 파악하고 생각의 체계를 조직하는 데 도움이 되는 하나의 도구 혹은 기본적인 틀로서 가치를 지닌다. 이론이 만사를 해결해 주는 요술 지팡이는 아니다. 사회복지사들이 이론을 접할 때 자신에게 필요한 답을 기대하는 것은 바로 객관주의적 사고방식에 길들여져 버린 탓이다. 각 이론들은 나름대로 세상을 반영하는 방식을 가지고 있지만, 이 세계의 실체를 정확히 있는 그대로 재현할 수는 없다.

단지 각 이론은 세계와 실체에 대한 관점이나 해석을 인위적으로나 선택적으로, 혹은 수사학적으로 구성하고 있다. 우리는 사회복지 지식이나 이론이 실제 그대로 문제를 발견해서 우리 앞에 풀어놓아 주기를 기대해서는 안 된다. 그보다는 이론을 만든 사람에게 중요하게 여겨진 이슈와 맥락과 그가 그 속에서 문제를 다루는 방식, 핵심 주제와 사상 등이 무엇인가를 포착하는 것이 중요하다. 이는 마치 작가가 그려 놓은 그림을 감상하는 것과 비슷한 경로를 밟는 것이다.

작가에게 주어진 영감은 우리와 동일할 수 없다. 우리는 작가가 그 그림을 통해 무엇을 말하고 싶은지 파악할 때 우리와 관련된 상황 속으로 작가의 영감을 끌어올 수 있다. 따라서 누구든지 자신의 상황에서 나름대로 그림을 감상한다. 작가는 자신의 작품을 어떻게 감상하라고 우리에게 강요할 수 없다. 감상하는 사람들의 상황에 따라 같은 그림이라도 다른 의미를 띨 수 있다. 무엇이 의미 있게 다가올지는 감상하는 사람에게 달린 것이다. 이처럼 이론이 지닌 가치는 이론의 진위 여부에 있지 않다. 이론이 지닌 가치는 그 이론이 우리에게 생각하는 과정의 일부를 형성해 주는 데에 있다.

2) 불안정의 시대

우리는 현재 포스트모더니즘이라는 시대를 배경으로 살고 있다. 포스트모더니스트들은 인간의 이성과 합리성을 존중하는 근대적 사고를 버리고 이제까지 인정되어 온 모든 지식과 진리에 대해 회의를 품기 시작했다. 포스트모더니즘의 영향 아래 활발해진 언어 비평은 어떤 과정을 거쳐서 어느 특정 집단이 우세한 세력으로 인정받고 그 세력을 유지하는지를 파헤쳤다. 이는 사회 주류 계층의 권위와 세력을 약화시키고 권력의 불평등을 시정하는 노력으로 나타난다. 따라서 언어 비평은 소외된 계층의 목소리를 존중하고 기존 질서를 벗어나 새로운 세계 질서를 부여하는 데에 주력해 왔다.

포스트모더니즘 시대에는 "보편화된 지식, 진리, 믿음에 대한 의문을 제기하고 끊임없이 보다 나은 현상학적, 실천적 가치를 추구한다"(김은희, 2004: 162). 아직까지 사회복지에 미친 포스트모더니즘의 영향력은 미미하다. 특히 사회복지 이론은 아직까지 보편성을 유지하고 있으며 실천적 가치들을 제시하는 데에는 한계가 있다. 포스트모더니즘은 쉽게 변할 수 있는 이론보다 실천 현장에서 더 영향력을 발휘하지 못하고 있다. 한 예로 강점 관점과 임파워먼트 실천은 내담자를 우대하고 그들에게 권위를 부여하도록 하는 이론이다. 그러나 이 이론을 실천하고자 하는 사회복지사들의 의도와 노력에도 불구하고 실제로 이러한 이론은 이론에 그쳤고 큰 결실을 얻지 못했다. 이것은 지금까지의 이론들이 객관주의 이론의 틀 안에서 만들어져 사회복지 실천의 맥락을 바꾸지 못한 채 실천되었기 때문이다.

아직까지 사회복지 실천은 근대적 사고와 권위를 유지하는 경향이 있다. 사회복지사라는 전문가에 대한 내담자의 기대는 근대적 사고에서 비롯된다. 전문가는 내담자보다 더 많은 권위와 통제력을 지닌다. 또한 전문가는 자신의 전문적 행위의 결과를 예측하거나 통제하도록 훈련받는다. 내담자는 전문가가 효과를 증명할 수 있고 확실한 결과를 얻어낼 수 있는 이론에 의존해 실천하도록 요구한다. 이러한 요구는 전문가들이 특정 방법이나 기술을 적용하는 정형화된 실천 방식을 사용하도록 실천의 맥락을 조성한다. 이러한 정형화된 방식이 인간적인 상황들에서 큰 영향력을 갖지 못하거나 잘 맞지 않는 것을 경험하면서도 사회복지사들은 계속 이 틀을 사용하고 있다. 사회복지사가 만일 객관주의에서 제공하는 확실성을 끝까지 붙들려고 한다면 앞으로도 상황은 바뀌지 않을 것이다. 새로운 이론이 나타나고 그 이론의 효과성을 증명하고자 노력하지만 그 이론이 만일 확실성을 추구하는 이론이라면 현재 사회복지사들이 경험하는 딜레마를 벗어나지 못하게 될 것이다.

포스트모더니즘에서는 사회복지사가 전문성의 확실성 뒤에 숨어서는 안 된다고 주장한다. 전문성은 더 이상 사회복지사들을 위한 보호막이 될 수 없다. 오히려 그것은 힘의 균형을 깨뜨리고 동반자 관계를 맺는 데 걸림돌이 된다. 포스트모더니즘 시대에는 전적으로 언어의 사용과 유용성으로 증명되는 전문성만을 인정한다. 전문가들은 불확실성을 견디는 힘을 길러야 한다. 이를 위해 전문가들은 먼저 인간의 상황의 가변성과 불확실성을 인정하면서 인간 자신이 얼마나 많이 변화할 수 있는지를 인정할 필요가 있다. 더 나아가 이들에게는 불확실한 상황을 받아들이면서 계속해서 대화를 유지하고 인식의 전환과 변화를 꾀할 수 있는 지침들이 필요하다.

"모든 정보와 이야기는 신비하고 언제나 우리가 닿을 수 없는 우주 안에서 우리 자신의 경험에 맞추어진 인간의 창조물이다. 우리가 찾아낸 진리, 지식, 가치는 우리 시대의 사람들에게 맞는 진리, 지식, 사람들의 가치일 뿐이다"(Anderson, 1997: 268). 내담자들이 가진 지식과 가치는 따라서 자신이 겪은 삶의 중요한 국면을 배경으로 만들어진 것이다. 내담자나 사회복지사가 함께 내담자들의 지식과 기술, 가치의 배경을 탐구하면서 새로운 의미를 부여한다. 사회복지사들은 이제 내부와 외부, 주관과 객관, 아는 자와 대상자, 내용과 과정을 구분하는 이원론적 범주를 벗어나야 한다. 지식은 통제나 실제적 개입의 수단으로서가 아니라 이해와 대화를 이어가는 과정에서 구성되어야 한다.

내담자가 경험하는 문화와 역사, 정치 및 경제적 요소들은 계속해서 변화하며 내담자의 현실 정의에 영향을 미치고 있다(Gergen, 1999). 현실은 외부 공간에 존재하는 것이 아니라 내담자의 경험을 통해 이해를 얻고 삶에 질서를 부여한 언어적 문맥 안에 존재한다. 따라서 이 현실은 서로 대화하고 상호작용함으로써 협상되어진 의미이다. 우리의 모든 삶은 사회적으로 또한 언어적으로 구성되어 왔다.

한 사람의 자아에 대한 견해는 그가 사용하는 언어를 통해 나타난다. 그가 지닌 세계에 대한 지식 역시 사회적 상호작용의 결과로서 감각과 언어와 관련되는 것이다(Efran, Luken, & Lukens, 1990). 만일 사회복지사가 내담자를 능력과 잠재력을 가지고 있는 존재로 인정하면 내담자 역시 자신을 능력과 가능성을 지닌 존재로 볼 수 있다. 능력에 대한 개념 역시 사회적으로 정의되고 구성된다. 사람들은 어떻게 다른 사람들이 사회적 상호작용 안에서 자신을 보는 가에 대한 인식에 따라 자신을 정의한다(Robinson, 1999).

포스트모더니즘에서 한 번 이루어진 구성은 언제나 재구성될 가능성을 띤다. 불안정한 맥락에서 사는 것이 인간의 삶이기 때문에 언제든지 사람들은 자신의 삶과 미래에 대한 운명을 바꿀 수 있다. 언어로 결정되는 문맥을 바꾸어 감으로써 사람들은 자신의 삶을 변화시킬 수 있다. 개인들이 어떻게 의사를 결정하며 어떤 선택을 하느냐가 바로 삶의 내용이 된다. 따라서 불안정이야말로 포스트모던 세계를 움직이고 특징짓는 요소라고 할 것이다.

사회복지사는 불안정성을 이용하여 내담자들이 선택의 폭을 넓혀갈 수 있도록 길을 열어주어야 한다. 선택은 대안적인 의미들을 지각하여 결정하는 개인이나 집단의 능력이다(최종혁, 1999: 201). 모든 것이 고정되고 안정된 세계 속에서 선택은 제한적이며 변화는 어려운 일이다. 그러나 포스트모더니즘 시대에는 불안정함 속에서 선택의 폭이 넓어진다. 작은 차이는 큰 변화를 낳을 수 있다. 언어적 문맥의 변화는 새로운 선택을 열어주는 열쇠가 되고 더 많은 변화가 가능하도록 해 준다. 이런 상황 속에서 의사를 결정하는 기준이나 규칙은 유연하며 복잡하고 쉽게 바뀔 수 있다. 사회복지사들은 내담자가 새로운 선택과 변화를 꾀할 수 있는 문맥을 함께 인식하고 주목해야 한다. 사회복지사들은 내담자들이 자신에게 주어진 기회와 한계의 의미를 생각할 수 있고, 자신이 선호하는 선택을 할 수 있게 해 주어야 한다.

사회적 세계는 고정되어 있거나 운명에 따라 움직이는 것이 아니다. 사회적 세계는 인간의 역량과 영향 아래 놓여 있기 때문에 그 불확실성은 점점 더 증폭될 것이다. 우리는 더 이상 자연적 속성으로 세계를 이해하지 말아야 한다. 그보다 인간의 선택이 빚어낸, 또한 그에 따른 책임이 강조되는 세계를 택해야 한다. "포스트모던의 세계에서는 의사를 결정하는 것보다 그 결정을 할 때 인간적인 선택과 책임이 따를 것으로 기대되는 맥락에서 의사결정을 한다는 사실이 더 중요하다"(Parton & O'Byrne, 2000: 185). 이런 점에서 사회복지사의 개입은 내담자가 스스로 상황을 판단하고 긍정적인 가능성을 열어가도록 맥락을 조성하는 것이다.

이런 배경하에서 사회복지의 전문성은 매우 다른 성격을 띤다. 무엇보다도 지금까지 사용되어 온 논리적이고 기계적인 접근은 부적절하다. 우리는 보다 실제적이고 도덕적인 요소들에 우리의 눈을 돌려 다양한 문화와 전통과의 중재와 해석에 치중해야 한다(Bauman, 1992). 이러한 해석의 목적은 다른 점들을 최대한 조명하며 같은 표준으로 측정할 수 없는 영역에 눈을 돌려 다른 개인과 집단, 지역사회들 사이에 이해와 의사소통을 증진시키도록 노력하는 것이다. 사회복지사는 서로의 차이를 인정하며 대화를 진행하여 자신과 다른 사람들에 대한 보다 높은 이해를 이끌어내도록 해야 한다.

3) 현장성

포스트모더니즘 시대의 또 다른 특징은 절대적 진리로 주장할 수 있는 이론이 없다는 것이다. 특히 모든 현상과 상황에 다 적용할 수 있는 거대 담론은 있을 수 없다. 단지 특정 현상에 대해 여러 가능한 이론들이 경쟁적으로 존재할 뿐이다. 인간관계에 관한 절대적이며 객관적인 진리는 존재할 수 없다는 것이 이 시대에 두드러지는 메시지이다. Howe(1993: 193)는 인간관계에 관한 한 오직 "작업 중인 진리"가 있을 뿐이라 했다. 중심에서 벗어난 우발적인 진리는 사람들이 자신의 경험을 이해하고 그 의미를 통제하는 데 도움을 준다. 이러한 진리는 공간의 한계를 지닌다. 지금까지 우리 사회는 주류 사회에서 인정된 거대 담론이 지배해 왔다. 지배 권력은 이런 이론이나 진리를 주장함에 있어서 누구보다 큰 목소리를 낼 수 있다. 오직 특정 집단만이 진리 주장에 우월성을 가진다. 또한 이런 특전이 주어진 이론들은 다른 이론들을 종속시키거나 사장시키기도 한다(Bertrando, 2000).

포스트모더니즘은 이러한 지배적 담론이나 이론에 대한 저항으로 나타났으며, 거시 이론의 지배를 종식시키고 현상학적이고 실천적 가치를 강조하는 이론을 추구한다. 결국 포스트모더니즘은 진리로 간주되는 지배 이론을 해체시켜서 어느 한 부류의 사람들이 다른 부류의 사람들의 희생으로 이익을 얻는 권력 관계를 더 이상 유지하지 못하게 한다(Farber & Sherry, 1997). 이런 해체된 거대 담론을 대신하는 것은 어느 일정한 시기와 공간에 한정된 지엽적이며 작업 중인 이론들이다. 현장성(locality)의 발견은 바로 포스트모던 시대의 특징이다. 현장성이 가지는 함의는 거시 담론이나 권력이 힘을 잃고 각 사람들의 상황에서 발생된 지식이 존중받는 것이다.

사회복지 상황에 현장성을 적용한다는 것은 내담자의 삶이 자신들에게 실행 가능한 체계와 지식으로 구성되어 있음을 인정하는 것이다. 내담자는 자신의 삶에 맞는 도식을 가지고 있다. 이 도식은 자신의 기대나 자기 암시 혹은 작업가설들을 만들고 이를 활용하는 체계를 가동하면서 삶을 유지하게 해 준다. 내담자의 언어나 그들의 말하는 행위 자체는 자신의 삶에서 만든 도식을 실현하는 방식이다. 각자가 가지고 있는 삶에 대한 도식을 인정하고 이해할 때에 사회복지사는 내담자와 의사소통이 가능한 실재로 들어가는 것이다. 따라서 사회복지사의 가장 중요한 역할은 어떤 기술이나 사실을 가르치거나 교정하는 직접 개입이 아니다. 그보다는 내담자의 힘과 선택의 기회를 증진하는 대화를 유지해 가는 것에 있다(Anderson, 1997). 또한 내담자의 이야기에 우선권을 주는 것이 현장성을 존중하는 이 시대의 변화이다. 사회복지 만남은 결과적으로 내담자가 우선이며 쌍방의 이야기가 존중되어 새로운 구성을 창출하는 장이 되어야 한다.

2. 구성주의 실천 이론

1) 객관주의와 거리두기

구성주의 이론을 사회복지 실천에 접목시키고자 할 때 가장 큰 걸림돌은 객관주의에 젖어 있는 사고와 실천방식이다. 지금까지 사회복지는 주로 생활상의 과제에 대하여 어떠한 지식을 참고 기준으로 하여 그 틀 안에서 해결의 실마리를 찾으려는 시도로 정의된다(최종혁, 1990). 이때 사회복지사는 그가 사용하는 지식을 사실을 반영하는 객관적인 것으로 믿는다. 문제는 실제로 존재하며 그것에 대한 해결은 사회가 제시하는 표준적 기준에 근거하여 처방된다. 지금까지 사회복지사는 사회적 맥락이 바뀌면서 표준이 달라지는 것을 완전히 무시하고 지식은 어느 쪽으로도 치우치지 않는 가치 중립적인 것이라고 생각해 왔다.

사회복지 실천은 가치와 직접 연결되는 결과를 기대하면서도 가치의 중립성과 객관성을 중시하려는 모순을 안고 있다. 사회복지사들이 기대하는 모든 바람직한 결과에서 '가치'를 배제할 수는 없다. 무엇이 바람직하고 그렇지 못한가를 결정해 주는 것이 바로 '가치'이기 때문이다. 그럼에도 불구하고 가치중립적이고 객관적인 지식은 해결을 위한 참고 기준으로 사용되어 왔다. 구성주의는 모든 지식이 인간 내부의 열정에서 시작되었다고 주장한다. 따라서 이 열정의 지향하는 바를 성찰할 필요성이 강조된다. 이것은 객관주의적 사고와 해결 양식과의 거리두기를 의미한다.

구성주의 실천에서 사회복지사는 효과적인 실천을 추구하지 않는다. 효과란 어떤 목표에 얼마나 잘 도달했는지를 보여주는 객관주의적 사고를 반영하기 때문이다. 구성주의에서는 목표를 미리 정할 수 없다. 그보다는 내담자에게 가장 바람직한 삶을 어떤 시각으로 구성할지를 함께 탐구한다. 문제는 그 문제가 내담자에게 주는 의미로서만 파악된다. 따라서 구성주의는 근본주의적인 이해가 아니라 해석학적인 입장에 입각하여 문제를 인식하는 대안을 찾아내고자 한다. 해석학적 입장은 "이해는 항상 해석이며 이해를 위한 특권적 관점이라는 것은 존재하지 않는다"는 것이다(Wachterhauseer, 1986: 339;

김유숙 역, 2004: 63). 우리 자신을 포함하여 우리가 관계하는 사람들의 세계나 현실이 우리와 상관없이 존재하고 있다고 생각해서는 안 된다. 아무도 다른 사람이 경험하는 실재가 무엇인지를 알지 못한다. 사람들이 가지는 선입견과 낙인을 견제해야 할 이유가 바로 여기에 있다.

2) 인간과 실재(reality)[2)]

인간은 객관적이며 보편적인 세계에서 살고 있는 것이 아니라 개인이 자각하는 현실 즉 자신의 경험이 만든 실재 안에서 살아간다. 인간은 자신의 실재를 능동적으로 구성해 가는 데에 참여한다. 이러한 인간과 실재에 대한 인식은 사회복지 실천에 시사하는 바가 크다. 지금까지 우리는 인간을 자연현상과 같이 객관적인 관찰의 대상으로 바라보고 이해하려는 경향을 따라왔다. 인간의 삶과 경험을 보편화하는 데 큰 무리가 따르지 않는다고 보았기 때문이다. 여러 실천 이론들은 보편성과 법칙에 맞추어 해결책을 제시해 왔다. 그러나 인간은 그러한 보편성에 만족하지 않고 그러한 보편성 안에서 형성된 자신의 정체성으로부터 탈출하고자 한다(최종혁, 1990).

구성주의에서 인간은 자신의 실재를 구성하는 데 참여하는 존재이기 때문에 스스로 행위자가 되고자 하며, 자신의 개별적 경험이 개인적 의미를 지니도록 통제하는 주체가 되려고 한다. 인간은 결코 남들이 자신에 대해 미리 만들어 놓은 틀에 자신을 맞추는 것에 만

---

2) 실재(reality)와 현실(present/actuality)의 구분은 매우 미세하므로 서로 비슷하게 사용되고 있다. 본인은 존재론적인 의미를 더 강조하기 위해서 실재(reality)라는 단어를 사용하고 현재의 시제를 강조한 의미로 현실(actuality)을 사용하였다.

족하지 못한다.

인간은 고정되고 얼굴이 없는 자아를 거부하려 하고 상호 교류 과정에서 자신이 반응하고 인정을 이끌어내는 주체로 존재하기를 원한다. 이런 것은 낙인이 찍힌 내담자들과 대화를 해 본 사회복지사들에게 낯설지 않은 경험이다. 비행 청소년은 자신의 비행을 부정한다. 사회복지사는 이것을 저항이라고 부른다. 그러나 청소년은 이것을 적어도 남이 멋대로 만들어 놓은 자신에 대한 잘못된 정의를 거부하고 자신의 고유성을 주장하는 것이라고 할 것이다. 사회복지사들이 인간을 보편적이며 일반화된 존재로 보려 하는 이상 내담자들의 저항은 끝이 없이 계속될 것이다.

한 개인의 정체성은 고정된 실체가 아니며 관찰 대상이 되는 속성, 자질이 아니라 함께 일관성과 목적을 부여하는 방식으로 건설해 갈 수 있는 개방적인 것이다. 인간은 각자의 경험과 인식의 틀을 독자적으로 운영하여 능동적으로 실재(reality)에 대한 나름대로의 구성과 해석을 한다. 그 과정은 미리 예측하거나 미리 기대하여 피드백을 받는 기제만이 아니라, 피드백을 미리 예측하여 사전 행동을 하는 식의 인지 과정을 통해 일어난다(Mahoney, 1988).

따라서 인간이 구성하는 실재는 무수한 변형이 가능하며 실재에 대한 경험은 각각 다른 의미가 있을 수 있음을 인정해야 한다. 이러한 사고는 우리가 항상 존재하리라고 믿는 객관적 실재에 대해 회의를 품게 한다. 사회복지사가 보고 이해하는 내담자의 실재는 내담자 자신이 느끼는 실재와 다를 수 있다. 사회복지사는 외부인의 시각으로 내담자와 그의 세계에 접근한다. 이때 사회복지사가 참고하는 지식은 내담자의 상황을 벗어나 객관적인 사실들을 근거로 만들어진 것이다. 따라서 사회복지사의 지식은 보편적이고 일반적인 지식이다. 이런 지식은 내담자의 특수하고 사소한 일상의 문제와 사건을 구체적으로 반영하는 것이 아니다. 이런 지식은 내담자의 현실을 벗어난 인위적이며 교과서적인 지식으로 살아 있는 생생한 지식이 될 수 없다.

구성주의의 전제는 삶의 상황이 매 순간 다르듯이 문제 상황과 내담자가 그것을 판단하는 데 쓰는 지식도 모두 다르다는 것이다. 내담자가 처해 있는 맥락으로부터 나오지 않은 지식은 내담자의 상황과 관련짓기 어렵다. 특히 이러한 지식은 내담자의 상황을 이해하는 데에 큰 도움이 되지 못한다. 개인이 가지고 있는 지식은 그가 개별적으로 경험한 것이고 구성의 산물이기 때문이다(이종원, 1999). 사회복지사들은 이러한 개인적이고 특수한 지식을 인정하고 이해하는 데에 관심을 가질 필요가 있다.

3) 해석적 맥락

객관주의는 내담자의 문제 해결을 위한 지식이 외부세계에 존재한다고 보고 있다. 따라서 사회복지사가 내담자의 문제를 먼저 알아야 해결할 지식을 끌어올 수 있다고 본다. 또한 "객관주의는 세계가 정확히 실체와 속성, 관계의 관점에서 측정될 수 있다고 전제한다"(우지용, 2004: 9). 그러나 구성주의는 실재를 탐구하는 인간의 활동과 무관하게 세계가 존재할 수 없고, 그것을 바라보는 인간의 인식 틀에 따라 실재는 서로 다르게 파악될 수 있다고 본다. 인지적 지향이 강한 구성주의자들은 개인들이 객관적 실재나 상황을 직접 알 수 없다고 본다. 그 대신 "개인의 실재는 자신의 독특한 과거 경험과 관련하여 그가 발전시켜 온 인지 도식과 가치로 구성된다"(Matto,

1998: 634). 구성주의 실천의 본질은 바로 이런 핵심적인 구성을 성찰하고 이러한 핵심 구성이 한 사람의 삶과 관계 양식에 미쳐 온 영향을 파악하여 새로운 해석과 구성이 가능한 길을 함께 찾는 것이다. 이는 내담자의 새로운 현실 창조에 참여하는 것이기도 하다.

사회적 맥락은 바로 내담자가 문제에 대해 내리는 어떤 결론이나 해석이 나오게 되는 원천이다. 이러한 "맥락은 우리가 무엇을 이해했거나 배웠다고 할 때 항상 구체적인 상황을 전제로 하여 이루어진다"(Merrill, 1992: 105-106). 사회·문화적인 맥락은 가족, 소집단, 지역사회, 보다 큰 사회에 내재되어 있는 상징과 규칙, 습관 등을 통해 어느 개인의 경험과 실재를 구성하는 데 큰 영향을 미친다. 실재란 한 개인이 그 실재에 대해 보이는 해석과 더불어 존재한다. 이 실재는 한 사람의 마음 안에 이루어지는 것이 아니라 다른 사람들과의 관계나 상호작용의 결과로서 만들어지는 것이기도 하다. 따라서 실재는 집단적 설계라 볼 수 있다. 실재는 각자의 인식과 경험을 근거로 한 사람들 사이의 사회적 상호작용의 결과물이다.

한 개인의 자아는 홀로 존재하는 무엇이 아니라 다른 사람과의 관계를 통해 성립될 수 있는 것이다. 한 개인의 경험은 다른 사람과 의사소통과 상호 교류를 한 결과로서 조성된다. 따라서 구성주의적 실천은 각각 내담자가 경험한 사회적 맥락에서 부여하는 의미나 해석이 무엇인지를 파악하려고 한다. 이러한 것은 내담자가 구체적 상황에서 구성한 실재를 알려주며 이는 외부에서 끌어온 실재에 대한 지식보다 더 중요하다.

사회복지사는 내담자의 실재를 이해할 뿐만 아니라 내담자가 현재 어떤 경험을 구성하는가에 특히 주목해야 한다. 인간의 경험은 사회적 세계에 참여하는 과정에서 얻는 것이다. 인간이 경험하는 모든 현상과 실재는 의미를 창출하고 부여하는 과정 안에서 바라보아야 한다. 이는 이야기와 대화를 통해 지금 현재 새롭게 전개되는 현실이다. 내담자와 관계하는 경험의 질과 가치는 현재 의사소통하며 대화가 진행되는 그 경험 안에 있다. 경험은 감각적으로 이루어져 있으나 그 자체로 완성된 것이 아니라, 이를 인식하고 반성하는 주체에 의해 형성되는 것이라고 할 수 있다. 지식은 우리의 경험에서 가져올 수 있는 실체로 개념적 구조나 행위, 정신적 조직 모두를 포함한다. 지식도 그 지식을 생산해 낸 문화와 역사의 산물이라고 할 수 있다. 지식 안에는 우리가 아직 하지 못한 행위의 양태나 사고까지 포함된다(이명숙, 1999). 이런 세계와 실재에 대한 지식은 사람들이 새롭게 상호작용하는 과정에서 발전하거나 수정될 수 있다.

현실은 미리 예측할 수 없는 것으로 내담자가 얼마나 진지하게 참여하여 새롭게 구성해 가는가에 의해 결정된다. 이것은 내담자의 현실 이해를 존중하면서 그 안에서 서로 소통하여 새로운 의미 부여와 해석을 시도하는 것이다. 어떤 변화나 가능성은 바로 이 새로 구성되는 현실에서 찾을 수 있다. 이것으로 구성주의는 회복이나 재생을 목적으로 어떤 기법을 적용하는 객관주의를 넘어서서 이야기와 대화를 통해 새로운 현실을 구성하면서 변화를 추구해 간다. 크게 보면 구성주의 실천의 목적은 내담자와 상호 교류하는 현실에서 함께 새로운 지식과 진리를 생산하는 것이다.

4) 의미의 추구

구성주의에서 중요시하는 것은 사실이나 현상 자체가 아니라 그 현상을 해석하는 시각이다. 즉 문제 자체보다 문제를 보는 시각을 중시하는 것이다. 이것은 다른 사람들과의 대화 속에서 생겨나는 경험된 '의미'가 무엇인가를 추구하는 것이다. 각 개인이 가지고 있는 개별적인 의미들은 중요한 삶의 초석이다. 일반화된 경험보다 개인적 경험이 한 인간의 삶에서 더 중요한 의미를 띠기 때문이다. 따라서 궁극적으로 문제는 의미의 영역 안에서만 발생한다(Neimeyer, 1993).

의미와 이해는 사람들이 어떻게 대화를 하는가에 달려 있는 것이지 미리 결정되어 있는 것이 아니다. 이때 의미는 개인적이고 주관적인 해석과 더불어 사회·문화적인 맥락 안에서 구성되는 것이다(Berlin, 1996). 인간의 행위는 사회적인 구성작업과 대화를 통해 만들어진 현실 속에서 이루어진다. 즉 "인간은 다른 사람과 함께 만든 이야기적 현실에 의해서 스스로의 경험에 의미와 조직을 부여하며 그렇게 구성된 현실을 통해 스스로의 인생을 이해하면서 살아간다"(Anderson & Goolishian, 1992; 김유숙 역, 2004: 60). 어떤 사람이 경험에 새로운 의미를 부여하게 된다면 그 경험은 재구성될 것이고 새롭게 그 사람의 실재를 구성하는 데에 사용될 수 있을 것이다. 구성주의 실천에서는 이러한 가능성을 항상 열어두고 이미 지나온 과거의 경험이라 할지라도 새로운 해석을 할 수 있다.

문제를 다룰 때 사회복지사는 문제 자체를 사정하는 것보다 문제에 대해 내담자와 함께 이야기하는 방식을 택해야 한다. 이때 사회복지사의 첫 번째 과제는 문제에 대한 내담자의 해석을 파악하고 그 문제가 담겨 있는 맥락의 의미를 탐구하는 것이다. 구성주의적 사회복지 실천에서 인간과 현실에 대한 이해는 한 개인이 의미를 구성하는 맥락을 탐구하는 것에서 출발한다. 인간의 경험은 "의미를 이해하기 위한 지속적 추구라고 볼 수 있다"(Matto, 1998: 633). 그의 사고는 자아를 보호하기 위한 적응적 도구로 삶의 과정에서 일관성을 갖도록 스스로를 통제해 간다(Mahoney, 1988). 그의 감정은 역동적 자아의 표현으로 외부적·사회적인 환경에 대한 대응이며 관계 양식이다.

구성주의 사회복지 실천은 내담자가 자신과 문제, 혹은 세계에 대해 내리는 해석과 결론을 파악하고 이러한 결론이 본인이 선호하는 삶으로 이어질 수 있도록 그 의미를 넓히거나 새로운 의미를 생산하는 과정이다. 여기에는 물론 개인적 역량을 끌어올리는 기술, 지식, 자원이나 강점의 발굴과 동시에 사회적 제약에 도전하는 능력까지도 포함된다. 그러나 구성주의는 개인이 지닌 개념의 적합성을 검토하고 현존하는 해석을 보다 넓히는 데에 주력한다. 특히 개인적으로 구성한 여러 핵심 구성(construct), 그리고 이런 핵심 개념이 자아의 정체성에 대해 갖는 함의를 알아보는 것은 매우 중요하다(Granvold, 1996).

구성주의적 사회복지 실천은 엄밀히 말해 방법론을 제시하지 않는다. 그 대신 내담자들이 자신의 과거의 경험과 인지 도식, 가치 등에 연결되어 만든 주관적인 의미나 인식을 성찰하도록 인도한다. 구성주의의 실천요소는 언어와 표현에 대한 새로운 인식과 사용이다. 겉에 드러난 행동이 아니라 보다 본질적인 의미와 관련된 것이 대화의 중심 주제가 된다. 예를 들면 내담자에게 필요한 지식과 관계성의 본질이나, 삶의 과정에서 부딪히는 문제의 성질과 의미에 대한 성찰을 추구하는 것이다(우지용, 2004).

사회복지 실천은 교정적인 과정이 아니라 창조적인 과정이 되어야 한다. 사회복지 실천은 개인의 의미나 개념의 타당성을 검증하는 것이 아니라 그러한 것들의 유용성을 높여서 보다 많은 선택의 기회를 갖도록 하는 것이다. 의미와 이해는 사람들이 대화를 하면서 함께 창조하는 현실을 통해 구성된다. 특히 구성주의자들이 실천해야 하는 것은 "현존하는 구조 위에 개인들의 의미를 넓히고 변형하는 것이다"(Matto, 1998: 634). 그리하여 현재보다 더 높은 수준의 삶의 선택권을 갖게 되고, 삶의 의미를 풍부히 넓혀가는 것을 실천의 목적으로 삼는다.

3. 구성주의 사회복지의 실천 원리

1) 추상화 작업

구성주의 사회복지를 위한 실천 원리는 몇 가지 주제로 요약될 수 있다. 먼저 구성주의 실천은 개인적 현실과 의미에 대한 심도 있는 추상화 작업이다. 구성주의 실천은 이미 마련된 지식으로 현실과 인간을 이해하려 하지 않는다. 한 사람이나 그 사람이 속해 있는 사회적 세계는 타인들에게 저절로 드러나는 것이 아니다. 따라서 한 개인의 실재와 그가 문제 삼는 것들을 이해하기 위해서는 그의 관점 안으로 들어가야 한다. 이것은 내담자의 주관을 반영한 재구성 작업이다. 내담자들은 우리가 이미 알고 있는 객관적인 세계 안에서가 아니라, 자신이 경험하고 구성한 역동적인 현실 안에 살고 있다. 이는 관찰과 측정과 같은 수단이 아니라 우리가 사용하는 언어와 대화를 통해 이해될 수 있는 것이다.

인간은 그가 살아온 경험에 의해 쌓아올린 자신의 관점으로 지식을 구성하며 동시에 이를 변형한다. 따라서 개인의 삶 속에서 직면하는 경험은 개별적이다. 이런 개별적 구성들은 그 안에서 말하고 행동하는 본인의 전적인 책임이며 그에게 한계나 가능성을 부과하게 된다. 인간의 한 세계를 재구성하기 위해서는 이러한 경험이 의미를 갖는 맥락 안에서 적극적으로 앞으로 나아가는 추상화 단계를 밟아야 한다.

추상화라 하면 무언가 어려운 작업으로 느껴진다. 그러나 추상화란 내담자들이 현 상태를 스스로 인식하거나 새로운 개념을 얻게 되는 학습의 과정을 말한다. 추상화의 첫 단추는 내담자가 솔직하게 자신의 문제와 생각을 사회복지사에게 열어 보이는 것이다. 물론 사회복지사는 이것을 강요할 수 없다. 그러나 적절한 관계와 질문으로 내담자를 부드럽게 추상화 작업으로 인도하는 것은 사회복지사의 몫이다. 사회복지사는 내담자가 자신과 세계, 그 둘 사이의 관계를 탐색하도록 질문을 던진다. 사회복지사는 내담자에게 자신의 현실을 어떻게 보는지, 본인이 원하는 것과 어떤 차이가 있는지, 무엇을 중요하게 여기는지 등에 대해 관심과 흥미를 가지고 질문을 던진다. 이때 사회복지사는 다양한 현실과 해석을 인정하고 내담자의 개인적 의미들에 주목할 필요가 있다. 이러한 의미 중에서 특히 자신이 삶에 대해 갖는 통제감이나 정체성은 중요한 기본 개념이다. 이런 개념들은 내담자들이 어떤 경우에 어떻게 혹은 왜 그런 행동이나 감정, 혹은 생각을 가졌는지에 대해 알려 준다.

좀 더 추상화의 단계가 진행되면 내담자들은 과거의 경험을 현재 삶으로 연결시킨다. 이것은 어떻게 특정한 개념들이 발전되었는지를 인식하는 단계이다. 이런 추상화 작업은 일종의 학습과 같이 근접발달 영역에서 일어난다. 근접발달 영역은 누군가의 도움과 자극으로 원래 학습자 개인이 혼자 도달할 수 있는 수준보다 더 높은 수준에 이를 수 있는 성장의 영역이다. 사회복지사는 이때 내담자가 스스로 깨닫지 못하는 바를 자극하는 역할을 해 준다. 이것은 직접적으로 답을 주는 것이 아니라 내담자가 어떤 답을 얻도록 자극을 주는 촉진자가 되는 것이다. 이렇게 사회복지사는 새로운 인식과 발달을 촉진시켜 주는 근접발달 영역을 유용하게 쓸 수 있다.

2) 언어에의 주목

두 번째 구성주의적 실천의 중요한 원리는 언어 사용과 표현에 주목하는 것이다. 진정한 구성주의적 실천의 특징은 언어와 상징적 행위가 중심이 되는 것이다. 즉 사람들의 삶과 관계성에 부여하는 의미를 다루고, 그들의 믿음 체계와 사고방식을 다루는 것이 실천 행위의 핵심이 되어야 한다. Hoffman(1985: 390)은 "체계 중심적 실천에서 구성주의로 전환하는 것은 사람들의 행위의 변화에 관심을 두는 것이 아니라 그들의 신념, 사상, 태도, 감정, 전제, 가치나 신화와 같이 부수적이고 외면되어 온 것들을 다루는 것"이라 했다.

우리가 알고 소통하는 사회는 더 이상 체계나 조직, 기구, 물리적인 존재로 꾸며진 것이 아니다. 사회는 인류의 문화적 유산들, 사상과 의미와 같이 언어적으로 혹은 상징적으로 구성되고 전수되어 온 것들로 구성되어 있다. 우리가 살고 행동하는 사회는 물리적 세계가 아니라 언어로 구성된 사회이다. 사회적 구성주의에서 사회적 세계 혹은 현실이 상호 역동적인 관계에 있는 개인들 사이에서 건설된다는 것은 바로 이런 맥락에서 이해해야 한다.

언어적 상호작용은 사회복지 실천의 전 과정을 이끌어가는 가장 실제적인 기술이다. 구성주의 실천은 단순한 커뮤니케이션 이론의 적용 수준에 머무르지 않는다. 구성주의 실천에서는 언어를 통해 새로운 의미의 구성과 새로운 현실 창조를 추구한다. “새로운 언어와 만나고 새로운 의미를 발견하는 것은 자신에게는 새로운 존재에 다가가는 것이기도 하다”(Anderson, 1992; 김유숙 역, 2004: 103). 언어적 상호작용은 새로운 현실을 창조하는 것이므로 언어 이외의 기술들은 사실상 부수적인 것이라고 볼 수 있다. 언어와 표현에 관한 이해와 기술은 사회복지사의 핵심 실천 원리가 될 것이다.

구성주의 실천에서 왜 언어는 이토록 중요한가? ‘표현의 위기’(Mumby, 1993)를 겪은 후 포스트모더니즘 시대는 언어를 더 이상 의사소통을 위한 수단의 개념으로 보지 않는다. 포스트모더니스트는 표현을 실재에 대한 단순한 반영이 아니라, 우리가 사는 세계를 조절하고 통제하는 문의 열쇠로 본다. Gergen(1989)은 언어를 사용한 자기표현이 자신과 타인을 이해하는 실마리라고 주장한다. 표현의 위기는 본질에 대한 탐구를 벗어버리고 기존 사회를 유지하고 정치적 사상들 안에 내재된 기본 전제들이 표현으로 조장되었음을 밝히는 것이다. 이러한 사고는 지식 탐구에 대한 획기적인 전환을 이루어냈다. 이를 계기로 기존에 억압되었던 목소리들이 힘을 얻게 되고 새로운 질서를 찾아가기 시작했다.

우리 세계에서 “언어는 어떤 물체를 단순히 지적하는 수단이 아니라 알려져 있는 모든 것을 중재하고 있다”(Parton & O’Byrne, 2000: 22). 우리는 공동체를 통해 명료화된 지식을 받아들이면서 또한 그 지식의 맥락 안에서 우리 경험의 원형을 얻어 그것을 우리의 것으로 이해한다. 이러한 경험의 패턴화에 관여하는 것이 언어활동이다. 말은 어떤 외부적 실재나 상태를 묘사하는 것으로 그치지 않는다. 오히려 말은 사람들을 움직여 행동하도록 하고 그들의 견해와 지각을 바꾸어 준다. 따라서 언어는 실재를 구성할 뿐만 아니라 그것을 매우 능동적으로 바꾸는 데 관여한다(Shotter, 1993). 우리가 해석하기에 따라 실재는 여러 모습으로 나타날 수 있다. 이때 어떤 언어를 사용하는가는 매우 큰 비중을 차지한다. 같은 상황을 보고 사람들이 다른 해석을 내릴 경우에 하나의 상황이 아니라 여러 상황들이 존재하는 것이다. 따라서 특정 상황에 대한 하나의 진실이 있다고 말할 수 없다. 그보다는 그 상황에 대한 다양한 해석들과 언어 표현이 존재한다. 그렇다면 어떤 실재(reality)는 고립되어 홀로 존재하는 것이 아니라 그것에 대해 사람들이 내리는 해석 즉 언어 작용의 결과로 존재하게 되는 것이다.

언어의 사회적 성격을 지적한 사람은 독일 철학자 Wittgenstein (1963)이다. 그는 언어는 한 개인의 인지 과정에서 나오는 개인적 소유물이 아니라 다른 사람과 함께 수행하는 게임이라고 역설했다. 이러한 언어 게임은 관계를 통해 이루어지는 것이다. 개개인의 개별적인 일상 속에 있는 관습과 공동 협력적 행위 사이에 이루어지는 공감대 안에서만 언어 게임이 수행되기 때문이다. 우리가 인간으로 살아가는 것은 바로 이러한 언어 게임의 관계망 속에 들어가는 것을 의미한다. 인간으로 성장한다는 것은 언어 게임을 능수능란히 수행할 수 있게 되는 것이다.

과거 사회복지에서 언어는 의사소통의 길이라는 것 이상의 주의를 끌지 못했다. 언어를 단순히 표현의 수단으로 보았기 때문이다. 언어를 뒤집어 보기 시작한 포스트모던 시대를 맞아 언어는 세계를 구성하는 핵심 요소로 떠올랐다. 그러나 여전히 사회복지사들의 언어는 바뀌지 않고 있으며 실천의 걸림돌이 되고 있다는 사실을 인식조차 못하는 경우가 많다. 구성주의적 실천을 위해 사회복지사들은 먼저 언어에 대한 기존 관념을 깨뜨려야 한다. 언어는 실재를 반영하는 게 아니라 실재를 구성하는 것이며, 언어 행위는 진정한 참여로만 결정된다. 이것은 언어와 실재로 이어지는 일련의 사상 역시 바뀌어야 함을 의미한다.

인간의 질문을 초월해서 존재하는 실재는 없다. 그럼에도 불구하고 사회복지사는 실재를 발견하고자 질문하는 모순을 범한다. "인간의 말로부터 인간의 실재는 드러나기 시작한다"(Parton & O'Byrne, 2000: 22). 따라서 모든 실재는 말을 매개로 진행되는 상호작용 안에서만 존재한다. 이는 대화하는 양자가 서로에 대한 성실과 책임을 다하고 서로의 정당성을 인정하며 열린 관계로 나아가야 함을 강조하는 것이다. 인간의 자아, 사고, 혹은 주관성이 모두 이러한 언어의 상호작용에 의해 형성되는 것이다.

➘ 주요 용어

실재, 해석, 맥락, 의미, 언어

➘ 주요 개념

추상화, 근접발달영역, 상호보충성

➘ 생각해 볼 점

1. 자신이 가진 지식이 어떤 가치 기반을 가지고 있는가?
2. 자신이 사용하는 언어가 다른 사람들에게 어떠한 영향력을 미

친다고 보는가?

3. 사회복지사와 다른 내담자의 실재를 파악할 수 있는가?
4. 대화를 하는 중에 본인이 의도했던 바와 다르게 내용이 바뀌는 경우가 있었는가?

제 4 장

만남과 대화

1. 대화의 원리
2. 미래를 위한 대화
3. 대화의 언어

제 4 장 만남과 대화[1)]

구성주의는 전문가의 행동에 서로 경쟁적으로 영향을 줄 수 있는 다양성을 이해하는 데 유용한 인식론이다. 구성주의는 특히 "사람들이 상호 관여하여 지식을 생산하는 능력을 확인할 기회를 제공한다"(Cooper, 2001: 733). 구성주의 이론은 지식이 어떤 과정을 통해 만들어지는지를 밝혀주는 데 유용하다. 구성주의 이론은 사회복시사가 하는 실천 행위에 대한 인식과 통찰력을 주어 실천과 이론 사이의 틈을 메울 수 있도록 한다. 이런 통찰로 사회복지사들은 직접 참여를 통해 얻는 지식을 이용하여 현장성이 드러나도록 실천할 수 있는 길을 얻게 된다.

구성주의적 실천이 모든 전통적 방식들을 배제하는 것은 아니다. 그보다 구성주의 실천은 전통적인 방식을 지탱하는 원리들을 밝혀서 그것을 보충하고 보수한 건물을 세우는 것과 같다. 구성주의적 관점을 지닌 사회복지 실천은 지금까지 사회복지사 자신이 해 왔던 실천의 방식과 내용을 새롭게 인식하고 이해하게 해 준다. 이는 건물이 비록 낡고 엉성한 구조로 지어졌다 해도 이 구조를 새로운 안목으로

1) 이 장은 "구성주의 실천의 실제", 2006, 『교수논총』 18(7-28)에서 재구성하여 실었음.

진단하고 버팀목을 세워 지금까지와 색다른 훌륭한 건축물을 세울 수 있게 되는 것과 같다.

사회복지사들은 실천을 과정으로 이해해 왔다. 실천의 과정은 각 단계에 따라 명확히 다른 과제와 과업을 제시하고 이를 수행함으로써 문제 해결을 시도한다. 이 과정은 주로 초기, 중기, 말기로 나누어 진행된다. 여기에는 단계에 따라 다양한 욕구를 지닌 여러 계층의 내담자를 만나고 문제를 파악하며 문제 해결을 위해 노력하는 작업들이 포함된다. 사회복지사는 전반적으로 내담자와 관계를 맺고, 자원을 찾기 위해 주변 환경과 상황을 조사하며, 이러한 자원을 내담자가 이용할 수 있도록 작업한다. 이러한 일은 개인, 가족, 집단, 지역사회와 이웃 등 서로 얽혀 있는 인간 체계 안에서 협상이나 중재를 통해 일어난다.

그러나 이런 일들이 기계적으로 수행되는 것이 아님이 분명하다. 이러한 일들은 다른 의미 체계를 지닌 사람들의 세계에 들어가 그들과 교류하며, 그들을 움직여 협조를 끌어낸다. 따라서 사회복지실천은 소통과 교류의 방식이 중점적으로 쓰인다. 이런 작업은 대화와 이야기를 통해 상호 교류하는 방식으로 또는 만남에서 만들어진 지식과 인식의 활용으로 이루어진다. 지식의 기계적 적용이란 현실에서 일어나지 않는다. 현실은 입력하면 반응하는 기계와 같이 그대로 반응하지 않기 때문이다. 따라서 실천 지식의 적용은 대화나 만남의 상호 교류적 작용으로만 가능한 것이다.

사회복지 교육에서 이러한 상호 교류적 반응과 맥락 안에서의 대응에 대해 얼마나 알려주고 있는지는 의문이다. 물론 이론을 배우는 것과 그 내용을 현실로 옮기는 것은 매우 다른 차원의 문제이다. 사회복지직은 다른 어떠한 전문직보다도 적극적으로 사람들의 세계에 관여하며, 상호 관계와 교류를 통해 다양한 의미와 지식을 생산해 내는 창의적 직업이다. 이러한 일을 안내하는 명확한 방식들이 아직은 없다. 하지만 이러한 일을 안내하는 가장 기본이 되는 기술은 만남의 본질을 이해하고 대화를 통해 협력하는 언어적 기술이다. 이를 위해 도움이 되는 개념들을 다음에서 소개할 것이다.

1. 대화의 원리

1) 대화의 역할

모든 만남이 의미를 띠기 위해서는 대화가 이루어져야 한다. 여기에서 대화가 된다는 것은 단순한 의사소통을 말하는 것이 아니다. 그보다 좀 더 심각하게 인간의 삶에 개입하는 대화의 영향력을 강조하는 것이다. 인간의 삶 자체도 대화의 성질을 가지고 있다(Irving & Young, 2002). 사회복지사는 대화의 전문가여야 한다. 여기에서 대화는 특별한 종류의 의미를 띤 대화로서, 새로운 현실 구성이 가능하도록 문맥을 조성해 가는 힘의 원천이다. 이러한 대화에서 사회복지사는 질문을 하고, 주목하고, 반응하는 등의 일을 하지만 동시에 이것은 삶을 배경으로 해야 한다. 즉 삶 전체를 대화 속에 가져오는 전적인 참여를 필요로 한다. 사람들이 대화에 참여할 때 자신의 온전한 존재를 대화에 던진다 해도 그것은 과언이 아니다. "인간은 그와 관계하는 세계를 만나기 위해서 대화로 짜인 복잡한 옷감의 망속으로 뛰어들게 된다"(ibid., 22).

대화는 창조 과정의 에너지원을 제공한다. 우리 의식의 건전한 성장은 서로 다른 목소리, 서로 다른 인격, 다양한 종류의 세계관과의 지속적인 상호작용을 필요로 한다. 대화는 결코 끝나지 않는 작업이다. "대화에는 정해진 길이 없으며 단선의 코드도 없고 하나의 세계관이나 최종 진리가 있을 수 없다"(ibid., 23). 하지만 대화는 다양한 재료들이 섞이면서 새로운 반응을 일으키는 기폭제와 같이 작용한다. 사람들은 대화를 하는 가운데 끊임없이 제공받는 반응과 자극을 통해 새로운 세계로 향하는 문을 두드리게 된다. 이러한 작업이 창조하고 변화하는 힘을 길러낸다.

대화는 새로운 의미와 다른 방식의 이해를 낳는 생산적인 과정이다. 대화는 서로에 대한 지속적이고 성실한 반응을 필요로 하여 협력을 유도해낸다. 또한 대화는 참여자 간 상호 교류를 가능하게 하여 각자의 생각이나 의견, 편견, 기억, 관찰, 감정 등을 교환하게 한다. 대화는 함께 탐구하고 상대를 존중하는 반응적인 경청으로 진정한 만남을 가능하게 하여 새로운 현실로 나아가는 길이다.

내담자와의 만남에서 저력 있는 대화를 이끌어내는 것은 사회복지사의 몫이다. 사회복지사는 자신이 내담자의 말을 어떻게 듣고 어떻게 반응해 주는 가를 인식함으로써 이러한 역할을 감당할 수 있다. 어떠한 경우에서도 대화는 변화의 씨앗이며, 상대방에게 선택권을 부여하고 그의 역량을 높이는 기회가 될 수 있다. 그러나 변화와 가능성을 불러오는 대화에는 특별한 점이 있다. 이러한 대화에서는 내담자의 입장이 새로 드러나거나 명확해지며 내담자는 지금까지와는 다른 새로운 관점의 이야기를 하게 된다. 때때로 사람들은 대화하는 가운데 더욱 명료해진 인식과 이해를 얻게 된다. 사회복지사는 의도적으로 그리고 주의 깊게 아직 발설되지 않은 것들을 들으려고 노력해야 한다. 지금까지 해 왔고 이미 알고 있는 이야기를 듣는 데에 그쳐서는 안 된다. 그보다는 아직 해 보지는 않았지만 새로운 가능성을 품은 이야기를 하도록 해야 한다. 대화의 질적인 차이는 이러한 인식과 사회복지사의 언어의 능숙함과 민감성에서 결정된다.

· 현실의 창조

어떤 상황에서 의미는 한 개인의 현실에 대한 지각과 더불어 그에게 영향을 주는 사람들이 가진 지각에 의해 보충되어 결정된다. 한 개인의 언어의 사용과 현실은 매우 밀접히 연관되어 있다. 사회복지사는 이 점을 유념하고 적절히 대응해야 한다. "객관주의에서는 의미를 언어 사용자의 외부에 존재하는 것으로 다룬다"(최종혁, 199: 198). 의미는 마치 어떤 단어가 갖는 고유한 특권이나 속성인 양 취급된다. 지금까지 사회복지사들은 이런 방식으로 한 단어의 의미를 사용하는 데 익숙했었다. 그러나 이런 방식의 언어 사용은 큰 장애를 가져오는데, 이것을 깨닫고 고치는 것은 그리 쉽지 않다.

실제로 대화는 우리가 알고 있는 단어의 의미로만 진행되는 것이 아니다. "의미는 단 한 번에 얻어지는 것이 아니라 말하는 행동과 화자, 청자, 필자, 독자의 상호작용을 통해서 매 순간 말하는 가운데 새로워진다"(Kramsch, 1996: 34). 대화에서 이해와 반응은 상호 간의 조건이 된다. 이해는 반응의 결과로서만 결실을 맺게 된다(Irving & Young, 2002). 사건, 지각, 생각에 부여된 의미는 언어를 통해 구성된 한 사람의 인지경험과 일관되게 관련지어진다. 또한 대화의 내용을 정확히 파악하기 위해서는 특정 상황의 문맥을 알아야 한다. 사람들 사이의 수많은 오해는 이 문맥을 삭제하고 이해하려는 데에서 오는 것이다. 사람들이 왜 그때 이야기했으며, 어떻게 누구에게 이야기했는지 등과 같은 문맥을 이해해야만 실제 대화를 이해할 수 있다. "어느 한 사람의 현실에 대한 개념은 상호 주관적인 언어의 사용을 통해서 구축된다"(Greene et al., 2005: 276). 사회복지사는 일방적으로 내담자를 이해할 수 없다. 이해란 다른 사람과 협력하여 이루어지는 것이며 그들의 언어와 신념과 의식 구조를 보다 넓은 문화적 문맥과 연결시켜야 가능한 것이다.

구성주의적 의미는 본질적으로 우리가 의미를 부여하는 문맥 안에서 의미가 된다. 이 문맥을 떠나서 진정으로 의미를 부여하는 것은 불가능하다. 우리가 대화를 할 때 사용하는 말은 그냥 아무렇게나 선택되는 것이 아니다. 사람들은 대화를 나누는 가운데 다른 사람으로 하여금 그 내용이나 단어에 대해 해석할 수 있는 기회와 한계를 동시에 제시한다. 대화는 각자 지닌 현실 해석에 새로운 자극을 줄 수 있는 기회이다. 다른 사람과 관계하는 행동으로 우리는 무엇이 진실인지의 합의 정도를 발전시킨다. 따라서 우리가 알고 있는 현실에 지금까지와 다른 해석이 첨가되며 우리의 현실 해석이 변경될 수 있다. 또한 주체적 입장이 더욱 또렷해지고 결정권이 부여되면 한 개인의 자아 정체성은 새롭게 개편될 수 있다.

예를 들어 어떤 사람이 자신의 정체성에 혼란을 겪고 있다고 하자. 그는 분명히 자신이 적절치 못하고 무능력한 존재임을 확신하고 있다. 이러한 자아 개념은 지금까지 살아온 그의 경험과 언어 사용 안에 뿌리 깊이 박혀진 것이다. 자신에 대한 주변 사람들의 반응에서 혹은 스스로 내리는 자신에 대한 평가에서 그는 무능감에 사로잡혀 있다. 이것을 벗어나기 위해서 그는 자신이 아는 현실에서 한걸음 떨어져 나아와야 한다. 새로운 현실에서 그는 자신에 대한 시선을 다르게 가질 수 있다. 이 현실 속에서는 자신을 창의적이며 적절한 자원과 기술의 소유자로 인식하며 이런 자신을 실제로 느낄 수 있는 길을 발견해야 하는 것이다. 이것이 어떻게 가능할까? 이것은 혼자서 해낼 수 있는 작업이 아니다. 이 새로운 현실은 그와 다른 견해를 가진 사람의 반응과 자극을 통해 새로운 자신에 눈뜨고 잠재되어 있는 능력과 자신을 표현할 수 있는 통로를 발견할 때 만들어질 수 있다. 이러한 자신의 발견은 현실을 새롭게 해석하는 눈을 가질 때에만 가능하다. 사회복지사는 새로운 현실 창조의 과정에 참여하도록 내담자를 자극할 수 있어야 한다. 결국 사회복지사의 전문성은 바로 이런 현실 창조를 가능하게 해 주는 역동적인 대화를 창출하는 것이며 그 핵심에는 언어와 현실에 대한 이해가 자리 잡고 있다.

· 타인의 세계에 대한 이해

진정한 이해는 항상 대화를 전제로 한다. 왜냐하면 "이해는 교환과 반응, 질문과 그에 대한 응답 혹은 저항이 있는 데에서 일어나기 때문이다"(Irving & Young, 2002: 24). 설명은 추상적이고 그 사건을 겪는 사람과 무관하며, 오직 한 주체만 관여하는 것으로 이해를 불러오지 못한다. 그에 반해 대화는 앞으로 전개될 과정에 대한 기대감과 알지 못하는 결과에 대한 호기심을 추진력으로 하여 지속적으로 서로에게 반응하고 이에 응답하면서 진행된다. 새로운 지식은 관계적이며 지속적인 대화 안에서 창조된다. 따라서 다른 사람들과의 지속적인 대화 없이 자아는 계속적으로 창조되거나 존재하지 않게 된다(ibid.). 이처럼 중요한 대화를 그동안 우리는 너무 쉽게 생각해 왔으며 소홀히 다루어왔다. 구성주의 실천에서 대화의 기술은 그 어느 것보다 중요하게 다루어야 하며 사회복지사에게는 질적이며 수준 높은 대화를 하기 위한 노력이 요구된다.

타인의 세계를 이해하는 지름길은 그 사람의 언어와 그 언어가 사용되는 맥락에 주목하는 것이다. 한 사람이 경험한 세계를 이해하는 것은 그 사람이 자신에 대해 말하고자 하는 의지와 협력이 없이는 불가능하다. 다른 사람의 세계를 이해한다는 것은 쉬운 일이 아니다. 만일 사회복지사가 언어에 대한 민감성을 가지지 못한다면 상대방을 대화의 파트너로 끌어들이는 데에 성공하지 못할 것이다. 상대방의 말과 표현에 대한 특별한 인식이 없이 대화가 진행되어서는 안 된다. 대화에는 진행되는 방향이 있고 목표가 있다. 처음부터 방향이 틀어지면 대화는 시간 낭비가 되고 만다. 남의 말을 듣지 않거나 그 말의 문맥을 이해하려 하지 않는 것은 상대방을 무시하고 실격시키는 일이다.

지금까지 사회복지사들은 현상학적이며 문맥에 깊숙이 박혀 있는 의미에 주목하는 양식의 대화를 잘 접해 보지 못했다. 현상학적인 접근 양식은 한 사람의 경험을 그가 겪어온 모든 사건들의 총합으로, 그 사람의 세계를 형성하고 있는 것으로 보는 것이다. 만일 사회복지사가 자신의 세계에 머물러 있으면서 객관적인 상징들에 의지한 채 대화를 진행해 가면 결코 다른 사람의 세계 안으로 들어가 볼 수 없다. 사회복지사가 알고 있는 이론들이 제시한 외적인 틀은 상대방에 대한 판단을 할 수 있게 해 줄지 모르지만 상대방이 경험한 세계를 그대로 알려줄 수는 없다. 일방적인 판단은 대화에서 소통을 막아 버린다. 우리가 진정으로 상대방의 말에 주목하고 그가 구사하는 여러 형태의 회화에 주의를 기울여 듣는다면 우리도 그와 비슷한 양식의 회화를 구사하게 된다. 상대방의 세계 안으로 들어가려는 노력은 내담자를 이해하려는 데에서 또는 그의 주체적 입장을 세우려 하는 데에 반드시 필요한 대화의 자세이다. 상대방의 주체성은 그의 세계 안에서만 드러날 수 있다. 주체성에 대한 인식이 없다는 것은 상대방의 입장을 지우고 의사소통을 단절하여 상대의 권한을 침해하게 되어 결국 우리의 견해로 상대를 제거하는 결과를 낳을 것이다 (Morris, 1998).

내담자가 서 있는 현실은 어떻게 표현되는가? 이 의문은 내담자의 언어와 태도, 즉 무엇이 표현되었고 무엇이 삭제되었는지에 주목함으로 풀리기 시작한다. Anderson(1997)은 치료 상담에서 대화는 함께하는 탐구이며 그 자체로 권력을 부여하는 행위라고 주장하였다. 내담자가 어떤 것을 말로 표현했다는 것은 그가 가치를 두고 있는 것이 무엇인지를 보여주는 것이다. 예를 들어 어떤 사람이 대화하는 중에 부당하다는 말을 자주 사용했다고 하자. 사람들은 사회적이며 관계적인 배경과 문화적인 개인의 역사를 배경으로 어떤 가치를 얻는다. 따라서 그가 표현한 부당함이라는 말 뒤에는 반드시 개인의 역사와 관련된 배경이 있다. 사회복지사는 부당함과 정당함에 대한 그 사람의 생각을 알아볼 수도 있고, 정당함과 부당함의 비유가 어떤 경험과 결부되어 있는지를 물어볼 수 있다. 즉 한 사람의 표현과 비유는 그 뒤에 숨어 있는 수많은 배경과 연결되어 있으므로 이러한 배경에 주목하여 그의 현실에 대한 사고를 탐구할 수 있다.

실제로 대화는 새로운 현실을 창조하는 창이 될 수 있다, 이것은 내담자의 현실이 계속 변화하는 그의 의식과 함께 변화하기 때문이다. 표현의 배경을 캐어내어 표현된 단어가 가지는 의미를 파헤치는 것은 매우 흥미로운 작업이다. 내담자가 지닌 배경으로부터 건져내는 가치로 인해 그의 삶에는 새로운 안목이 더해질 수 있다. 그가 지녀온 가치들이 더욱 두드러질 수도 있으며 새롭게 깨닫는 중요한 의미들로 인해 그가 대화하는 가운데 그의 현실이 더 풍부하게 확장되어갈 수 있다. 한 사람이 자신의 역사와 문화, 사회적 배경에 주목하고 새롭게 해석하기 시작하면 새로운 시각이나 설명으로 그의 삶을 이해할 수 있는 길이 열린다. 이때 이야기는 바로 그들의 삶을 형성해 주는 힘이 되며 그의 삶을 지탱하고 의미를 주는 가치들이 될 수 있다.

한 사람에 대해 잘 알고자 하면 말하는 사람이 저자로서 자신의 삶을 이야기할 수 있도록 돕는 것이 필요하다. 그가 하는 이야기 안에 있는 사회적, 관계적, 문화적인 역사를 함께 탐색해 가면서 그는 익숙한 그의 세계 안으로 들어가게 된다. 그러나 되돌아가는 이야기가 이전과 같은 의미를 지닌다고는 말할 수 없다. 매번의 새로운 대화는 새로운 여행이 될 수 있기 때문이다. 이전에 알던 곳을 다시 방문하면 새롭게 발견할 수 있는 것들이 있게 마련이다. 대화는 마치 미지의 세계를 여행하듯이 그가 살아왔던 세상으로 다시 돌아가게 한다. 이 여행에서 사회복지사와 내담자는 함께 새로운 발견을 하게 되고, 그것에 대한 새로운 이야기를 하면서 그의 세계는 새롭게 드러나기 시작한다. 이러한 "이야기를 듣고 이에 동참함으로써 우리 자신이 타인에게 영향을 미칠 수 있는 가능성은 더 열려지게 된다"(Parton, & O'Byrne, 2000: 81). 이러한 가능성을 어떻게 창조해 갈 수 있을 것인가?

2) 가능성을 키우는 대화

· 대화의 뒤틀림

모든 사람들에게는 살아오면서 지녀온 자원이나 기술이 있으며 이를 적절히 활용할 능력이 있다. 여기에서 자원과 기술은 반드시 외면적인 것만 아니라 내재적이며 지적인 자원과 기술들을 모두 포함한다. 이미 사람들에게 자원과 기술이 있거나 혹은 그들이 살아오면서 터득해 온 지식들이 있지만 삶의 문제들에 부딪혀 이를 활용하지 못하는 것은 이러한 자원과 기술, 지식에 어떻게 접속할 수 있는지를 모르기 때문인 경우가 많다. 현재 큰 어려움에 처하거나 심한 고통 속에 있는 사람들은 현실에 압도되어 자신들이 지닌 자원이나 기술을 쉽게 인식하지 못한다. 구성주의 실천은 개인적이거나 주변에 잠재되어 있는 자원과 기술들을 어떻게 인식하고 이를 적극적으로 활용할 수 있는지의 문제를 다루고 있다.

자원과 기술의 현실화는 그 존재를 인식하는 데에서부터 시작된다. 사람들이 어려움 속에 처해 있을 때 사회복지사들은 두 가지 면에서 노력할 수 있다. 일차적으로는 사람들의 정서적 영역에 주목하는 것이다. 사람들이 자신의 감정과 어려움을 토로할 때 수용과 인정 혹은 감정이입을 해 주는 것은 매우 필요하다. 그러나 사회복지사는 사람들의 경험과 감정을 인정하는 것에 그쳐서는 안 된다. 한 걸음 더 나아가 사람들의 자원과 기술을 현실화해야 한다. 따라서 일단 대화를 통해 사람들과 연결이 이루어진 후에 이차적으로는 사람들이 자원을 인식하여 활용할 수 있도록 대화를 이끌어가는 것이 사회복지사의 역할이다.

이것을 구성주의자들은 "대화에서의 약간의 뒤틀림"으로 표현했다(Parton & O'Byrne, 2000: 73). 이 말은 사회복지사와의 대화는 약간의 뒤틀림을 통해 변화의 가능성을 열어가야 한다는 뜻이다. 여기에서 변화란 이전에 깨닫지 못했던 자원과 기술을 인식하고 이를 활용하는 단계로 나아가는 것을 말한다. 사회복지사들은 단순히 표현된 내용을 경청하고 인정하는 것으로 대화를 그쳐서는 안 된다. 변화를 향한 길과 가능성도 이 대화에 함께 끼워 넣어야 한다. 가능성이란 매우 소박하지만 현실적인 단어다. 이는 매우 희미한 희망일 수도 있고, 아주 옅은 실마리일 수도 있다. 그러나 불가능이 만연한 가운데에서 희미한 가능성을 놓치지 않는 것은 매우 중요하다. 이러한 가능성을 열어가는 길은 다양하게 나타난다. 그 하나는 사회구성주의자인 Vygotsky의 아이디어로부터 나온 것이다.

대화하는 중에 사람들이 내비치는 희미한 가능성을 찾아내는 것은 사회복지사가 언어에 대해 지니는 가정과 능력으로부터 나오는 것이다. 사회복지사는 내담자들의 변화의 가능성을 가정해야 한다. 그는 모든 사람에게 아무리 미미하더라도 자원과 기술이 있고 이를 활용할 수 있는 능력이 있음을 가정해야 한다. 단지 아직까지 이러한 자원, 기술들이 전면에 드러나지 않았을 뿐이지, 변화의 가능성은 언제든지 존재한다. 이 가능성을 탐구하고 인식하게 되면 내담자들이 자신의 현실과 상황에 대해 새로운 시각을 얻게 될 것이다. 이러한 시각은 내담자들이 '다시-이야기'하는 것을 통해 얻을 수 있게 되는데 이에 도움을 주는 것은 사회복지사의 언어에 대한 능력이다. 이러한 언어에 대한 능력은 특별히 분별되고 훈련될 수 있는 능력이다.

적은 가능성을 찾는 것은 언어의 미묘한 차이를 만들어내는 것으로부터 시작된다. 이것은 아무것도 확신할 수 없지만 희미한 실마리를 붙잡고 끈기 있게 매우 조금씩이라도 이야기가 덧붙여질 수 있도록 하는 것이다. 이 작업은 주로 질문을 통해 진행된다. 질문은 아직 아무도 알지는 못해도 조금씩 노력하면서 알아낼 수 있는 이야기를 찾도록 던져진다. 대화는 사람들이 이미 잘 알고 있는 익숙한 이야기로부터 아직 드러나지는 않지만 말할 거리가 될 가능성이 있는 이야기로 발전해 가야 한다(White, 2007).

이미 알고 있는 이야기와 아직 모르고 있는 그러나 곧 나타나게 될 두 이야기 사이의 거리는 그다지 멀지 않다. 여기에서 Vygotsky의 근접발달 영역의 개념을 적용할 수 있다. 근접발달 영역은 새로운 결론이 유추되는 영역이다. 근접발달 영역에서 사회복지사는 내담자의 성장과 배움을 이끌어내는 또래와 같은 역할을 한다. 일차적으로 사회복지사는 유연하고 순환적이며 해결되지 않는 사회적 상황을 인정하면서 내담자의 세계에 들어간다. 그러나 이차적으로는 아주 적은 차이라도 조금씩 새로운 것이 덧붙여지거나 드러나도록 질문해 가야 한다. 물론 답을 안다거나 이미 결정된 것은 아무것도 없다는 비결정의 원리를 유지해야 한다. 사회복지사는 꾸준히 탐구하는 자세로 항상 새로운 가능성의 문을 열어 놓고 질문을 시도해야 한다. 내담자들이 사회복지사와 함께 탐구하면서 질문에 대한 답을 찾아가는 가운데 새로운 성장의 영역, 즉 자신의 자원과 기술에 접속하게 될 수 있도록 유도해 간다. 이 가능성은 사회복지사가 홀로 만드는 것이 아니라 내담자와 함께 키우고 내담자의 현실로 발전시켜 가는 것이다. 이를 위해 사회복지사는 언어의 마술사와 같이 질문과 반응을 적절히 섞고, 내담자를 자극하고 도전하면서 함께 공유할 수 있는 지식을 구성하게 될 것이다.

· 이야기 발전을 위한 질문

질문은 사람들이 어떤 한 현상에 주목하게 만든다. 질문은 사람들의 사고를 자극하고 확장시켜서 새로운 시각과 깨달음을 얻게 하는 데에 매우 유용하다. 질문을 통해 사람들은 자신이 몰입되어 있는 상황으로부터 벗어나기도 하고 새로운 주제로 옮겨 가 새로운 마음의 상태에 이르게 되기도 한다. 이러한 상태에서 내담자는 자신의 자원과 기술, 혹은 지식에 바짝 다가서게 되고, 이를 활용할 길을 찾게 될 것이다.

앞으로 소개하려는 질문의 기법은 이야기치료 창시자인 Michael White의 최근 워크숍에서 얻은 것이다. 이 질문 양식은 앞 내용에 이야기를 조금씩 덧붙여 갈 수 있도록 고안된 것이다. 예를 들어 어떤 난관 속에 빠져 있는 한 사람과의 대화를 생각해 보자. 이 사람은 큰 혼란과 불행감에 빠져 있다. 그는 아무런 희망이 없다고 느끼고 있다. 그러나 사회복지사는 그 사람이 이 어려움에 대해 대처해 왔던 지식과 기술, 혹은 어떤 행동들이 있었으리라 가정한다. 첫 단계 대화에서는 그가 가진 감정적인 반응, 어려움에 맞선 행동, 혹은 그가 지닌 생각들에 대해 질문한다. 사람들은 이러한 질문에 대체로 쉽게 답할 수 있다. 내담자는 자신이 처한 어려움을 어떻게 보고 있는지 혹은 그 어려움에 대해 어떤 반응을 하고 있는지 대답할 수 있을 것이다.

다음 단계로 사회복지사는 그 사람이 보인 반응이 그 사람의 어떠한 배경지식과 관련되어 있는지를 물어볼 수 있다. 즉 모든 반응이나 생각은 배경적 지식이나 삶에 대한 기술이 없이는 나올 수 없다는 가정을 하는 것이다. 이러한 질문은 내담자에게는 도전이며 자극이 된다. 내담자들은 이 질문에 대답하기 위하여 자신의 삶의 배경을 되돌아보아야 하며 그 안에서 개인적인 삶의 기술들을 찾아야 한다. 어디로부터 오는 반응인가? 혹은 어떤 종류의 지식이며 언제쯤 얻게 된 지식인가? 언제 누구로부터 얻게 된 기술인가? 어떤 다른 행동과 사고를 할 수 있었을까? 이와 같은 질문으로 사람들은 지금까지 보지 못했던 다양한 삶의 맥락을 보게 되고 자신을 위한 대변인, 주도적 입장에 설 수 있게 된다.

그 다음 단계로는 이러한 기술과 지식이 그가 원하는 삶의 방식에 대해 무엇을 말해 주는지를 질문한다. 이 질문은 그 사람이 지닌 가치나 의도, 신념, 목적 등을 밝히도록 요청하는 것이다. 이 질문은 그가 어떤 종류의 사람이며 또한 그의 삶이 어떤 가치를 반영하고 있는지에 대한 심오한 질문이다.

마지막 단계에서는 그의 삶의 역사를 추적하여 이러한 가치나 지식, 기술들이 어떤 주변 인물들과 연관되어 있으며 어떻게 전수되어 왔는지를 확인하는 질문을 던진다. 이 질문의 의도는 한 사람이 발견한 가치나 선호도, 삶에 대한 헌신 등을 그의 뿌리와 연결시키기 위한 것이다. 이것은 그에게 중요한 역할을 해 준 사람들과 연결된 개인적 역사를 듣거나 확인하여 그가 선호하는 가치나 기술들을 개인의 삶에 공고히 뿌리내리게 하고, 이를 활용할 수 있도록 하는 것이다. 이야기는 매우 미약하게 시작하였으나 점점 진행될수록 오랜 역사와 주변인들, 한 사람의 삶을 통틀어 중요한 기술과 자원을 밝혀내게 될 것이다(Michael White의 Workshop Note, 2007).

3) 다양한 형식의 대화

언어는 무한한 창조의 가능성을 지니고 있다. 객관주의는 언어를 쓰는 사람과 무관하게 언어 자체에 고유한 의미가 있다는 착각을 불러 일으켰다. 언어 사용자의 맥락에서 벗어나 외부적으로 획득한 의미를 사용하는 것은 사회복지사에게 특권적 위치를 부여하지만 상대방의 주체적 입장을 위축시키고 의미를 왜곡할 수 있다. 사회복지사는 이야기 협상자로서 사람들과 만나고 대화할 필요가 있다.

언어만이 의미를 가능하게 하는 것은 아니다. “의미는 본질적으로 유기체의 인지영역에서 조작적인 기능 작용으로 말미암아 획득하게 된다”(Schmidt, 1987: 43). 다른 사람에게 말을 할 때 우리는 우리의 의미만을 전달하지 않는다. 오히려 그들에게 우리를 해석할 기회와 한계를 동시에 제공한다.

사회복지사는 다양한 대화 형식을 이용하여 새로운 해석의 기회들을 늘려갈 필요가 있다. 이는 대화의 질적 수준을 높이는 데에도 기여한다. 좋은 대화는 직유, 비유, 풍자, 유비, 선언, 회상 등 예측할 수 없는 여러 형태를 빌려 이루어진다. 또한 과장이나 일반화, 가정법 등과 같은 색다른 표현은 사람들의 마음을 자극하고 새로운 관점이 드러나게 한다. 사람들이 연극이나 드라마 대사에 빠져들어 가는 원리는 바로 변화무쌍한 대화 형식의 자유로운 변형에 있다.

상대방이 사용하는 대화 양식을 주목하면 그가 잘 사용하는 비유나 형용사를 포착할 수 있다. 이때 상대방과 비슷한 양식을 사용하는 것은 매우 효과적으로 동반자 의식을 불러일으킨다. 여러 가지의 유용한 양식을 활용하여 사람들과 연결되고 서로 관여하는 것은 사회복지사들에게 매우 필요한 대화 기법이다. 좋은 대화는 참여이며, 이는 상대를 강요하지 않으면서 영향을 미칠 수 있는 가장 좋은 방식이다.

대화는 대화의 형식 외에도 상대방에 대한 존중, 인정, 수용과 관심 표명과 같은 행동을 동반한다. 활력 있는 대화는 본질적으로 창조적인 잠재성을 이끌어내는 통로이다. 특히 구성주의 실천에서는 긍정적이며 반영적인 대화에 집중하는 것이 중요하다. 이런 대화에서 사회복지사는 일방적으로 지식을 적용하거나 진실의 근사치를 주장하지 않는다. 오히려 보다 자유롭게 상대방의 기억을 상기시킨다거나, 힌트나 자극을 주며, 역설이나 전설, 수수께끼, 설득 등 다양한 방식으로 흥미를 유지해 간다. 대화 주제의 초점을 유지하면서도 때로는 설득력 있는 소설이나 시의 형태를 빌려 대화를 흥미롭게 이끌어가기도 한다. 바람직한 실천은 고정관념과 권위주의의 틀을 깨뜨리는 데에서 나온다. 자유로운 형식으로 새로운 감각과 사고를 자극하는 창조적이며 열린 대화는 좋은 대화의 모델이 될 수 있다.

2. 미래를 위한 대화

1) 미리 결과를 예측하지 마라

대화는 항상 개방되어 있고 열려진 미래를 향해 나아가도록 해야 한다. 대화의 불확실성을 인정하는 것은 내담자들이 사회복지사와 다른 경험을 해 왔고 다른 세계 안에서 살아온 것을 존중하기 때문이다. 사회복지사는 미리 결과를 예상하거나 어떤 일이 일어날지를 단정짓지 말아야 한다. 사회복지사의 기대나 예상은 일방적인 상호작용을 유도할 염려가 있기 때문이다. 현재 진행되는 만남은 현재 시점에서의 예측하기 어려운 상호작용을 유발한다. 그 안에서 내담자와 사회복지사는 서로 다른 의미들의 차이를 경험하게 된다. 이때 이 의미들의 차이를 조정하고 그 의미를 명백히 해 가는 과정에서 사회복지사는 아무것도 미리 단정짓지 말아야 한다. 다만 불확실성과 이미 결정된 것이 없는 예측불허성이 과정 전반을 지배하도록 한다. 사회복지사는 그들이 하는 일과 왜 혹은 어떤 결과가 나올지에 대해 반영적이며 유연한 자세를 견지해야 한다.

만남의 결과는 다수의 변수들의 작용으로 정해진다. 상호작용에서 힘과 통제력, 의도와 동기, 언어적 능력 등의 다양한 요소들은 예상치 못한 결과를 낳을 수 있다. 구성주의는 미리 정해진 전략이나 규칙 혹은 법칙과 같은 세부적 지식과 기술에 기댄 즉각적이고 가시적인 효과를 기대하지 않는다. 오히려 만남을 유지하고 상호작용을 지속함으로써 새로 발생되는 지식을 함께 나누고 탐구하면서 이를 구체화시키는 방안을 간구해 가야 한다. 이는 내담자들의 주도적인 참여와 그것으로 인해 파생되는 여러 현실에 대한 성찰을 이끌어내기 위한 것이다. 또한 내담자들이 문제와 경험을 다르게 해석하도록 유도하기 위한 것이다. 이와 같은 새로운 지식의 구성 과정은 예상된 경로를 따라가는 것이 아니라 새로운 선택을 위한 현실 구성과 재구성을 반복할 수 있는 길을 열어가는 것이다.

2) 내담자의 전문성을 이용하라

구성주의적 실천에서는 전문가를 특별히 우대하지 않는다. 전문적 지식이 내담자들이 지닌 삶의 지식을 능가하는 것으로 보지 않기 때문이다. 실제 경험을 통해 얻는 개인적 지식은 전문적 지식보다 한 사람의 상황과 맥락을 적절히 반영하는 지식으로 간주된다. 따라서 이 개인적으로 구성된 지식은 구성주의 실천의 기본 자산으로 여겨진다.

어떤 사람의 지식과 경험을 이해하기 위해서는 그의 '의미 만들기' 행위에 주목해야 한다. 사람들이 이야기를 하기 위해서는 자신의 경험에 나름대로 의미를 부여하고 그 의미를 통제해야 한다. 의미를 통제한다는 것은 그 의미가 자신의 경험을 충실히 반영하도록 노력하는 것을 의미한다. 이야기는 어떤 상황을 인식하거나 변형시키는 가장 중요한 방식이다. 따라서 변화를 야기하는 데에 있어서도 이야기는 특별한 역할을 할 수 있다. 전문가들은 이 특별한 이야기 만들기 방식을 기존의 이론적 개념이나 범주로서 보려고 해서는 안 된다. 그것은 내담자의 현실을 전문가의 범주로 전환시켜 그 현실에 대한 내담자의 의미를 바꾸어 버릴 수 있기 때문이다. 이것은 내담자들이 만든 의미의 가치를 축소하고 그들의 의미 통제력을 상실시킨다.

그렇다고 사회복지사들의 전문지식이 전혀 도움이 안 된다는 것은 아니다. 때로는 이런 전문적 지식이 필요하거나 도움이 될 때가 있다. 그러나 이 전문적 지식을 내담자가 지닌 지식보다 우대하거나 내담자에게 강요해서는 안 된다. 전문적 지식은 하나의 가설로 존재해야 한다. 어떤 지식이든지 역사적, 문화적, 시대적인 제약을 지니고 있다. 상황을 벗어나 모든 경우에 적용될 수 있는 지식은 없다. 사회복지사는 내담자가 가진 전문성 혹은 그의 토종 지식에 주의를 기울일 필요가 있다. 이것은 한 개인이 현실을 살아가고 이해하는 데 본인에게 적합하고 타당한 것으로, 자연 발생적으로 각 개인들이 발달시킨 지식이다. 다만 이러한 지식이 드러나지 않고 잠재되어 있는 경우도 있고 앞으로 발굴되어야 할 지식일 수도 있다. 또는 가능성으로만 남아 있는 지식도 있다. 이런 가능성을 점차 현실화시키는 것이 매우 중요한 작업이다.

구성주의적 실천에서 사회복지사는 내담자의 협력을 필요로 한다. 이것은 내담자가 현재 진행 중인 대화에 기여해야 할 것이 있기 때문이다. 내담자에게는 자신의 삶으로부터 얻은 가치 있는 것들을 그 대화에 가져올 책임이 있다. 내담자는 대화를 통해 사회복지사와 함께 지식을 새로이 구성하거나 의미를 재고하는 기회를 얻는다. 결론적으로 구성주의적 실천은 대화에 기여하는 과정을 중요시하며 쌍방의 지식과 목소리를 새로운 가능성을 여는 통로로 사용하는 실천이다.

3) 동반자 관계를 유지하라

대화에는 여러 다양한 요소들이 작용한다. 그중 힘의 요소는 대화의 맥락을 설정하는 가장 영향력 있는 요소라 볼 수 있다. 구성주의에서 힘은 실제로 존재하는 것이 아니다. 그것은 언어로 구성되는 것이다. "힘의 효과를 경험하는 자는 그것을 생성하는 데 가담하게 된다"(최종혁, 1999: 201). 내담자로 하여금 이러한 힘을 경험하게 하는 것 역시 구성주의의 한 원리이다.

대화를 시작하면서 사회복지사는 먼저 힘의 균형을 유지하려 노력해야 한다. 이러한 노력은 우선 사회복지사의 언어적 행동과 직접 관련된다. 먼저 고정된 자아 관념을 벗어나야 한다. 아울러 언어에 전적인 신뢰를 두는 행위는 힘의 균형을 이루는 지름길이다. 대화에서 내담자를 주체적 입장에 서도록, 내담자의 목소리가 그들의 경험에 의미를 부여하도록 기회를 제공하는 것만이 힘의 균형을 가능하게 한다. 내담자와 사회복지사는 힘의 동등한 분배를 통해 협력하는 동반자 관계를 맺게 된다. 만일 대화에서 사회복지사만이 의미를 주장할 수 있다면 힘의 불균형이 발생할 것이다. 이때 내담자는 수동적이며 전형적인 의존의 역할을 벗어나지 못하게 되고 힘의 균형은 깨어지게 된다.

구성주의 실천에서 사회복지는 과학으로 간주되지 않고 텍스트로, 이야기로, 혹은 예술로 간주된다. 과학은 정확성과 규칙, 설명, 원인 규명을 추구하려 한다. 하지만 사회복지 실천은 반드시 이런 정확성이나 규칙을 추구하지 않으며, 인간의 행동은 때때로 예측을 빗나가기 때문에 과학이 추구하는 바와 다른 면이 있다. 구성주의적 사회복지 실천은 오히려 내담자의 삶에서 예외적인 경우나 보다 긍정적인 변화를 야기시키는 의미 있는 설명을 찾고자 한다. 따라서 구성주의 실천은 과정과 내담자의 주체성을 중요시하며 사람들이 더 열린 마음을 가지고 언어적 상호 과정에 참여하기를 바란다. 이러한 목적을 달성하기 위해서는 동반자적 관계가 필수적이다. 사회복지의 목표는 동반자 관계를 통해 달성되고 이는 예술적인 대화에서도 마찬가지다.

3. 대화의 언어

1) 언어의 선택

사회복지사는 자신이 선택하는 언어에 주목해야 한다. 사회복지사는 언어 선택을 결코 쉽게 생각해서는 안 된다. 우리가 무엇을 말할지 선택하는 것과 상대방이 선택한 어떤 표현은 쉽게 결정된 것이 아니다. 말은 오직 화자의 경험과 뜻만을 드러내 주는 것이 아니다. 그보다는 화자의 관심과 청자의 관심, 양측에서 서로에게 반응하는 양식 등으로 이끌어 내어지는 대화적 혼합체이다(최종혁, 1999).

예를 들면 문제에 대해 관심을 가지고 질문할 때 사람들은 문제를 더 심화시킨다. O'Hanlon과 Weiner-Davis(1989)는 면접자가 사용한 단어에 따라 면담의 결과가 확연히 다르다는 것을 증명했다.

어떤 말을 골라서 사용하는가에 따라 면접자의 기대나 편견이 그대로 드러날 뿐만 아니라, 그 말과 질문 안에 내재되어 있는 가정이 결과에 영향을 미친다는 것이다. 만일 질문 안에 변화에 대한 기대와 메시지가 들어 있다면 이러한 메시지는 실제로 변화를 불러온다. 즉 질문이 변화를 유발할 수 있는 강력한 효과를 창조해 낼 수 있다는 것이다. 따라서 질문은 질문으로 그치는 것이 아니라 새로운 변화를 불러오는 근원이 될 수 있다. 그것은 마치 우리가 어떤 것을 안다고 말할 때에만 실제로 알게 되는 것과 같은 것이다. 말을 시작하면서 이전에 미처 몰랐던 사실을 깨닫게 되는 경우가 많다. 또는 본인이 의도하지 않았는데도 실제 상황에서는 여러 가지 말을 하게 되는 경우가 있다. 이러한 현상은 자신이 발언한 단어들이 자신도 미처 생각하지 못했던 것을 끄집어내는 경우를 당할 때 사람들이 경험한다. 이것은 우리의 언어가 우리의 의도를 끌어내는 경우가 있음을 말해 준다. 이처럼 말의 신비한 작용으로 우리는 우리 자신의 의도만이 아니라 상대의 의미를 보충시켜서 새로운 현실을 구성해 가게 된다.

2) 의미의 상호 보충성

대화는 새로운 의미를 창조하는 공간이다. 대화는 사회복지사와 내담자의 관계를 결정한다. 특히 "현대의 생활과 밀접한 사회복지 실천의 특징으로서 사회복지사와 내담자는 현실 지향적인 관계"가 두드러진다(최종혁, 1999: 195). 현실 지향적인 관계는 둘 사이의 관계를 통한 상호작용의 특징이 무엇이냐에 따라 유지되기도 소멸하기도 한다. 모든 관계와 상호작용은 언어에 의해 중재되고 있으므로 대화의 형식을 띤다. “대화의 맥락에서 의미는 개인적인 책임이 아니다”(Botella & Herrero, 2000: 409). 한 사람이 쓰는 말의 의미나 행위의 의미는 상대편의 호응을 필요로 한다. 마치 서로 맞물려 돌아가는 톱니바퀴와 같이 서로 대화하는 두 사람은 언어적 상호작용에 참여한다. 이때 어떤 말로 대응하는가에 따라 내뱉어진 말의 의미는 달라진다. 이러한 호응은 화자의 말의 의미를 보완해 가는 과정이다. 이 호응은 새로운 구성을 만들어내거나 대화의 의미를 재구성하는 힘을 발휘한다. 따라서 사회복지사가 상대방의 말의 뜻을 포착하거나 아니면 불명확한 뜻을 새롭게 사용하는 등 상호 호응하는 대화는 서로의 의미를 보충해 간다.

이처럼 언어의 구성력을 활용할 수 있을 때에만 새로운 의미로의 전환이나 현실 구성이 두드러진다. 한 예로 어떤 질문을 할 때 우리는 상대에 관해 항상 무언가 말하지 않고는 질문을 할 수 없다. 질문은 상대방에게 던져진 것이지만 이미 우리는 그 안에 우리의 많은 것을 함께 담고 있다. 우리도 잘 깨닫지 못하는 가운데 상대에게 많은 메시지를 던지고 있는 것이다. 은연중에 전달되는 이런 메시지는 겉으로 하는 말보다 더 강력하게 작용할 것이다. 때문에 우리는 우리가 건네는 모든 말에 유념해야 한다.

우리는 무엇을 말하고 있는가에 유념해야 할 뿐만 아니라 그것을 어떻게 말하고 있는가에도 유념해야 한다. 목소리 어조의 조그마한 차이도 무언가를 제시하고 있기 때문이다. 결국 말을 함으로써 어차피 사람들에게 영향을 주는 것을 피할 수 없다면, 우리의 말이 어디로 그들을 이끌어갈지를 잘 생각하는 것이 현명하다. 물론 우리가 의도한 바대로 항상 상대방이 호응해 올 것을 기대할 수는 없다. 그러나 아무 생각 없이 던지는 말과 의도를 가지고 하는 말은 큰 차이를 낳는다. 우리는 서로의 의미를 보충하고 확장하면서 새로운 현실로 나아갈 수 있기 때문이다.

3) 주체성의 창조

대화는 한 개인의 주체성을 세워주고 개인적으로 통제해 갈 수 있는 힘(personal agency)을 키워갈 수 있는 통로가 된다. 구성주의 실천은 개인의 주체성을 확인시키고 극대화시키는 것을 목적으로 수행된다. 지금까지의 사회복지 실천은 내담자를 대상화해 왔다. 이 대상화는 하나의 세계 질서와 하나의 보편성 혹은 거대한 진리를 옹호하는 과정에서 발생한다. 보편적 원리 안에 모든 것을 담아내기 위해 인간의 삶과 세계는 객관적인 기준에 따라 평가되고 제안된다. 그러나 구성주의는 다원화된 삶을 인정하고 각자 선택한 실재 속에서 자신의 목소리가 드러나도록 권장하며 개인적 입장과 개인을 대변하는 권한이 존중되고 다양한 목소리가 드러나도록 격려한다.

사람들은 자신의 입장이나 생각들을 각자의 삶의 배경으로부터 얻게 된다. 삶의 배경은 개개인이 고유한 생존 방식과 해석을 갖도록 유도해 왔다. 실재에 대한 각자의 다른 해석은 이 독특한 방식의 유용성을 근거로 이루어지는 것이다. 구성주의는 세계를 보편적 원리로 묶어내는 하나의 진리 대신에 개개인의 삶에 자리 잡은 독특함을 인정하려는 현장성(locality)을 추구한다. 만일 어떤 사람이 자신이 처한 상황이나 입장에 적절하면서 생존에 도움이 되는 지식을 가지고 있다면 그 지식은 그에게는 유용한 것이다. 우리가 만든 지식은 경험 세계에 대한 가능한 한 짜임새 있는 구성이다. 구성주의자에게 "어떠한 개념이나 모델이 그것이 나타난 맥락에서 적절하다고 입증

된다면 그 개념이나 모델은 유용한 것이다"(최종혁, 1999: 202).

사회복지사와 내담자가 만나는 맥락에서 내담자는 그의 구체적 상황을 가지고 대화에 참여한다. 내담자가 자신의 상황에서 실시했던 독특한 해석과 고유한 입장을 표명할 때에 이러한 해석과 입장은 전문가인 사회복지사에게 판단되도록 맡겨진다. 대체로 내담자의 해석이나 입장은 전문적 지식에 밀려 정당한 가치를 얻지 못하는 경우가 많다. 따라서 내담자가 주체적인 입장을 처음부터 세워나가기는 매우 어려운 실정이다. 사회복지사는 의도적으로 내담자의 입장을 격려하고 더욱 주체적으로 입장을 세워 나갈 수 있도록 배려해야 한다. 사회복지사의 격려에 힘입어 내담자가 주체적인 구성을 시작할 때 사회복지사는 그 구성에 함께 참여하여 더욱 그 구성을 확고하게 다져 나아가도록 노력해야 한다.

내담자가 단지 대상으로 남아있는 한 그가 자신의 목소리를 드러내거나 찾아내는 것은 어렵다. 위급한 상황이나 극심한 스트레스 속에서 내담자는 자신의 목소리를 잃어버리고 전문가에게 의존하려는 경우도 많다. 사회복지사는 내담자를 대상이 아닌 동역자로 삼아야 한다. 내담자를 대상화하는 것은 사회복지사가 내담자와 거리를 두도록 유도하며, 그 대상을 위해 무언가를 해야 한다는 부담을 사회복지사에게 안겨줄 뿐이다. 지금의 현장에서 내담자의 주체적 입장은 자연스럽게 드러나기 어렵다. 이것은 의도된 작업이며 사회복지사의 신념과 노력을 필요로 한다.

내담자의 주체성은 사회복지사와의 대화 속에서 구현될 수 있다. 물론 경청이나 상대방에 대한 인정, 겸손과 협력의 태도 등은 도움이 되지만 이것이 전부는 아니다. 근본적으로 대화의 성격을 달리 생각해야 한다. 한 사람의 주체성은 어느 특정한 시점에서 그가 취하게 되는 특정한 양식의 태도와 의미로 구성된다. 대화 중에 어떤 맥락이 조성되느냐에 따라 어떠한 입장이 드러나고 구성될지가 결정된다.

먼저 사회복지사는 내담자와 진정으로 연결되는 대화를 위해 그가 해석하는 세계로 들어가야 한다. 내담자의 최초의 입장이 무엇이고 이것이 어떻게 조성되었는지 확인하는 것이다. 그러나 단지 여기에 머물러서는 안 된다. 사회복지사는 내담자의 현재 입장에 무엇을 덧붙여야 할지를 함께 탐색할 필요가 있다. 의미의 확장은 대화하는 쌍방이 서로를 자극하고 서로의 의미를 보충하거나 본래 의미에 도전할 때 이루어질 수 있다.

의미의 확장과 더불어 내담자의 주체성을 세워가기 위해서 사회복지사는 내담자 주도의 대화를 진행할 수 있어야 한다. 내담자가 자신의 목소리를 낼 수 있고 대화를 이끌어 가도록 하는 내담자 중심의 실천 방식은 다양하다. 지금까지 내담자 중심이란 용어는 자주 사용되어져 왔다. 그러나 진정한 내담자 중심의 실천은 오직 구성주의적 사고와 실천 형태에서만 가능하다.

지금까지는 개인의 독특한 실재와 그 실재에 대한 해석보다 외부적인 진리가 실재에 대한 해석을 지배해 왔다. 이 진리를 벗어나면 인정받지 못했고 개인적 실재는 미미한 의미를 전달하는 수준에 머물러 있었다. 구성주의에서는 개인이 자신의 실재를 살아가고 이해하는 데 있어 본인에게 의미 있고 적합하고 타당한 것이 진리요, 지식이다. 이것을 인정하고 이러한 지식과 진리를 구성해 나가는 것은 적극 권유된다. 그렇다면 진정한 내담자 중심이란 내담자의 해석적 세계를 인정하며, 내담자의 주체성이 드러나도록 하는 것이다. 이것은 내담자가 자신의 목표와 방향을 스스로 정해 갈 수 있는 권한과 힘을 발휘할 수 있을 때 가능한 것이다. 내담자가 스스로를 대변하는 개인적 힘을 발휘하게 하는 요건들은 무엇인가? 이러한 개인적인 힘과 결정권을 내담자가 가지지 않는 한 내담자 중심은 공허한 구호가 되고 말 것이다.

➘ 주요 용어

대화, 의미, 문맥, 주체성, 관계

➘ 주요 개념

언어적 상호과정, 의미의 확장, 대화의 뒤틀림, 작업 중인 진리

➘ 생각해 볼 점

1. 상호주관적인 언어로 다른 사람의 세계를 이해하는 방식은 어떤 것인가?
2. 내담자가 표현한 말에서 어떻게 중요한 가치를 끌어낼 수 있는가?
3. 지식은 관계적이며 지속적인 대화 안에서 창조된다는 뜻은 무엇인가?
4. 대화 속에서 변화를 향한 길과 가능성을 어떻게 찾을 수 있는가?

제 5 장

실천의 과정

1. 과정을 보는 시각
2. 구성주의 실천에서 유의할 점
3. 사회복지사

제 5 장 실천의 과정[1)]

사회복지사의 실천 과정은 명확히 구분되지 않는다. 다만 단계별로 진행되는 과업을 뚜렷이 달라지는 몇 가지 특징들에 맞추어 일을 진행해 온 관습에 따라 사회복지사의 실천 과정으로 구분해 왔다. 이제부터 구성주의 실천에서는 이러한 과정을 보는 시각과 과정 안에서 행하는 일들에 대해 새로운 시각으로 접근해 보려 한다.

1. 과정을 보는 시각

사회복지 실천은 큰 틀에서 보면 시작과 끝이 있는 하나의 과정이다. 그러나 편의상 사회복지사들은 단계를 구분하거나 과정을 분류하여 실천 행동을 이해해 왔다. 문제해결 모델을 제시한 Compton & Gallaway(1975)의 사회복지 방법론은 사회복지사의 활동을 세 단계로 나누어 설명한다. 이 단계는 만남의 단계, 계약의 단계, 행동

---

1) 이 장의 일부는 “구성주의 실천의 실제”, 2006, 『교수논총』 18(7-28)에서 재구성하여 실었음.

단계로 각 단계마다 실시하는 사회복지사의 과제와 기술이 상세히 안내되어 있다. 이러한 단계별 구분에 익숙한 사회복지사들을 위해서 이 장에서는 구성주의적 실천이 수행되는 순서에 따라 분류된 단계를 소개할 것이다.

그러나 이미 강조한 바와 같이 구성주의는 어떤 방법이나 전략을 제시하지 않는다. 구성주의 실천은 인간의 인식에 대한 이해나 자신의 세계를 구성하는 인간 특유의 시각적인 틀을 강조한다. 따라서 사회복지사는 무엇보다 내담자의 고유한 인식의 틀을 이해해야 하며, 함께하는 활동 기반으로서의 사회복지 실천의 맥락을 이해해야 한다. 사회복지 실천은 복합적이며 다양한 사회적·문화적 맥락 안에서만 이루어지는 것이다.

1) 만남: 실천을 위한 사회적 구성

누구에게나 첫 만남은 중요하다. 첫 만남에서 사회복지사와 내담자는 상호작용을 조율하며 만남의 사회적 맥락을 조성한다. 서로에 대한 존중을 표현하고 관심과 호기심을 가질 때 만들어지는 맥락은 이와 다른 맥락을 만들 때와는 큰 차이를 불러온다. 만남의 성격은 만남의 배경에서부터 싹트게 된다. 무엇보다도 사회복지사는 내담자를 '알고자 하는 자세'(not knowing position)를 취할 것을 권유해 왔다(Anderson, 1994). 이 '알고자 하는 자세'는 사회복지사가 내담자에게서 새로 배우겠다는 자세로 그의 말에 호기심과 흥미를 가지고 그가 말하는 이야기를 자세히 듣는 적극적인 경청을 말한다. 그러나 이런 경청은 단순히 내담자의 말을 반영하는 데에 그치지 않고 그의 경험에 대한 현상학적 입장을 취해 새로운 이해로 나아가는 길을 여는 것이다.

사회복지사는 내담자를 일정한 방식과 범주로 분류해 왔다. 인종, 계급, 성별 차이 또는 경제적 상태, 교육 정도, 직업 등의 범주들을 사용하는 것은 의미 있는 분류가 될 것이다. 아울러 과거의 역사나 가치관, 타인과의 관계 방식 역시 자주 사용하는 범주들이다. 그러나 이런 분류나 범주들은 내담자의 일부를 형성해 주었을지 모르나 내담자의 전부를 보여주는 것이 아니다. "구성주의자들은 이런 범주들을 자동적으로 그들을 이해하는 방식으로 사용하지 않으며 그들의 정체성으로 연결시키지 않는다"(Fook, 2004: 75).

사람들에게 이러한 범주의 의미는 각각 다르다. 이를 적용하거나 이해하는 방식 역시 상황에 따라 달라진다. 사람들의 실재는 그들이 어떤 범주에 속하는가에 있는 것이 아니라 오히려 상황적 국면에서 그들이 행동하기 위해 활용하는 지식으로 구성된다. 이때 지식은 내담자가 적절하다고 보는 모든 경험과 삶에서 얻는 인식들을 모두 포함하는 참조 틀이다.

구성주의자는 상황에 따라 달라지는 다양성을 인식한다. 사람들은 어떤 경우에 하나의 일관된 모습을 지니기도 하지만 또 어떤 경우에는 예측하기 어려운 모습을 드러내기도 한다. 중요한 것은 사회적 맥락에서 보이는 사람들의 모습은 다양하고 여러 다양한 담론의 영향을 한꺼번에 받고 있다는 사실이다. 사회복지 실천은 사회적이며 문화적인 맥락 안에서 행해지고 있으므로 이러한 맥락에 들어오는 내담자 역시 이 맥락에서 통용되는 담론들의 영향을 받는다. 때로는 이것이 내담자를 무력화하는 데 일조하기도 한다.

사람들은 현실을 조직하고 객관화시키는 다양한 사회적 과정들을 통해 서로의 지식을 나눔으로써 현실에 대한 공유된 인식에 도달할 수 있다. 사회복지 실천은 바로 이렇게 공유되는 지식 즉 어떻게 일이 진행되어야 할지에 대해 공유하는 가정에 근거하여 사람들의 행위를 조성해 간다. 이런 의미에서 사회복지사와 내담자가 함께 창출하는 사회적 맥락은 실천을 위한 기본 틀로 작용한다. 따라서 사회복지사는 어떤 사회적 맥락을 창조할지를 처음부터 인식하는 것이 중요하다.

2) 구성주의적 사정: 긴밀한 상호작용

사정은 사회복지사들이 수행하는 전문적 과업의 출발 단계로 지정되었다. 콤튼과 갤러웨이는 사정은 "내담자의 상황을 평가할 때 모든 요인들의 상호관계를 검토하고, 내담자가 성취하고자 하는 것과 관련하여 내담자에게 주는 상호 관계적 요인들의 전반적인 의미를 분석하는 것이다"고 정의하였다(1986: 217). 이 정의는 객관주의 틀에서 상호 관계와 의미를 주는 맥락을 강조하고 있다. 그러나 여기에 표현된 관계와 의미의 맥락은 객관적인 평가를 위한 것으로 사회복지사들이 일방적으로 내리는 판단을 위해 사용된 개념이다. 객관주의적 사정이 보여주는 가정은 다음과 같다.

첫째, 사정은 사회복지사가 내담자를 대상으로 실시한다. 즉 내담자에 대한 대상화, 혹은 객관화를 위한 작업으로 모든 정보는 사회복지사에 의해 분류되고 판단된다. 이러한 작업은 내담자의 주관적 의미나 지식보다 전문적 지식을 사용하여 성립되는 것이다. 둘째, 사정은 현재 내담자의 상황을 고정된 현실로 간주한다. 그 상황에 작용하는 요인들을 분석함에 있어서 사회복지사는 내담자와 관련되어 있지 않은 외부적으로 만들어진 지식과 척도들을 사용할 것이다. 이러한 외부적으로 만들어진 척도를 사용할 때에는 내담자의 상황이 변하는 것을 포착할 수 없다. 셋째, 사정은 내담자가 지닌 고유의 의미를 드러내지 못한 채 개입 계획을 포함한 의사결정을 내린다. 이때 의사결정과 행동의 주체는 사회복지사이며 내담자는 수동적인 참여자가 될 뿐이다. 이러한 작업들에서 내담자의 고유한 입장이 존중되거나 내담자의 의미 해석이 포함될 가능성은 매우 적다.

구성주의적 실천은 사정 단계를 삭제한 것은 아니다. 다만 전통적인 사정과는 다른 종류의 사정을 시도하는 것이다. 사정을 위한 만남은 따로 구분하지 않지만, 내담자를 이해하려는 시도는 처음부터 마지막 만남까지 계속되는 사회복지사의 과제이다. 구성주의는 측정 가능한 현실의 존재를 부인하고 있기 때문에 사정의 개념 또한 달라질 수밖에 없다. 구성주의가 의도하는 사정은 "보다 실제적이며 도덕적인 대화를 토대로 우선 거짓된 확실성을 가장하지 않는 데에서 출발한다"(Parton & O'Byrne, 2000: 135). 서로 경쟁하는 여러 가능한 설명이 있을 수 있다는 가정하에 사회복지사는 어느 하나의 설명이나 원인에 고정되지 않아야 한다. 사회복지사들은 언제나 불확실한 여러 다양한 현실과 부딪치며 그 안에서 주어진 설명의 적절성 여부에 관해 판단을 내리게 된다(Fook, 2000).

구성주의에서는 내담자 스스로가 자신의 의미를 결정하고 입장을 세워 나가게 함으로써 개인의 잠재적 가능성을 드러내려 한다. 당사자의 동기나 의도를 존중하면서 도덕적으로 적절하며 상황에 맞는 설명을 택하도록 돕는 것이다. 이미 경험적인 연구를 통해 나온 지식은 오직 배경적 지식으로 남아 있어야 한다. 대상자의 고유한 상황에서 독자성과 적정성을 고려하지 않고서는 이 지식이 도움이 되지 못하기 때문이다. 그보다는 상황이 아직 결정되지 않은 상태이며 종료되지 않은 상태임을 인정하는 것이 현재 상황을 타계하는 한 가지 방식이다. 판단이나 이해를 하는 데 있어서 이와 같은 고심에 대해 솔직히 털어놓는 것이 거짓된 확신을 추구하는 것보다 더 나은 발전을 가져올 것이다.

인간의 문제에 대해 구성주의는 어느 하나의 명확한 설명을 추구하지 않는다. 다만 여러 다른 구성의 가능성을 인정하는 모호한 태도를 견지한다. 반면 구성주의에서는 기존의 이론들을 신뢰하지 않고 이 이론들이 오히려 낙인의 가능성과 고정된 개념으로 내담자의 인간적인 면모를 저해하는 것으로 본다. 구성주의는 기계적이며 생물학적 문제의 원인은 명확할지 모르나 인간관계와 행위 면에서는 원인을 규명하려는 것 자체가 적절하지 않다고 보았다.

구성주의적 실천에서 사정은 내담자와 사회복지사 "서로 간에 차이를 좁히는 시도이다"(Milner, & O'Byrne, 1998: 68). 사정을 통해 내담자와 사회복지사는 서로의 인식을 협상하고 상호 주관성에 관여를 촉구하는 것이다. 사회복지사가 가진 내담자의 삶에 대한 가정과 내담자가 기관과 실무자에 대해 가진 가정은 서로 대화하기 전까지는 거리가 있다. 그러나 사정의 만남에서 이러한 가정들을 함께 검토하면서 서로의 생각을 드러낸다. 이들은 서로의 차이를 인정해 주는 과정에서 서로 공유하고 공감할 수 있는 영역을 넓혀 갈 수 있는 배경을 구축한다. 객관주의적 틀에서는 내담자의 세계나 현실을 이해하거나 그 세계와 관련짓지 않고도 사회복지사가 변화를 야기하려는 시도를 한다. 이는 사회복지사의 객관적 의미를 내담자의 의미로 바꾸려는 것이다. 이런 방식은 구성주의 실천과는 위배되는 것으로 구성주의에서는 이를 거부한다.

때로는 내담자들이 사회복지사가 이런 전문가의 위치에 서줄 것을 요구하기도 한다. 그러나 구성주의적 실천은 "사회복지사가 내담자에 의해 상징적으로 표현된 의미의 영역을 자신의 가슴 안에 불러일으키지 않으면 안 된다"(최종혁, 1999: 200). 내담자가 살고 있는 현실에 대한 습관, 신념, 가정을 구체적으로 상호작용 안으로 끌어들이는 것이다. Hastings(2000)는 사회복지사들이 그들의 지각과 그들의 현실에 대한 이해를 내담자들에게 강요하기를 멈출 때부터 실제로 의사소통이 시작되며 따라서 진정한 의미에서의 동반자 관계가 가능하다고 보았다. 사회복지사가 내담자에게 몰입하여 그들의 생활 경험에 밀착된 상태에서 그 경험의 의미를 이해하려 할 때에 서로에 대한 오해는 협력으로 바뀔 수 있다. 내담자들이 비협조적으로 비춰지는 것은 사회복지사가 일방적으로 의미를 강요할 때이다. 인간의 문제는 그리 간단히 해결되지 않는다. 사회복지사는 이를 인정하고 문제 해결에서 우위를 차지하려 해서는 안 된다. 자신이 알지 못하는 지식, 경험에 대해 인정하는 것은 서로의 틈새를 좁히는 데 도움이 된다.

구성주의에서는 "초대"(Parton & O'Byrun, 2000: 138)라는 말로 사람이나 상황, 사건 혹은 감정이 어떤 행위를 하도록 했는가를 묻는다. 초대를 받은 사람은 여기에 응답할지 응답하지 않을지를 결정한다. 그들의 반응은 그 초대의 강도에 따라 영향을 받을 수 있다. 어떤 특정한 초대가 얼마나 그 사람에게 영향을 주었는지 아닌지에 대한 관심은 그다지 크지 않다. 어쨌거나 그런 설명이 어떤 답을 주는 것은 아니기 때문이다. 그보다는 내담자가 개인적인 경험에 부여하는 의미가 더 중요하다. 그리고 사회복지사는 항상 대안적인 설명들에도 열린 자세를 가져야 한다.

구성주의는 사람들을 기계나 조직체와 같이 자동적으로 반응하는 에너지 집합체로 보지 않는다. 사람들은 자신이 살아가는 상황을 숙고하고 주어진 것에 도전하며 사회적 존재로서 끊임없이 변화한다. 따라서 사정은 내담자의 문제를 찾아 거기에서 어떤 본질적인 의미를 얻으려는 행위를 거부한다. 그보다 내담자가 경험해 온 현실을 인정하며 그 의미와 정체성을 협상해 나아간다. 내담자는 사회복지사와의 만남에서 자신의 경험에 대해 의미를 재고하고 정체성에 대한 새로운 협상을 하게 된다. 우리는 다양한 경험을 하고 관계를 지속해 가는 가운데 의미와 정체성의 수정을 거듭한다. 그러므로 사회복지사는 내담자들을 창조하고 관계하는 존재로 인정해야 한다. 사회복지사는 내담자와 상호 유의미한 상황을 구축하도록 노력해야 한다. 특히 개인의 역량을 키울 수 있는 사회적 상황의 조성과 사회적 지지망과 같은 집단 관계를 기대해야 한다. 이 배경에는 "이제부터 일어날 것으로 기대되는 사건에 대한 개인의 대처 능력이 사회적 역량이 높아짐에 따라 생겨날 것이라는 가설이 포함된다"(최종혁, 1999: 190).

문제를 보는 구성주의 시각은 이전과 매우 다르다. 문제는 언어와 사회적 관계의 영역에 존재하는 것으로 본질적이며 고정된 상황이 아니다. 문제는 일시적으로 상대적인 영향력을 지닌 의인화된 실체로 간주된다. 문제를 사람들의 외부에 존재하는 실체로 간주하는 것은 문제의 원인을 그 문제를 겪는 사람 안에 두지 않으려는 것이다. 특히 사회복지사는 문제를 외부적인 실체로 다룸으로써 문제와 문제를 겪는 사람과의 관계를 다르게 만들어가려는 시도를 하게 된다. 이제 구성주의에서 변화는 문제와의 관계의 변화를 통해 새로운 이야기, 다른 이야기를 만들어내는 데 있다. 따라서 구성주의는 행위의 변화보다는 의미의 변화를 더 추구한다.

문제는 사람들이 지닌 낡고 오래된 이야기 각본 안에서 활동한다. 그렇기 때문에 이런 낡은 각본을 버리고 새로운 각본을 다시 쓰게 되면 문제를 벗어난 삶을 살 수 있다. 사정은 문제를 탐구하고 문제의 존재를 언어적으로 변형시켜서 문제와의 관계가 달라진 삶에 대해 말하게 하는 대화과정이다. 이로써 사정은 변화의 씨앗을 품는 단계로 볼 수 있다. 사정이 개입과 뚜렷이 구별되거나 반드시 개입 이전에 사정이 있어야 한다는 공식은 성립되기 어렵다.

3) 대안적 실천

이번에는 전통적인 사정과 개입에 대한 구분을 없애고 이를 대신하는 대안적 실천에 대해 구성주의 이론이 제시하고 있는 바를 살펴보고자 한다. Chiari와 Nuzzo(1996)는 관찰자와 관찰대상자 사이의 참여적 인식론을 통해 구성주의가 객관주의와 주관주의를 뛰어넘게 해 준다고 말했다. 이 점은 구성주의적 실천을 위해 매우 중요한 점을 시사하고 있다. 구성주의는 객관주의적 지식에 대한 고정 틀을 뛰어넘는 지식과 현실에 대해 새로운 가정을 제시한다. 객관주의가 변수들을 가려내어 고립시켜서 인과론을 찾아내는 방법론의 세련화에 치중했다면, 구성주의는 우리가 세계에 대해 가지고 있는 가정이 무엇인지 알아내는 것을 더 중요한 과업으로 여긴다. 또한 실재를 우리 자신의 경험과 연결시켜 그 안에서 가졌던 관계와 상호작용 안에서 우리 자신이 만들어낸 지식이 무엇인지에 초점을 맞춘다.

지식은 우리의 세계에 대한 가정과 기대의 산물일 뿐이다. 사람들은 말하는 가운데 이런 기대나 가정을 드러낸다. 한편 과학은 합의에 의해 성립된 특성들을 검증하는 해석적 과정이다. 따라서 사정은 어느 누구를 대상으로 삼지 않으며 함께 협력하여 이해를 탐색해 가는 역동적인 공동 구성의 과정이다. 내담자만이 일방적으로 정보를 제공하고 사회복지사는 이를 얻어내려는 것이 아니다. 내담자의 정보나 보고는 그것을 듣는 사회복지사와의 협력적 관계 속에서 새롭게 발전한다. 둘 사이의 상호작용은 내담자의 현실을 구성하고 그것을 움직이는 자료의 바탕을 변화시킨다. 따라서 정보는 공유되고 공감되며 함께 구성되는 것이다.

"구성주의적 실천에서 사정과 개입은 크게 다르지 않다"(Cooper, 2001: 730). 구성주의적 사정에는 내담자의 정보 제공과 그에 대한 사회복지사의 반응이 불러내는 내담자의 변화도 포함된다. "언어의 사소한 변화라도 다른 구성을 불러낼 가능성을 열어준다"(Cooper, 2001: 731). 구성주의적 개입은 사회복지사들과 내담자가 서로에게 영향을 주는 관계를 맺고, 문제 구성과 이해를 함께 추구하고 이를 통해 변화와 새로운 가능성을 모색하는 것이다.

내담자가 사회복지사에게 자신을 '무언가 잘못된 사람'이라고 소개하는 경우를 하나의 예로 들어보자. 사회복지사는 의도적으로 이러한 감정이나 생각이 어떤 사회·경제적 제도나 현실에 관련되어 있는지를 알아보고 말의 내용을 재구성하는 기회를 살펴야 한다. 사회복지사는 '언제 당신이 잘못되었다고 느꼈는지 자세히 말해 주시겠습니까?'라고 질문하여 잘못에 대한 의미의 한계와 경험의 의미를 더욱 깊이 알아본다. 사회복지사의 반성적 관여는 상호 간의 의미와 이해를 조장한다. 내담자는 사회복지사가 자신이 말한 '잘못'을 액면 그대로 받아들이지 않음을 알게 된다. '잘못'이 가지는 상징적 의미는 어떤 생활 경험을 바탕으로 드러날 수 있다. 이러한 사정은 일방적인 보고가 아니라 내담자와 사회복지사 간의 의미를 캐내고 만들어가는 긴밀한 상호작용이다.

사회복지사는 '그럼 잘못을 느끼지 않았던 때는 언제인가요?'라고 문제가 없었던 때에 관한 보고에 관심을 표명할 수 있다. 이런 방식은 전통적으로 문제 위주로 해 온 사정에 균형을 가져온다. 즉 결함이나 문제를 듣게 되면 장점과 문제로부터 자유로운 삶에 대해 질문하여 이를 보충시킨다. 특히 어떻게 내담자가 '잘못'을 경험하고 '잘못에 대해' 사실을 해체하며 그것이 그에게 의미하는 바가 무엇인지를 파악한다. 이런 방식으로 사회복지사는 내담자의 잘못에 대해 액면 그대로 받아들이지 않고 다른 의미를 추구해 가는 것이다.

구성주의 개입은 우리가 우리의 경험에 대해 의미를 부여하는 과정에 참여하는 방식을 제공하는 것이다. 사정과 개입에서 사회복지사의 목적은 새로운 세계에서 의미를 발견하고자 노력하는 인류문화학자의 목적과 동일하다. 이러한 개입은 내담자의 자신에 대한, 그들의 상황에 대한 해석을 가장 주요한 가설로 받아들이는 것이다(Bricker—Jenkins, 1990). 상황에 대한 해석은 어떤 사건이나 일어난 사실에 의미를 부여하는 과정이다. 이것을 위해 사람들은 삶에 대한 자기의 이야기를 구성한다. 사람들의 이야기는 삶을 그대로 재현한 것이 아니라 삶의 사건들에 의미를 부여하고 그 사건들을 이해하고자 하는 것이다. 우리의 행위는 우리가 자신과 사건에 부여한 의미에 의존한다는 것이 바로 구성주의의 핵심이다. 사회복지사의 개입 역시 이러한 의미들을 끌어낼 수 있는 이야기 공동 작업에 주력하는 것이다.

Kelly(1955a, 1963)는 개인은 여러 가능한 기대, 예언, 작업, 가설을 통해 자신과 세계를 통제하고 구성해 간다고 보았다. Kelly는 개개인이 그들의 환경에 관여하면서, 또는 환경과 상호작용하면서 만들어내는 의미를 가장 중요한 개념으로 보았다. 사회복지사와의 상호 교류는 내담자에게 새로운 의미를 구성하는 맥락을 제공한다. 따라서 지금까지의 이야기가 새롭게 바뀔 수 있는 환경이 조성되고 내담자의 세계는 확장될 기회를 얻는다.

Spence(1982)는 이야기적 진실을 우리가 한 어떤 경험이 우리에게 흡족하게 이해가 되었을 때 사용하는 기준이라고 정의했다. 앞의 예에서 사회복지사가 내담자가 정말 잘못된 사람인지 아닌지를 측정하려는 것은 이야기적 진실을 무시하는 행위이다. 왜냐하면 우리의 관심사는 그가 말한 의도에 맞추어져 있어야 하기 때문이다. 그의 말은 자신의 정체성을 갱신하여 현재보다 더 나아진 정체성을 원하고 있다는 것으로 받아들일 수 있다. 따라서 사회복지사는 내담자가 진정으로 원하는 이야기를 만드는 데 관심을 두어야 한다. 내담자는 처음부터 '잘못'을 무엇으로 규정해야 할지 알지 못하고 시작했다. 그의 의도는 이 잘못으로부터 벗어나는 것이지 이 잘못이 무엇인지 알고자 하는 것이 아니다. 이런 내담자의 의도와 선호를 파악하고 그에 관한 이야기를 촉구하는 것이 이야기적 진실을 수용하는 대화법이다.

사회복지사가 내담자들의 이야기를 단순히 문제에만 국한시켜서 듣는다면 내담자의 의도를 읽지 못하는 경우가 많다. 사회복지사는 내담자의 이야기를 보다 폭넓은 배경을 지닌 삶에 대한 이야기로 들어야 한다. 대화 속에서 문제를 뛰어넘는 삶의 주요한 경험들을 듣고 확인시킬 때 내담자에게 의미의 새로운 추구가 가능해진다. 이러한 새로운 의미의 추구는 내담자의 개인적인 역량과 힘을 키우는 방향으로 진행된다. 대부분의 경우 그냥 지나치거나 묻혀버릴 소중한 삶의 사건들이 사회복지사의 의도된 경청으로 다시 의미를 얻을 수 있기 때문이다.

한 예로 어린이 동화 '101마리 달마시안'에 대한 비유를 들어 보자. 문제 중심의 사정과 개입은 이 동화에서 줄거리에 집중하도록 한다. 즉 문제가 일어난 줄거리를 따라 강아지 도둑을 찾는 장면으로 빠져들게 된다. 그러나 '101마리 달마시안'을 우리 삶과 연관된 이야기로 보는 방식은 다음과 같은 질문을 던진다. 이 이야기에서 가장 흥미를 끄는 것은 무엇인가? 이 이야기에서 가장 소중한 가치를 주는 것은 어떤 것인가? 최근에 일어난 일들 중 그런 가치를 보여주는 것은 어떤 일이었나? 깊이 탐색해 들어갈수록 우리가 '101마리 달마시안'이란 동화에서 얻을 수 있는 의미는 무궁무진하다. 이처럼 하나의 이야기나 표현에서도 다양한 의미의 층을 겹겹이 쌓아 올릴 수 있다. 모든 표현마다 혹은 모든 기회마다 우리는 조금씩 다른 수준의 의미의 층을 파헤쳐갈 수 있다. 우리가 아는 모든 것은 표현된 것이다. 이 표현은 대화 속에서 여러 층의 이야기를 만들어낼 수 있다. 단지 우리가 어떻게 그것을 찾아내며 어떻게 그것에 목소리를 낼 수 있도록 해 주는가의 문제인 것이다. 무엇을 탐색할지는 아직 미지수이지만 우리가 탐색할 수 있는 이야기의 층은 참으로 많다.

2. 구성주의 실천에서 유의할 점

1) 재귀성

구성주의적 실천에서는 항상 재귀성(reflexivity)을 염두에 둔다. 사정이나 개입에서 "전문적 담론의 구성은 이러한 재귀성을 피할 수 없다"(Fook, 2004: 129). 원래 재귀라는 단어의 뜻은 "어떤 부분을 그 자체로 꺾어서 되돌리는 것"으로 정의된다(McNamee & Gergen, 1992, 김유숙 역, 2004: 40). 이것은 "모든 체계 안의 요소들이 다른 요소들에게 영향을 주기도, 받기도 하는 조건을 제공하는 순환적인 과정을 말한다"(Cooper, 2001: 726).

구성주의 실천에서 사정과 개입은 순환적으로 유지되는 과정이다. 이 과정에 재귀성은 다음과 같이 진행된다. 사정에서 시작된 가설의 설정은 개입으로 이어져 지속적으로 실천을 형성해 갈 것이다. 또한 이 실천은 그 영향을 받는 사람들의 현실을 변형시킨다. 우리의 심리적 과정은 자동화된 개인적 도식의 구성이다. 이 도식은 우리 자신이 어떤 사건을 기대하거나 그 사건에 의미를 부여하는 능력을 향상시키도록 우리 환경의 여러 국면들을 추상화하고 걸러내는 장치로 작동한다. 우리가 도전을 받을 때 우리는 새로운 기대나 새로운 구성을 설계한다. 우리의 가정은 "우리가 어떤 일이 일어나기를 기대하는 일이 일어나도록 하며 우리가 보기를 원하는 것을 보도록 해주는 것이다"(Cooper, 2001: 729). 이런 심리적 재귀성은 사회복지사들이 취약한 계층과 일하게 될 때 의미의 변화를 이루는 데에 매우 중요한 역할을 한다.

의미는 본질적으로 우리가 이미 의미를 부여했던 문맥 안에서 생성된다. De Jong과 Miller(1995)는 이미 준비된 기존의 범주들은 내담자가 자신의 경험을 조직하는 데 사용하는 범주를 반영하지 못한다고 주장한다. 문맥과 사건에 부여하는 의미는 상호 알려주는 순환과정이다. 따라서 의미는 문맥과 사건 사이에서 재귀적으로 형성되며 서로에게 영향을 끼친다. 많은 사람들이 소외감이나 소속감의 결여로 인해 자신의 강점이나 가능성을 보지 못한다. 따라서 사회복지사들이 내담자들의 인식과 경험을 긍정해 주고 그들의 성공을 가정할 때에만 내담자들 안에서 자신을 인정하는 의미를 찾아낼 수 있다.

맹목적으로 사회복지사의 사적이고 전문적인 가치들을 강요하지 않도록 하는 데에서도 재귀성의 필요성은 두드러진다. Thompson (1997)은 상호 동반자 의식과 동의에 기초를 두지 않은 개입은 매우 위압적일 수밖에 없다고 보았다. 사회복지사는 자신감을 내비치는 것보다는 겸허하며, 사적이고 친밀한 방식으로 대화를 촉구하며 상대편의 목소리를 높여주도록 노력해야 한다. 무엇보다도 협조를 통해 상황을 이해하고 덜 위협적인 방식으로 접근하는 낮은 자세를 견지해야 한다. 이와 다른 방식은 전문적 온정주의를 발휘하는 것으로 "상호관계에서 발생하는 재귀성을 무시하고 개인적이고 구조적인 혹은 문화적인 다양성을 인정하거나 그것을 사용하지 않는 처사"이다 (Cooper, 2001: 731). Sheppard(1998)는 개인의 상황과 경험의 특수성에 대하여 주목하면서 전문적 관계에서 발생하는 권력을 남용하지 않도록 하는 것에 주안점을 둔다. 이때 이미 기존에 가지고 있던 생각과 신념들을 내담자에게 강요하지 않는 것은 매우 중요하다.

2) 다양한 현실 구성

"현실은 상황적이며 지역사회에 기반을 둔다"(Murphy & Pardeck, 1998: 16-17). 따라서 사람들이 경험하는 것은 그들이 알고 있는 사회적 체계, 즉 가족, 집단, 조직 등과 같은 데에서 정의된 현실이다. 이 정의들이 무엇을 의미하는지 알기 위해서는 먼저 그들이 이러한 용어를 어떤 문맥 속에서 정의하고 있는지, 배경에 대한 이해를 넓혀가야 할 것이다. 가족이라는 용어도 사회복지사의 가족과 보편적인 가족, 빈곤하며 노숙의 경험을 하고 있는 내담자의 가족 등 각각 다른 의미를 지닐 수 있다. 용어는 그 의미를 구체화하는 문맥을 인식할 때 보다 정확히 정의되므로 내담자의 경험과 삶의 사회·문화적 배경 속에서 이해할 수 있도록 협력하는 것이 필요하다. 이것은 어느 사실에 대해 부인하는 것이 아니라 그 사실의 뒤에 있는 개인적 의미를 알기 위한 것이다. 이때 "서로 동의한 의미나 이해 혹은 변화 가능성은 내담자와 그들의 사회적 관계망 안에서, 또한 관련된 다수 기관들의 상황 안에서 함께 구성된다"(Cooper, 2001: 732). 구성주의적 실천의 특징은 다양한 수준의 사고와 각기 다른 인지적 구조를 인정하는 것이다(Franklin, 1995). 따라서 사회복지사는 더 깊은 인간 행위의 복잡성과 다양성에 주목하여 상황을 정의해 가야 한다.

우리가 다른 사람의 의미를 알려고 하는 만큼 우리는 상호성이나 상호 간에 공감적 이해를 북돋울 수 있다. 다른 사람의 뜻으로 이해하고자 하는 노력은 매우 다양한 양상을 지닌다. 이것은 다양한 형태로, 다양한 의미와 의도를 가진 다양한 맥락 안에서 일어난다. 만일 처음 도움을 요청한 구체적인 평범한 동기가 더욱 중요한 의미를 띠도록 발전되지 않는다면 내담자와 사회복지사와의 만남은 진부하게 될 것이다. 사회복지사는 적극적으로 의미의 확장을 추구하기 위하여 내담자의 이야기에서 허술한 틈새를 찾아내려는 시도를 해야 한다. 때로 이것은 내담자가 빠뜨리거나 삭제한 의미들에 대한 추구로 나타난다. 이는 문제를 벗어난 내담자의 미래에 대한 구체적인 구상을 찾는 것이다. 따라서 사회복지사는 표현의 이중성을 찾으려는 노력을 기울이는데 이는 이중 경청이라는 방식이다. 이중 경청은 표현된 것만 듣는 것이 아니라 표현되지 않은 것에 대해서도 듣는 것이다. 달리 말하면 내담자의 견해를 인정하면서도 동시에 변화를 위한 가능성을 열어두는 것이다. 사회복지는 사회복지사와 내담자 사이에 무엇을 도울 것인지 결정하는 과정에서 의미의 사회적 구성과 확장이 이루어지는 상호 교류이다.

3. 사회복지사

1) 사회복지사의 도전

지금까지 구성주의 실천을 서술하는 과정에서 사회복지사에 대해 언급해 왔다. 구성주의적 실천에서 가장 핵심적인 도구는 사회복지사 자신이다. 사회복지사는 이 세계 속에서 끊임없이 낯설고 도전적인 실재에 부딪히며 새로운 구성을 추구하는 전문가이다. 또한 선택한 구성과 해석의 방식에 대해 내담자와 함께 책임을 진다. 사회복지사는 본인의 과제에서 행한 구성에 관해 탐색과 행위를 통해 세계와 접촉한다. 그가 타인의 세계를 만날 때에는 이를 이해하고자 노력하며 그 상황에 관여하여 능동적으로 자신의 일을 조직한다.

구성주의를 실천하고자 하는 사회복지사는 내담자의 세계에 대한 단순한 관찰자나 외부인으로 존재해서는 안 된다. 진정한 이해는 상호작용을 통해 이루어지며 개별적 이해가 공유될 때 이루어질 수 있다. 사회복지사들은 여러 면에서 이 도전을 받아들여 자신의 역할을 선택해야 한다.

가장 먼저 사회복지사가 시도하는 것은 내담자와의 올바른 관계를 설정하는 일이다. 이 관계는 서로의 주관성과 고유성을 인정하는 동등한 질서 위에 세워져야 한다. 진정으로 자발적이며 창의적인 관계는 어느 한 편의 주장과 입장 혹은 중립적 입장을 고수하는 것이 아니다. 사회복지사는 두 가지 실수에 빠지는 것을 조심해야 한다. 그 하나는 자신의 입장이나 의미를 타인에게 강요하는 것이다. 또 다른 하나는 타인이 자신을 주장하도록 내버려 두거나 타인의 견해에 굴복하는 것이다. 이러한 실수는 언제나 서로에 대한 힘겨루기로 만남을 오도한다. 사회복지사가 문제 해결을 외부로부터 끌어온 지식에 의존하고자 한다면 이러한 힘겨루기는 피할 수 없는 일이다.

내담자의 문제는 내담자 안에 일어나는 인지적 갈등과 당혹감으로 인해 발생된 변화나 해결을 원하는 욕구를 의미하는 것이다. 따라서 문제란 외부적 지식으로 찾아내거나 수정할 성질의 것이 아니다. 문제는 내담자 안의 인지적 구성을 살펴보며 의미를 찾는 것에서부터 그 실재를 찾아가야 한다. 이때 실재는 내담자와 사회복지사가 각각 자신의 방식으로 이해한 것으로서 서로 다름을 전제해야 한다. 구성주의의 특징은 여러 다른 실재가 함께 공존하면서 서로 협상할 수 있음을 인정하는 것이다. 사람과 사건, 문제에 관하여 사고하는 방식은 각자의 경험을 바탕으로 서로 다른 것이 당연한 것이다. 그럼에도 불구하고 협상은 공동 구성을 가능하게 한다. 따라서 사회복지사와의 만남 자체가 새로운 실재로 나아가는 길이 되어야 한다.

2) 사회복지사의 과제와 역할

있는 그대로의 구성을 그대로 받아들이는 것은 사회복지사의 과제가 아니다. 사회복지사는 반성적인 질문으로 현실의 재구조화를 자극하여 내담자의 실재를 바꾸어 가도록 도와야 한다. 사회복지사의 실제 지식과 기술은 내담자에 의해 그 내용이 채워지는 것이다. 내담자가 문제에 대해 주는 의미를 참고로 사회복지사는 문제의 의미를 현실화시키는 지식을 동원해야 한다. 이때의 지식은 구성주의적으로 구성되는 상호적 지식이다. 이 상호적인 지식은 두 가지 유형으로 구분된다. 하나는 상식적으로 광범위하게 이미 알려져 있는 지식으로, 말하는 가운데 쉽게 인용될 수 있는 지식이다. 그때그때 발생하는 상황과 관련하여 활용될 수 있는 지식이다. 또 다른 하나는 실용적 지식으로, 경험에 의해 우리 안에 들어오는 지식이다. 이러한 실용적인 지식은 사회적 행위자들이 실제 행위를 통해서 은연중에 알게 되는 지식으로 말보다는 행동을 통해 보다 명확히 드러난다. 이런 지식은 서로 상호작용 가운데 깨달아지고 수용되며 명확해지는 산 경험적 지식이다.

사회복지사들은 자신이 받은 교육과 살아온 경험에 의해 많은 개별적 지식을 가지고 있다. 그러나 내담자들 역시 자신의 사회생활을 통해 쌓아 온 경험적 지식을 가지고 있다. 사회복지사와 내담자는 상호작용의 과정에서 이런 각자의 지식과 기술을 나누고 공유한다. 이것은 사회복지사와 내담자가 재귀적으로 서로 접속하면서 반응하는 영역으로 마투라나는 이러한 영역을 “공감 영역”이라고 말했다(Schmidt, 1987: 59). 이 공감 영역은 새로운 의미, 새로운 경험을 낳는다. 새로운 경험은 역동적으로 양자 간의 지식과 기술을 보충하고 완성하는 공동 실재를 구성한다. 이러한 공동 실재는 사회복지사와 내담자가 공동으로 추구하는 현실의 욕구 상황에 맞는 적절한 대안을 구성한다.

따라서 사회복지사는 다른 사람과의 상호작용을 어떤 방식으로 할지를 고민해야 하며 자신의 역할을 그 안에서 구성하는 시각을 지녀야 한다. 이는 매우 역동적인 과정이며 어느 일정한 공식에 따르는 것이 아니다. 이 과정에서는 아무것도 미리 결정된 것이 없다. 특정한 상황 속에서 내담자와 실제로 대화하고 행동함으로써만 사회복지사의 역할은 구성된다. 즉 다양한 방식으로 자신의 역할을 그때그때 구성해 내는 능력이 필요하다. 이는 사회복지사들이 일하는 환경과 내담자가 가져오는 상황들의 다양한 접속을 통해, 또한 실제로 만남에서 일어나는 상호 교류를 통해 얻는 힘과 한계 안에서 구성되는 것이다.

3) 사회복지사의 기술

사회복지사가 내담자의 문제해결을 돕는 데에는 다양한 방식이 동원될 수 있다. 사회복지사는 내담자에게 어떤 답을 제시하려 해서는 안 된다. 사람들은 어떤 사건을 구성하고 해석하는 방식을 스스로 선택한다. 따라서 사회복지사가 내담자에게 제시하는 답은 내담자의 구성이 아니므로 큰 도움이 될 수 없다. 그보다는 먼저 내담자의 문제에 대한 인식(구성과 해석)을 먼저 파악하는 것이 필요하다.

사회복지사는 문제로 인해 내담자가 겪는 인지적 갈등을 어떻게 조직하는지에 관심을 가져야 한다. 그것은 사건들에 주는 내담자의 의미와 해석의 방식에 주의를 기울이는 것을 뜻한다. 이 과정에서 사회복지사는 의미를 명확히 하거나 무언가 새로운 의미가 떠오를 수 있도록 내담자가 해석하는 방식에 대해 질문을 던진다. 이것은 문제에 대한 적절한 사회적 진술을 이끌어내고 공동 실재를 창출하는 과정이기도 하다. 이런 과정을 통해 처음 제시된 문제는 갈등을 야기하는 구체적 상황에서 어떤 행동들이 유용한지에 대한 가치 판단과 그 행동들의 의미에 대한 문제로 전환된다. 이런 과제는 언어적 기술을 통해 실현될 수 있다. 따라서 함께 정보를 나누고, 대안을 탐색하며, 최선의 대안을 선택하는 언어적 기술을 발달시키는 것이 필수적이다.

사회복지사는 실천 맥락에서 여러 체계들에 관여하면서 여러 형태의 새로운 구성에 도달하며 자신의 원래 가진 구성을 수정해 가야 한다. 사회복지사가 원래 가지고 있는 어떤 가정이나 구성은 그가 만나는 사람이나 사건, 문제의 의미를 찾는 데에 큰 영향을 미친다. 그러나 이러한 가정과 구성은 내담자가 지닌 의미, 즉 내담자가 어떻게 문제나 사건을 해석하는가를 알게 되면서 도전을 받는다. 이런 차이는 사회복지사들에게 매번 도전이 된다. 다만 구성주의는 우리가 만나는 사람과 사건, 문제 등에 대해 사고하는 방식을 반성적으로 접근하도록 안내한다. 우리는 우리의 가정과 추론에 대하여 반성하며 이를 상대방에게도 적용한다. 따라서 우리의 구성은 언제나 새롭게 수정되고 보충되거나 더욱 풍부해져야 한다.

➘ 주요 용어

사정, 재귀성, 초대, 공감 영역, 공동 실재

➘ 주요 개념

사회적 과정, 공동 구성, 공감적 이해, 재구조화

생각해 볼 점

1. 왜 구성주의 실천에서는 사정과 개입이 서로 다르지 않은가?
2. 내가 가진 어떤 사람이나 일에 대한 가정과 구성을 어떻게 찾을 수 있는가?
3. 우리가 만나는 사람과 사건, 문제 등에 대해 반성적으로 접근하는 방식은 무엇인가?
4. 사회복지사가 어떻게 내담자의 의미와 해석의 방식에 주의를 기울일 수 있는가?

제 2 부

구성주의의 실천 모델들

제 6 장

이야기치료와 구성주의

1. 이야기치료 개관
2. 실천 기술
3. 사례에 대한 고찰

제 6 장 이야기치료와 구성주의

지금까지는 구성주의 이론을 소개하면서 이 이론이 사회복지 실천에 어떤 영향을 줄 수 있는지 서술해 왔다. 이 장에서부터는 구성주의 이론을 적용하는 대표적인 모델을 골라 어떻게 구성주의 이론들이 실천되고 있는지를 살펴보고자 한다. 현재 구성주의 시각으로 실천하는 모델은 이야기치료 모델과 해결 지향적 모델이다. 이 모델들을 소개하는 데 있어서 모델 자체에 대한 설명보다는 구성주의적 시각이 실천에 어떻게 영향을 주었는지에 주목하여 이를 밝히도록 노력할 것이다. 이러한 목적을 위해서 실제 발표된 사례를 검토하면서 주제를 발전시키고자 한다. 사례에 대한 이해를 위해 모델에서 사용한 기술들에 대한 설명을 덧붙일 것이다. 기술들은 구성주의 시각이 어떤 방식으로 실천 행위를 안내하고 있는지 선명히 보여주는 것들로 선별하였다. 또한 몇몇 모델들은 매우 분명하게 구성주의적 실천이라고 단언할 수 없는 모델이지만 구성주의적 시각을 도입하여 어떻게 실천하면 좋을지 탐구하기 위해 이 부분에 첨가할 것이다. 여기에는 임파워먼트 모델과 비평 이론이 포함될 것이다.

1. 이야기치료 개관

1) 이야기치료 가정

이야기치료는 다양한 방식으로 전개되어 왔다. 여기에서 소개하고자 하는 이야기치료는 오스트레일리아의 Michael White와 뉴질랜드의 David Epston이 시작한 이야기치료이다. 이들은 1990년에 '치료 목적을 위한 이야기적 방식'(Narrative Means to Therapeutic Ends)이라는 책을 발표하여 기존의 치료 이론과 획기적으로 다른 구성주의적 시각을 도입한 치료의 장을 열었다. White가 세운 덜윅 센터(Dulwich Centre)는 이야기치료의 중심지로서 학술지와 책들을 발간하고, 워크숍 등을 통해 이야기치료의 보급과 발전에 기여하고 있다. 많은 상담자와 사회복지사들이 이야기치료에 매료되어 학술대회나 워크숍, 학술지 발간에 동참하고 있고, 지금도 이 곳은 꾸준히 전 세계적으로 많은 전문가들의 주목을 끌고 있다.

이야기치료는 삶과 관계성에 대해 지금까지와는 다른 가정을 가지고 시작되었다. 이 가정은 인간의 삶을 이야기로 보는 데에서 출발한다. 우리는 이야기로 나타난 의미의 세계에서 살고 있다. 사람들의 삶은 다수의 층으로 엮어진 이야기로 구성되어 있으며, 사회적인 여러 관계망 안에서 이야기는 계속 생산되고 수정된다(고미영, 2005). 우리의 삶에 일어난 모든 사건과 경험은 우리가 그 경험을 이해하기 위해 만들어내는 이야기로 표현되며 이러한 이야기는 우리의 삶 자체를 조성하는 힘을 발휘한다(White, 1995). 이 점이 바로 구성주의의 특징을 가장 잘 보여주는 것으로, 이야기를 우리 세계에 대한 반영으로서가 아니라 우리 세계를 형성하는 구성 요소로 보는 것이다.

특히 우리가 말하는 이야기는 우리가 자신과 자신의 세계에 대해 갖는 의미를 만들어낸다. 사람은 자신이 하고 있는 이야기의 세계 안에 살고 있으며, 이야기는 우리를 계속적으로 이 세계 안에서 살아가도록 중재하고 지탱해 준다. 사람들의 경험은 이야기를 통해 이해되고, 또한 의미를 갖게 되므로 어떤 사실보다는 이야기 안에 들어온 경험이 우리의 삶을 구성한다. 이야기는 우리와 세계 사이의 관계를 설정하고 규정해 가는 대표적인 중재자이다. 이야기가 없다면 우리 세계는 방향을 잃고 경험에 의미를 줄 수 없다. 왜냐하면 이야기는 한 사람이 경험에 부여하는 의미를 결정하기 때문이다 (White, 1993).

2) 이야기의 한계

그러나 사람들이 삶에서 한 모든 경험이 전부 이야기로 만들어지는 것은 아니다. 사람들은 오직 경험의 일부분만을 이야기로 만들 수 있다. 이야기 중에서 우리 안에 당연시 여겨지고 너무나 익숙한 이야기들은 지배적 이야기라는 형태로 우리 삶에 지대한 영향을 준다. 만일 어떤 사람의 지배적 이야기가 긍정적이며 건설적으로 구성되어 있다면 그 사람은 삶이 안정적이며 통합된다. 그러나 지배적 이야기가 문제로 가득한 경우에 사람들의 삶은 모순과 갈등을 겪게 되며 이야기는 수정을 요청하게 된다(White & Epston, 1990). 우리가 하는 문제 이야기는 그 외의 다른 이야기를 잠식해 버리며 개인의 삶을 제한하고 문제 안에 고정시킨다.

우리가 만든 이야기는 우리의 경험과는 모순된 것들이 많다. 이런 이야기는 매우 빈약한 이야기일 수밖에 없다. 이야기치료는 이런 빈약한 이야기를 보다 풍부한 이야기, 경험의 다른 국면들을 포함시키는 심층적 이야기로 나아가게 하는 여정이다.

3) 이야기치료 목표

이야기치료는 문제 이야기에 잠식당한 다른 이야기를 발굴하거나 문제 이야기를 대체할 수 있는 새로운 이야기를 찾고자 한다. 특히 문제 이야기는 특정한 삶의 어느 단면만을 조명하기 때문에 이를 해체시켜서 그 이야기로부터 벗어나야 한다. 문제 이야기가 해체되면 이제까지 문제 이야기의 그늘에 묻혀 있었던 다른 이야기들이 드러나거나 새로운 이야기를 시작하게 되고 사람들은 이 새로운 이야기에 따라 삶을 살게 된다. 다른 이야기들을 찾는 방식이 이야기 치료의 기술이다. 이야기치료의 목표는 새로운 대안적 이야기의 발전을 지지하고 대안적 이야기를 구성하도록 돕는 것이다.

새로운 이야기의 발굴이나 대안적 이야기들의 발전을 이야기치료에서는 재저작 과정이라 부른다. 이러한 재저작은 쉽게 이루어지지 않는다. 재저작 대화는 사람들이 반성적인 사고를 삶의 여러 영역들에 적용하도록 한다. 이런 탐구는 실재에 대한 탐구라기보다는 경험의 조경을 창조하는 것이다. 경험의 조경은 지나온 삶의 역사에서 어떤 이야기가 우리를 어디로 몰고 가는지를 탐색하는 과정이다. 여기에서 구성주의적 요소를 찾을 수 있다. 경험을 조경하는 것이 새로운 구성을 추구하는 것과 비유될 수 있기 때문이다. 이는 이야기를 다르게 함으로써 이전의 이야기의 영향으로부터 벗어나서 다른 삶을 구성할 수 있다고 보는 관점이다.

또한 이야기치료는 한 사람에게 중요한 삶의 경험과 모순되는 이야기를 벗어나서 진정으로 그 사람이 바라는 이야기를 찾을 수 있도록 안내한다. 이러한 모순된 이야기를 벗어나는 과정은 자신의 이야기의 빈약함을 인식하는 재귀적 성찰 과정, 즉 재저작 과정이다. 이러한 인식에 도달하는 데 바로 구성주의적 이론이 적용된다. 문제는 실재의 영역이 아니라 관계와 이야기 영역에서 구성되고 또 해체된다. 어떤 문제가 이야기 안에서 해체되는 순간 사람들에게는 이미 새로운 삶의 가능성이 열리게 된다. 이야기가 해체되고 새로 마련된 대화 공간에서 사람들은 자신이 원하는 삶의 이야기를 선택하고 구성할 수 있다.

2. 실천 기술

1) 외재화 대화(externalizing conversation)

이야기치료는 담화로 관계를 설정하는 데에 그 독특성과 의의가 있다. 이것은 사회구성주의에서 담화는 경험이 만들어지는 기존 입장을 구성하는 일련의 관계들을 생산한다고 주장하는 입장이다(Drewery & Winslade, 1997). 우리는 담화에서 제공받는 도구들로 우리의 경험을 이해하고 삶에 통합시키는 노력을 기울인다. 이 도구들은 단어, 의미, 이야기, 말하는 방식, 적절하다고 인정되는 대화의 주제들이다. 이러한 과제를 수행함으로써 우리는 주체성을 세우고 우리의 정체성을 건설한다(Smith & Winslade, 1997). 우리가 사용하는 단어의 의미나 문화에 통용되는 이야기에 대해 의미를 완전히 통제할 수 없는 것과 마찬가지로 우리의 정체성을 완전히 통제할 수는 없다. 이것은 이미 그 사용이 고정된 담화를 통해(예를 들면 게으름, 실패, 나태가 문제의 원인으로 간주되는 것) 우리의 인격 안으로 은밀히 스며들어온다. 우리의 인격이 이처럼 불안정하며 일시적이고 이런저런 대화를 통해 생산되고 재생산된다는 입장이 바로 사회구성주의의 입장이다. 이전에는 인격을 안정적이며 타고난 것, 혹은 자연적으로 발생한 속성으로 보았다. 그러나 이야기치료에서 인격은 우리가 사는 각자의 삶의 맥락 속에서 지속적으로 협상될 수 있는 것이다.

구성주의적 시각으로 외재화 대화를 이해할 때에만 이 기술의 의미를 알 수 있다. 이야기치료에서 외재화 대화는 문제를 내담자 밖의 실체처럼 다루는 의인화 기법이다. 여기에서 의인화는 상징적으로 문제가 언제나 변형될 수 있는 실체임을 나타낸다. 이 실체는 언어에 의해 조작되고 해체될 수 있는 가변적 성질을 가진다. 결국 외재화 대화는 언어로써 문제와 우리가 누구인지를 말하고 정의해 가는 담화의 구성적 역할을 이용하는 것이다. 외재화 대화에서 문제를 따로 떼어내어 내담자와의 관계를 설정한다는 발상은 문제는 (사회적으로 혹은 여러 요인의 작용으로) 구성된 것이라는 점을 밝히기 위함이다. 문제는 어느새 삶을 조작해 가는 힘을 가지고 문제를 겪는 사람의 인격을 구성하게 된다. 문제와 사람의 인격이 동일시되기 때문이다. 이야기치료에서는 문제가 은밀히 사람에게 침투해 들어와 문제를 겪는 사람의 일부가 되었다고 말한다. 이것은 문제의 사회적 구성이 어떻게 한 사람의 인격까지 구성하는지를 단적으로 보여주는 구성주의 시각에 의한 사고이다.

내담자가 일단 문제의 책략을 간파하고 무엇이 현재 자신에게 영향을 주는지 알게 되면 더 이상 문제로 하여금 자신의 삶을 마음대로 조작하도록 내버려 두지 않으려 한다. 이것은 내담자가 문제와의 관계를 다시 설정하는 것이다. 일단 문제와의 관계를 수정하고자 하는 의지를 갖는다면 그는 문제와의 협상을 시작하고 문제로부터 벗어날 수 있다. 문제는 결국 담화를 통해서 협상될 수 있는 것으로 다루어진다. 실체가 폭로된 문제는 구성력을 잃게 되며 주도권은 내담자에게 넘어간다. 이것이 바로 문제를 벗어나는 길이고 새로운 이야기의 출발이다.

어떤 문제든지 이 문제의 통치는 사회에서 통념적으로 실행되어 오는 지배적인 관습으로 인해 가능한 것이다. 이러한 관습이나 습관은 그것이 밀착되어 있는 언어를 통해 은밀히 구성되고 전파된 것이다. 이런 관습과 습관은 사람들의 정체성 안에도 들어와 있다. 그러나 사람들은 이것을 직접 통찰하지 못한다. 문제가 자신의 정체성을 장악하고 있다는 것을 깨닫기 위해서는 문제와 먼저 떨어진 후에 (문제와의 관계를 다시 설정하면서) 그 문제가 자신에게 행한 모든 부당한 구속과 제한을 인식할 수 있을 때에야 가능하다. 이를 문제와의 관계에 대한 재귀적 성찰이라고도 표현한다. 이러한 문제에 대한 해체와 관계의 재설정은 새로운 이야기를 탄생시키는 지름길이다.

2) 재저작 대화

이야기치료는 사회구성주의적 입장을 반영하여 지식과 세계의 사회적 구성을 적극적으로 구사한다. “지식은 사회적 합의를 거쳐 형성된 사회적 담론으로 만들어진다"고 보기 때문이다(Smith & Nylund, 1997: 5). 또한 개인의 정체성이나 문제의 발생도 역시 사회적 담론을 통한 구성으로 받아들인다. 위에서 서술한 외재화 대화는 바로 언어와 관습을 통해 한 사람의 정체성이 사회적으로 구성되고 또 협상되는 것을 폭로시키는 데 유용한 기술이다. 기본적으로 인간의 사고와 그 사고가 만들어낸 세계는 고정된 객관적인 실재가 아니다. 지금까지 우리는 이것을 고정된 실재로 다루어 왔기 때문에 문제에 봉착하면 문제의 교정을 시도해 왔다. 문제의 교정에 대한 시도가 실패하면 내담자에게 책임을 돌리거나 막다른 골목에 다다르게 된다. 이와 반대로 모든 세계와 그 안에 있는 삶의 사건들을 사회적으로 구성된 유연한 현상으로 보고, 이야기를 바꾸어 줌으로써 이러한 현상들의 성격이 변할 수 있다고 보는 것은 대안적 실천이 될 수 있다(Cowley & Springen, 1995).

재저작 과정은 지식과 기술이 공동으로 생성되는 과정이다. 특히 방향을 잃었던 사람들이 지배적 이야기로부터 벗어나 있는 독특한 사건이나 경험들을 발견하여 이야기하도록 하는 것이 재저작 과정의 시작이다. 문제이야기와 다른 예외적 경우이거나 문제 이야기에 모순이 되는 경험들은 새로운 대안적 이야기의 재료들이다. 사람들이 상상력과 의미 제조의 원천을 동원하여 기존 이야기에서 빠져 있거나 묻혀 있는 이야기들을 만들 때 이 대안적 이야기는 사람들의 과거에 더 깊이 뿌리내리고, 틈이 메워지며 대안적 이야기로 이름지어질 수 있다. 재저작의 과정은 홀로 이루는 것이 아니라 치료자와의 공동 작업으로 이루어진다. 사람들의 개인적인 실재는 한편으로 사회적 성격을 띠며, 다른 사람들과의 상호작용을 통하여 이루어진다. 개인적인 실재는 사회적으로 구성된 실재와 상호 교류하는 가운데 발달된다(Parry & Doan, 1994). 재저작 과정에서 개인적인 실재는 상호 유익을 도모하는 사회적 구성을 받아들여 보다 풍부하고 유연한 이야기로 표현될 것이다.

3. 사례에 대한 고찰

이 사례는 '술의 통치를 벗어난 젊은 청년과의 상담'(Consultations with young men migrating from alcohol's regime)이라는 제목으로 L. Smith와 J. Winslade가 정리하여 발표한 사례이다(1997: 16-34). 이 사례를 통해 구성주의적 시각이 이야기치료에 어떻게 적용되고 있는지를 살펴보고자 한다. 사례를 요약하고 비평한 부분 외에 원문을 발췌한 경우는 이를 이탤릭체로 표시하여 저자의 저술임을 알리고자 한다. 네모상자 안에는 저자가 사용한 이야기치료의 기술을 독자들의 이해를 위해 서술하였다.

1) 문제의 구성

이 사례는 술 남용을 다룬 하나의 사례이지만, 술 이외의 다른 문제에도 비슷하게 적용할 수 있다. 먼저 문제에 대한 기존의 치료방식과 이야기치료의 방식을 대비시켜 보는 것은 구성주의에 대한 이해를 준다. 모든 문제와 마찬가지로 술 문제는 남용자, 가족, 전문가들이 익히 알고 있는 익숙하고 오래된 문화적 인습과 언어의 습관을 배경으로 한다. 문제는 홀로 존재하는 것이 아니라 사회적·문화적 관습 안에 스며들어가 있는 것이다.

이야기치료는 바로 문제에 관한 기존 지식이나 경험이 어떻게 문제를 특정한 사고와 반응 양식에 고정시키는지를 밝히고자 한다. 즉, 술 남용에 관한 부정적 반응과 인식은 그 문제를 지닌 사람의 인격을 부정적으로 인식시킨다. 어떠한 문화적 경로를 통해 술 남용자를 부정적인 인격자로 몰고 가는지를 내담자에게 깨닫게 하는 것이 매우 중요하다.

2) 비유의 사용

이야기치료는 문제를 곧잘 비유로 표현한다. 제목에 나타난 두 가지 비유는 '*이주하다*'(*migrating*)라는 단어나 '*통치*' 혹은 '*정권*'(*regime*)이라는 단어이다. 이것은 술의 억압적인 실제 권력 행사를 통치, 정권으로 표현한 것이다. 또한 '이주'는 술의 통치를 벗어나 그 영향력으로부터 떠남을 비유하고 있다. 술, 남용, 중독이라는 용어들은 결코 중립적인 용어가 아니다. 이 단어들은 오랫동안 우리 문화 안에 행해져 온 관습들이 술에 대해 가지고 있는 함의를 내포하고 있다. 특히 이 단어들은 거부반응을 일으키는 이미지들과 결부되어 있다. 술이라는 용어에 각인되어 있는 부정적인 이미지가 어떻게 술을 마시는 사람의 인격 안으로 스며드는지가 이야기치료 과정에서 드러나게 될 것이다.

또한 이야기치료에서 비유는 상황을 '진리'의 담론에서 벗어나게 하려는 목적으로 사용된다. 이야기치료는 상황을 당사자가 체험하는 대로 생생하게 표현하려고 노력한다. 이런 표현은 전문가들이 잘 쓰는 객관적 용어들과는 정반대의 용어들이다. 내부 경험자의 진솔한 표현으로 문제나 해결을 위한 아이디어를 정의하고 표현하고자 한다. 비유는 내담자에게 의미 있는 쉬운 단어를 사용하여 그 단어가 가지는 함축적 의미를 드러내도록 한다. 구성주의 시각으로는 비유 사용이 내담자의 현실을 대변하는 유용한 것이라고 볼 수 있다.

이 사례를 진행한 치료자들은 비유가 자유롭게 토론할 일시적인 공간을 제공하는 장점이 있다고 밝혔다(ibid., 31). '이주'라는 비유는 술과 유전적인 혹은 생물학적인 요소들을 연관시키는 고정관념을 깨는 데 공헌한다. 토론의 공간에서는 술이 가진 다양한 문화적 측면, 즉 성별, 지위, 직업 등과 연관된 문화적 덫이 어떻게 술에 대한 관행과 맞물려 있는지를 토론하도록 한다.

이야기치료는 문제를 만들고 지지해 오는 사회적 관습에 대한 재귀적 성찰을 강조한다. 여기에서 재귀적 성찰이란 현재 전문가들이 어떤 언어로 문제에 대해 소통하고 그 문제를 다루고 있는지를 반성하는 것이다. 일반적으로 술은 한 개인의 문제 즉 무능, 실패, 부족, 혹은 결핍 등 개인적인 문제로 이해된다. 이러한 이해는 개인을 고립시키고 문제(술)가 그의 인격을 대변하게 내버려둔다. 그러나 술은 개인뿐만 아니라 사회적 관습, 문화의 지정된 양식을 기반으로 사람들에게 영향을 끼쳐왔다. 이야기치료는 이렇게 사회적으로 구성되는 문제의 형성 과정과 유통에 주목하여 이를 폭로한다. 술에 대한 사회적 관습은 언어의 사용과 맞물려 계속 고정되고 확산된다.

술로 인해 어려움에 봉착한 사람들은 결핍의 용어로 표현된다. 이러한 표현은 술 남용자들의 삶을 실패로 규정하고 그 안에 가두는 것이다. 즉, 이들은 교정이 필요한 상태에 놓인다. 따라서 전문가들은 남용자에 대해 우세한 위치에 자리하여 남용자와 거리를 두게 된다. 내담자의 경험은 객관화되며 전문적 판단과 처우에 놓인다. 두 대화자의 관계는 이미 이러한 용어 안에서 고정되어서 그들 사이에 위계는 분명해진다. 그 결과 내담자들의 개인적 경험은 말소되거나 하찮은 것으로 전락되어 버린다.

'이주'라는 비유에 나타난 또 다른 함의는 새로운 영역으로 옮겨 간다는 공간적 이동이다. 이러한 공간의 이동은 술과의 관계의 변화를 의미한다. 술은 은밀하게 한 사람의 삶과 그의 주변 사람들의 삶을 지배하고 있다. 그러나 술이 지배하는 영역과 지배력이 폭로되면 술은 지금까지 행사해 온 지배력을 잃게 된다. 비유는 술이 통치해 온 내담자들의 삶의 영역과 지배력을 보다 넓은 시야에서 바라볼 수 있는 발판을 마련해 준다. 이주의 비유는 남편의 폭력으로부터 벗어난 여성들의 삶에도 적용되었는데 이때 이주는 "여성들이 정체성을 되찾아 가는 과정"을 의미하였다(White, 1995: 99).

이주라는 비유를 사용함으로써 그 비유에 관련되어 있는 유용한 개념들을 함께 사용할 수 있다. 예를 들면 이주 여행의 지도를 그린다든지, 이주 과정에서 만나게 될 난관을 생각해 볼 수 있다. 또한 이런 난관에 부딪히거나 혼란에 빠지게 될 때 그 과정을 순조로이 밟도록 돕는 이정표를 찾을 수 있다. 이야기치료는 이를 재저작 과정 속에 담아 이주과정이 덜 위협적으로 진행되도록 돕는다. 또한 새로운 이야기가 나타날 수 있도록 이주의 과정을 자세히 탐색한다.

또 다른 비유인 술의 '통치', '지배'는 술이 어떤 사회적 맥락 안에서 사람들의 삶의 양식으로 자리 잡게 되는지를 말해 준다. 술은 사회적 상호작용을 통해 한 개인을 제물로 삼는다. 술은 친교라는 영역 안에서 활동하며 사람들이 서로 통용하는 관습 안에서 술 남용자의 정체성을 결정하도록 관여한다. 이런 술의 힘을 알리기 위해 '통치'라는 용어를 빌렸다. 이주는 술과 밀착되어 온 사회적 관행으로부터 벗어나 술과의 새로운 관계를 맺는 색다른 문화 영역으로 사람들을 옮겨주는 것이다.

비유의 사용은 현실 구성을 달리하는 방법이다. 술이 신체나 정신의 결함이 아니라 사회적인 구성의 방식으로 이해될 수 있음이 비유로 표현되는 것이다. 따라서 비유는 술의 영향을 벗어날 다양한 방식까지 암시하기도 한다.

결론적으로 이야기치료는 술의 문제를 실제 행위의 문제가 아니라 관계의 문제로 전환시켜 다룬다. 술 문제를 해결하는 것은 술과의 관계를 바꾸는 것이다. 관계를 바꾸기 위해서는 한 개인의 삶 속에 깊숙이 묻혀 있는 당연시되는 가정, 신념, 혹은 사회적 관습의 실천을 먼저 인식하고 이것에 도전해야 한다. 이러한 방식은 개인의 행위가 아니라 인식을 바꾸는 것으로 구성주의적 시각을 드러내는 것이다. 술이 오랜 세월 동안 사람들의 문화적 실천과 결부되어 실행해 온 숨겨진 전략들을 찾아내는 것이다. 이는 술이 한 사람의 삶의 양식이나 인격으로 자리 잡게 된 과정을 파헤치는 것이다. 물론 이런 관습은 너무나 오랫동안 지속되어 왔으며 매우 은밀하게 작용하기 때문에 쉽게 드러나지 않는다. 그러나 대화를 통해 사회적 규범과 관습 혹은 오랜 문화적 실천 안에 박혀서 문제를 일으켜 온 개인적 삶의 상세한 부분들을 반성적으로 살펴볼 때 은밀한 술의 횡포가 폭로될 수 있다. 이 폭로의 과정을 다음의 사례에서 살펴본다.

3) 사 례

사례의 주인공 P씨는 23세의 청년으로 음주 문제로 상담을 받았다. 이 사례에서는 '*술의 영역*'*(the domain of alcohol)*에서 겪은 내담자의 경험을 몇 가지 주제들로 나누어 다루고 있다. 내담자가 '술의 영역'을 벗어나는 과정에서 나눈 중요한 대화와 이야기치료 기술을 중심으로 서술하고자 한다.

(1) P의 이야기

'*술의 영역*'이란 술이 P를 지배하고 그의 삶의 한 양식으로 자리잡은 것을 표현한다. 치료자는 *술의 영역*을 자세히 탐구하여 술이 P에게 미치는 영향력을 폭로한다.

치료자: *술의 영역에서 치른 대가가 무엇인지 더 상세히 말해 주시겠습니까?*

P의 대답(요약): '술의 영역'에서 P는 음주운전, 무면허 운전 등 여러 차례 범법행위를 저지르고 감옥에 간 경험을 했다. 술은 돈이나 직장, 자동차, 친구들을 잃게 했고, P가 자신을 쓸모없는 사람으로 느끼도록 했다.

(진행: 치료자와 P는 그의 삶에 나타난 술의 영향을 계속 추적해 나갔다. 사회구성주의는 상담 면접을 어떤 담론의 생산과 재생산의 주요한 장으로 간주한다. 사람들이 상담자를 찾는 이유는 그들에게 문제를 던지는 삶의 국면들에 대해 반성적 성찰을 하기 위한 것이다. 이러한 반성적 성찰은 새로운 형태의 담론 혹은 이야기를 시작하도록 해 준다. 이러한 이야기는 다음에 나타난 대화에서 볼 수 있다.)

· 문제에 대해 자세히 알기

치료자: *'술의 영역'에서 한 긍정적인 경험은 무엇입니까?*

P: *'나는 언제나 파티를 즐겼지요, 아무것도 염려하지 않고 모든 걸 쉽게 생각하고 살아가는 거죠.'*

P: *'술은 내가 생존할 수 있게 도와줘요. 당분간 나는 고무되어 걱정 없이 지낼 수 있고… 일종의 생존 방식으로 사람들이 내가 진짜 우울한지 알아보지 못하게 하지요.'*

치료자: *'술의 영역'에서 한 부정적 경험은 무엇입니까?*

P: *'단지 잠깐 동안만이지요. 술을 마시는 동안만… 얼마간은 두통거리를 잊게 해 주지요. 그러나 문제는 그대로 남아 있어요. 술이 그것까지 없애버리지는 못하니까… 잠시 카펫 밑에 숨겨두는 거랄까.'*

(해설: 첫 번째 서술은 술의 영역에 사로잡힌 사람들이 익숙하게 하는 이야기이다. 그러나 두 번째 서술은 치료자의 질문으로 술의 영역에서 한 부정적 경험에 대해 P가 이전에는 해 보지 않았던 이야기를 하기 시작한다. 여기에서 새로운 담론이 시작되었다.)

· 독특한 결과 찾기

치료자: *'술의 영역'에 도전했던 경험은 무엇이 있었습니까?*

(해설: 이 질문은 '독특한 결과'를 찾기 위한 것이다. 패트릭은 술이 그에게 자살 충동을 느끼게 했다는 것을 깨닫고 술을 멀리하려는 시도를 한 적이 있다. 그에 대한 증언은 다음과 같다.)

P: *'한번 바꿔보려고 … 터널 끝에 있는 빛을 따라가려고.'*

(결론: P가 술의 영역에서 한 경험을 듣고 치료자는 술이 P를 완

전히 장악하지는 못하였다고 받아들였다. 이 점은 새로운 담론을 구성하는 요소이다. 술이 P의 다른 삶—즉 술을 떠난 삶—의 가능성을 완전히 차단하지 못했다는 신념을 가지게 되었기 때문이다. 일반적으로 '밑바닥을' 경험한 것으로 해석하기 쉬운 이 부분에서 치료자는 P의 서술을 새로운 가능성을 여는 방향으로 이끌고 갔다. 이후로는 술이 가한 압박과 괴롭힘에 대한 더 자세한 정보를 수집하여 P가 술의 영역으로부터 이주할 수 있도록 할 것이다.)

독특한 결과의 발견

독특한 결과는 문제와 예외되는 사건이나 경험을 찾아 서술하는 기술이다. 독특한 결과를 찾아내기 위해 치료자는 다양한 질문을 던질 수 있다.

· 독특한 결과의 의미 만들기 작업—재저작 대화

'술의 영역'에 대해 알게 될수록 P는 술로 살아가는 삶을 벗어나는 것이 희생이 아니라 진정한 삶과 미래를 되찾는 것임을 깨닫기 시작했다. P는 '술의 영역'에 대해 전문성을 인정받았다. 자신이 직접 경험함으로써 누구보다 더 '술의 영역'에 대해 잘 알 수 있게 되었기 때문이다. 그는 '술의 영역'이 생명을 파괴하며 좋지 못한 삶이라는 평가를 내렸다. 술이 교묘하게 그러나 매우 효과적으로 P와 그를 아는 사람들의 경험을 위장해 왔던 것이 드러나면서 술의 정체가 점점 폭로되기 시작했다. 술의 영역의 정체를 알수록 P는 점점 더 술과의 관계를 멀리할 수 있다.

(2) 이야기치료 기술

P의 이주 과정 중에 다룬 몇 가지 중요한 주제와 사용된 이야기치료 기술은 다음과 같다. 이 주제들은 문제가 구성한 삶의 양식과 정체성에 대한 해체의 과정에서 나온 것들이다. 이것은 이야기된 순서와는 관련이 없다.

주제: 사회적 관계에 미친 술의 영향에 대한 해체
이야기치료 기술: 조망하기

이 주제는 술이 성별 차이를 통해 작용하고 있음을 다룬 것이다. 흔히 술은 남성들의 세계에서 사회적 인정과 수용의 통로로 사용되어 왔다. '남지다움'의 이미지를 만들기 위해, 혹은 남자들 사이의 동료애를 다지는 데 술이 이용된다. 술이 여성보다 남성에게 더 큰 힘을 미쳐 온 것은 사회적 관습이다. 이 주제는 이러한 사회적 관습을 해체하기 위해 사용되었다.

이주 여행을 위해 P는 술이 어떻게 사회적 관습과 밀착되어 있는지를 볼 수 있어야 했다. 이는 보다 넓은 영역을 살펴볼 수 있는 전망대 위에 서는 것과 같다. 그 전망대에 서면 술이 지배해 온 영역을 한눈에 볼 수 있다. 이 전망대 위에 서서 P는 지나온 역사를 더듬어 보고 새로운 선택의 여지를 발견할 수 있다. 그는 술로 사는 삶의 양식이 어떻게 조성되었고 이를 지탱하는 사회적 관습이(남성적 문화와 관련된 점) 무엇인지에 대해 알게 되었다. 결과적으로 P는 술의 영역에 대한 평가를 내리고 그 실체를 벗길 수 있다.

이런 폭로는 술이 자신의 삶에 미치는 영향을 널리 볼 수 있는 공간을 열어준다. 이것은 단지 술의 영향을 평가하는 것과 다른 차원이다. 특히 이것을 발판으로 사람들은 술에 굴복해 온 지배적인 이야기에 대항할 수 있는 힘을 얻게 된다.

> **조망하기**
>
> 조망하기는 단순히 상황을 서술한 것이 아니라 P가 전망대 위에 올라설 수 있도록 돕는 기술이다. 전망대 위에 선다는 의미는 P가 과거의 경험을 성찰적으로 조망하여 그 경험의 의미를 알게 되는 것이다. P가 전망대 위에서 서는 순간이 이주를 위한 중요한 발걸음이다. 이런 성찰이 충분히 이루어지면 더 이상 술의 지배적 이야기가 설 자리는 없어진다.
>
> (질문의 예: "술은 다른 남성들에게 당신을 어떠한 존재로 각인시키려 하나요?")

주제: 정체성에 대한 해체

이야기치료 기술: 외재화 대화

술은 사람의 인격을 특정 방향으로 결정해 버린다. 술이 한 사람의 인격으로 정착되어 가는 통로는 사회적 담론이다. 술에 관해 우리가 쓰는 용어나 관습은 술에 대한 생각을 고착시킨다. 술은 P를 유쾌하고 걱정 없는 쾌활한 성격의 소유자인 것처럼 가장하는 한편 P의 불안을 숨기도록 조정하였다.

P는 술이 만든 그의 정체성을 해체시킴으로써 그가 자신과 사람들을 속였음을 깨닫게 되었다. 이 깨달음은 P의 이주 여행에서 전

환점이 되었다. P는 술로 은밀히 숨겨왔던 자신의 참모습(불안과 무질서)을 인정하면서 그에게는 술을 멀리할 가능성이 열렸다. 이런 전환은 P가 술이 어떻게 자신을 속여 왔는지 알게 되면서 시작된다. P는 술과의 관계를 다시 정의하는 과정을 밟기 시작한다. 치료자는 P로 하여금 자기 서술에서 술이 하는 역할을 탐구하도록 하는 데 외재화 대화를 사용한다.

외재화 대화

외재화는 문제를 외부적 실체로 보는 서술 방식이다. 문제는 그 자신의 은밀한 의도나 전략을 가지고 활동한다. 이 사례에서 술은 P의 인격을 자신이 원하는 방식으로 조정하고 고착시키는 활동을 하는 주제로 간수된다. 이런 외재화 대화는 술이 어떤 과정을 통해 P의 인격을 대변하게 되었는지를 조사할 수 있는 공간을 마련해 준다.

이때 주의할 점은 모든 문제를 술의 탓으로 돌리고 자기 책임을 회피하려는 태도이다. 이런 때에는 술이 모든 책임을 떠맡지 않도록 해야 한다. 술의 역할은 그의 눈을 가려 그로 하여금 책임 있는 행위를 못하도록 한 것뿐이므로 P 역시 술에 동조한 행위의 책임은 있다. 술은 P의 무책임한 행위의 공범이며, 그의 인격을 일정한 방향으로 고정시킨 주범이다.

(질문의 예: “술은 당신을 어떻게 속여 왔나요?”)

· **외재화 대화의 의의**

술의 영역을 벗어나는 것은 술이 내담자의 정체성에 영향을 주는 외부적 실체로 표현되고 내담자와 술의 관계에 변화가 일어나는 것으로 서술되었다. 내담자는 술을 자신과 맞서는 적으로 깨닫게 되면서 술의 은밀한 책략을 알게 된다. 이런 외재화 대화는 우리 자신의 정체성을 조성하는 데 담론이 하는 역할을 보다 또렷이 드러내주는 데 의의가 있다.

내담자는 술이 자신의 인격의 일부를 구성해 왔고 그가 살아온 삶을 어느 특정 방향으로 고정시켜 왔음을 알게 된다. 외재화 대화는 문제와 거리를 두고 문제를 볼 수 있는 눈을 허락한다. 대부분 문화에 깊숙이 내재된 가치관, 관습 등은 쉽게 드러나지 않는다. 내담자들이 술에 저항하는 것은 바로 술과 관련된 사회적 관습에 저항한다는 의미를 띤다. 이것은 깊숙이 숨어 있는 가정을 깨닫는 것으로부터 시작된다.

주제: 술의 자리에 대한 재협상
이야기치료 기술: 독특한 결과 찾기

이 주제는 내담자의 삶에 술이 차지하는 비중을 가늠하기 위해 사용하였다. 비유적으로 이것을 '*술의 자리*'로 표현하고 그 자리를 새롭게 조정하려 한다.

P는 처음에 형의 음주운전이 문제이지 술은 문제가 아니라고 주장했다. 이런 서술은 내담자의 부정(denial)으로 간주될 수 있다. 이야기치료에서는 이것을 '독특한 결과'로 본다. P가 적어도 운전에서는 술이 도움이 안 된다는 메시지를 갖고 있기 때문이다. 치료자는 내담자의 삶을 '독특한 결과'를 찾는 배경으로 사용해야 한다.

이런 사소한 발언도 인식하기에 따라 독특한 결과를 제공한다. 청자나 화자가 시각을 달리하면 동일한 사건도 새로운 의미를 갖게 되며, 점점 그 의미를 확장시켜 가면서 새로운 이야기를 시작할 수 있다. P와의 대화는 점점 더 '*술로 사는 삶의 양식*'의 전반으로 그 반경이 넓혀졌다. 이런 대화의 진행은 P로 하여금 술을 더 경계하는 경험을 하게 한다.

> P: (술은) '*내가 원하는 방향과는 정반대로 나를 데려가는*' … '*술을 멀리하면 할수록 나는 자신에 대해 더 좋게 생각돼요*'

독특한 결과

독특한 결과(unique outcome)는 획일적인 문제의 이야기에서 벗어난 사건을 말한다. 이런 사건은 문제에 파묻혀 잘 드러나지 않거나 대부분 의미 없이 사장된다. 그러나 문제가 내담자의 삶을 완전히 장악할 수 없음을 가정하면서 아주 적은 사건이라도 문제 이야기와는 다른 예외적인 사건을 발견하면 이를 독특한 결과라 볼 수 있다. 처음 발견된 독특한 결과는 큰 비중을 갖지 못한다. 대화를 통해 점점 더 중요성과 의미가 만들어지기까지는 많은 노력이 필요하다.

(질문의 예: "술이 아무리 노력해도 차지할 수 없었던 당신의 영역은 어떤 것이 있었지요?" "형의 음주운전이 술의 영역의 어떤 면을 드러나게 해 주었나요?")

· 독특한 결과 찾기의 의의

일단 *술이 문제가 아니라는* P의 비현실적인 발언에 주목하는 것은 앞으로 상당히 많은 에너지를 빼앗아 갈 덫이 될 수 있다. 왜냐하면 이 발언이 '술이 문제가 있다'로 바뀔 때까지 계속 내담자의 저항과 싸워야 하기 때문이고 누군가가 이 싸움에 승복해야 하기 때문이다.

이야기적 기법은 정면돌파보다는 옆길로 돌아가는 방식을 택한다.

획일적인 문제이야기를 벗어나서 대안적 이야기를 찾기 위해서는 아주 적은 이야기의 불안정한 순간을 포착하여 이야기를 시작해야 한다. 불안정한 현실은 조금만 비틀어도 새로운 기회를 열어준다. 이것이 독특한 결과를 찾는 방식이다. 우리는 매우 작고 세세한 항목에서 이야기의 힌트를 얻어낼 수 있다. 일단 얻은 힌트는 대화를 통해 그 비중과 의미를 확장시켜가게 된다.

주제: 자신 및 타인과의 관계에 대한 재협상
이야기치료 기술: 재저작 대화

사회구성주의적 사고에서 볼 때 사람들은 사회적 관습을 만들고 또 그 관습의 지배를 받으며 살고 있다. 관습은 사람들의 삶을 일정한 양식으로 고정시키고 정체성에 대해 이런저런 것들을 제안한다. 술이 사람들에게 환영받는 이유는 삶에서 부딪히는 고통을 덮어주고 피하게 해 주는 방식이라는 사회적 관습에서 나오는 것이다. 술은 이러한 사회적 관습을 이용하여 사람들의 삶을 지배하게 되었다. 이것이 부당한 지배임을 알게 될 때, 사람들은 술의 지배로부터 벗어나 새로운 관점으로 술을 볼 수 있게 된다.

P가 젖어 있었던 사회적 관습은 우울한 모습을 보이는 것은 나약한 것이라는 담론이다. P는 이러한 관습을 따르기 위해 술을 마시는 것이 마땅하다고 여겨왔다.

P: *'나는 너무 약하고, 그렇게 느끼지 말았어야 했는데… 더 강하게 무난히 해결하고 나갔어야 하는데…'*

이와 같이 약함을 보여서는 안 된다는 생각은 사회적 관습이 만들어낸 남성성에 대한 이상으로부터 나오는 것이다. 이런 지배적 담론은 술의 영역을 넓히는 데 공헌하고 있다. 남자다움에 대한 고정된 관습은 P에게 선택의 여지를 남겨주지 않았다. 사회적 관습은 P가 자신을 바라보는 관점과 자신이 누구인지 정의하는 데에 결정적 영향을 준다.

이야기치료는 술을 지지하는 지배적 문화에서 만들어내는 특정한 삶의 양식에 도전한다. 술을 줄이게 되자 P는 새롭고 낯선 환경에 처하게 된다. 이전에는 숨겨왔던 감정들을 느끼게 되고 자신감을 잃게 되었다. 강한 감정들을 경험하는 것은 P에게 혼란을 가져왔다.

P: '*힘이 빠지고, 혼란스러우며, 견디기 어려워요. 다시 시작하는 것 같고. 술은 내가 이런 감정을 느끼지 않도록 해 주었지요. 예전에는 화도 나지 않았거든요. 술만 마시면 되니까… 상처나 무엇이든지 술로 넘겨버리면 되니까…*'

그러나 P는 이런 전환의 긍정적인 면들을 점점 더 명확히 깨닫기 시작했다.

P: '*술을 덜 마실수록 자유롭게 느껴져요. 내 마음을 자유롭게 알 수도 있고… 진짜 알지 못했던 내가 누구인지를 찾기 시작해요.*'

술의 영향이 줄어들수록 P는 자신이 누구인지를 더 또렷이 알기 시작했다. 이와 같이 P가 자신의 감정을 되찾기 시작하고, 문제를 명확히 보기 시작하면서 자신과의 관계에 대한 변화를 시작하였다. 이 변화는 재저작이 시작되고 있음을 알려준다. 이주의 과정에서 방향의 혼란을 겪을 수도 있다. 그러나 일단 재저작 대화가 진행되어 갈수록 새로 발견된 정체성은 점점 더 견고해져 갈 수 있다.

재저작 대화

사람들이 문제와의 관계를 깨닫기 시작하면 재저작 대화의 가능성이 열린다. 여기서 문제는 외재화되어 P의 삶을 일정 방식으로 몰고 가는 지배자로 군림한다. 이 지배에서 P가 자신에 대해 느끼는 감정도 예외가 아니다. P는 자신을 문제와 사회가 만들어준 시각으로 보아왔다.

그러나 문제와의 관계를 깨닫게 되면서 점점 더 자신의 입장에서 자신을 보기 시작하며 이러한 것은 재저작 과정의 일부가 된다.

(질문의 예: "술의 지배를 벗어난 후에 당신은 어떻게 당신을 바라보게 되었습니까?")

· 재저작 대화의 의의

독특한 결과에 대해 더 탐색하고 그 내력을 찾다 보면 사람들의 삶에 대한 새로운 이야기들이 나타난다. 상담자는 사람들이 이전과 방향이 다른 새로운 이야기를 시작하면 그 이야기의 근거나 의미를 굳혀나가는 작업을 한다. 이런 작업으로 인해 대안적 이야기는 새로운 구성과 줄거리를 갖춘 탄탄한 이야기로 발전해 간다. 보통 이 대안적 이야기는 반-문제적 관점으로 한 개인의 기술, 능력, 자신감, 헌신을 이끌어낸다.

재저작 대화가 진행되면서 P는 술이 다른 사람과의 관계에서 지배해 온 영향력을 깨닫게 된다. 그는 술로 인한 무책임한 행동으로 여자 친구나 어머니, 누이들과의 관계를 망쳤다. 다른 사람과의 관계의 회복은 P의 이주 여행에서 중요한 부분을 차지한다. 자신에 대한 정체성의 변화와 함께 주변 사람들과의 관계 역시 변하기 시작했다. P는 술이 끌어내린 자존감을 회복하기 시작했고 사람들과의 관계도 차차 회복되었다.

· 재저작 대화의 확장

사람들이 자신의 정체성에 대해 새롭게 입장을 정리하기 시작하면 이와 맞물려 다른 사람들과의 관계도 회복된다. 지금까지 해 온 문제의 훼방을 떨치기 시작하면서 자연스러운 관계 변화를 겪게 되는 것이다. 재저작 과정은 작고 상세한 항목으로부터 시작되어 점점 더 넓은 삶의 영역으로 확장되어 나아간다.

(3) 결론

사실 이야기치료는 구성주의적 관점에서 성립된 실천 모델이기 때문에 하나의 사례로 이 관점을 모두 설명하기에는 부족하다. 그러나 이야기치료는 기본적으로 문제는 구성되는 것이며 동시에 해체될 수 있음을 가정하는 구성주의 양식의 사고를 명확히 보여준다. 이 기본적인 전제는 어떤 문제이든지 동일하게 적용된다. 또한 한 문제를 구성하는 사회적 관습, 문화의 실천 및 언어적 수행이 무엇인지를 명확히 해 준다. 따라서 문제를 문제로 다루고 사람을 문제로 다루지 않는 방식이 채택된다. 이는 비유의 사용 속에서 혹은 대화의 주제로서, 또는 외재화 기법과 같은 기법에서 실제로 수행되고 있다.

이야기치료에서 기억해야 할 한 가지 명제는 우리의 삶은 이야기로 구성되고 이 이야기는 끊임없이 수정되고 있다는 점이다. 지나온 이야기의 조망을 통해 사람들은 자신의 과거에 새롭게 접속할 수 있고 새로운 해석을 함으로써 새로운 이야기를 찾을 수 있다. 이 조망에서 내담자와 함께 상담자가 얼마나 친밀하고 개인적인 지식을 쌓아나갈 수 있느냐가 이야기치료의 성공을 좌우하는 갈림길이 될 것이다.

주요 용어

외재화, 재저작, 독특한 결과, 비유, 조망

주요 개념

외재화 대화, 재저작 대화, 조망하기

생각해 볼 점

1. 문제는 실재가 아니라 관계와 이야기 영역에서 구성되고 또 해체된다는 이야기치료의 가정을 어떻게 이해하는가?
2. 새로운 이야기를 찾는 방식에는 어떤 것이 있는가?
3. 비유는 치료에서 어떠한 역할을 하는가?
4. 사람들의 정체성은 이야기를 통해 어떻게 바뀔 수 있는가?

제 7 장

해결중심 모델과 구성주의

1. 해결중심 모델 개관
2. 실천 기술
3. 사례에 대한 고찰

제 7 장 해결중심 모델과 구성주의

해결중심 모델은 Steve de Shazer와 In-Soo Berg의 주도 하에 Milwaukee 단기가족치료 센터를 중심으로 1980년대에 시작된 치료 모델이다. de Shazer는 연구자로 수 년 간 일하면서 주로 Milton Erickson과 John Weakland, MRI 집단의 치료 작업으로부터 많은 영향을 받았나. 이 모델의 특징은 특별한 이론을 갖지 않는 것이다. de Shazer는 관찰과 실험을 통해 무엇이 실제로 좋아졌는지를 밝히는 것이 가장 유익했다는 것을 알게 되었고 이에 주목하도록 하였다.

de Shazer(1982)는 치료 절차를 획기적으로 간소화하고 내담자의 자원이나 성공적 변화에만 집중하는 상담 양식을 택하였는데 이는 구성주의적 관점과 일맥상통한다. 해결이라고 불리우는 상태는 내담자의 견해나 행동이 바뀌면서 문제가 저절로 사라지는 것을 의미한다. 문제에 집중하면 오히려 문제를 악화시키고 해결에 집중하면 해결이 구성된다는 원리를 치료에서 적용한 것이다. 이 원리에 따라 여러 복잡한 심리학적 혹은 사회학적 지식으로 무장된 사람은 내담자가 실제로 하는 말을 놓치기 쉽고 어떤 이론보다는 내담자의 말을 경청하는 것이 더 빠른 해결을 불러온다고 보았다(Parton & O'Byrne, 2000).

1. 해결중심 모델 개관

해결중심 모델에서 가장 중요한 요소는 대화가 미래와 해결을 구축한다는 구성주의적 사고이다. 해결중심 모델에 따르면 문제는 이미 만들어져 있는 것이므로 문제에 대해 더 이상 지루한 대화를 할 필요가 없다. 문제에 대해 말하는 동안 그 문제는 더욱 심각해지거나 커지게 된다. 이런 사고는 대화가 실재를 구성한다는 구성주의의 영향을 반영한다. 따라서 상담자와 내담자는 오직 해결에 주목하고 장애나 문제는 가능한 한 다루지 않는다. 해결의 원리는 내담자의 강점이나 자원을 상담의 중심으로 불러들여 이용하는 것이다.

1) 변화를 향한 질문

해결중심 모델은 문제로부터 자유로운 경험에 대해 대화를 끌어내는 데에 관심을 둔다. 실패를 고치려 하기보다는 성공한 경험을 확대하는 것이 더 수월하다. 따라서 문제가 좀 덜했던 경우나 문제가 사라진 때에 대해 집중적으로 대화한다. 해결중심 모델에서는 대화, 감정이나 행동이 지난 번과 어떻게 달라졌는지, 미래에는 어떻게 달라져야 할지에 대해 주목한다.

내담자들은 이미 그들이 할 수 있는 것이 무엇이며 그것을 실행하는 데 필요한 지식이 무엇인지를 알고 있다. 그러나 해결을 위한 대화가 시작되기 전에는 아직 이것이 무엇인지 알지 못하는 경우도 있다. 내담자들은 대화를 통해 그들이 가지고 있는 자원, 지식, 믿음, 행동, 증상, 사회적 관계망, 환경 등에서 해결책을 찾아낼 수 있다.

2) 예 외

해결중심 모델은 문제의 원인에 대해서는 굳이 찾을 필요가 없다고 보았다. 원인을 알게 되었다고 반드시 그 문제를 해결할 수 있는 것이 아니기 때문이다. 그보다는 문제와 다른 경우를 찾아보거나 문제로부터 자유로웠던 경우들을 찾는 것이 더 중요하다. 이런 경우나 사건을 예외(exception)라고 한다. 예외적 경우들은 무엇보다 더 뚜렷하게 해결의 실마리를 보여준다. 예외에 대한 대화는 "차이를 만들어낼 수 있도록 차이점을 인식하고 주목하는 것이다"(de Shazer, 1991: 156). 일단 작은 차이점이라도 밝혀낸 다음에는 어떻게 이런 차이점이 생기게 되었는지에 주목한다. 특히 이러한 대화는 차이를 낳은 행동의 주역인 내담자의 개인적인 자질과 장점을 드러내고 인정하게 된다.

3) 사회구성주의

해결중심 모델은 언어가 우리의 세계를 구축하고 의미나 정체성을 형성한다고 보는 데에서 출발하였다. 이 점은 사회구성주의자들이 주장한 바와 동일하다. 이 주장의 핵심은 우리가 어떤 것에 대해 함께 말하는 것은 바로 어떤 세계를 건설할지를 결정한다는 것이다. 문제에 대해 말하는가 아니면 해결에 대해 말하는가에 따라 전혀 다른 결과를 불러온다. 문제가 아닌, 해결에 대해 말할 때 우리는 이미 해결을 구상하고 이를 현실로 나타내게 된다. 언어가 현실이 된다는 의미는 바로 이런 맥락에서 출발한다.

언어는 계속해서 변화하는 것이며 이 언어에 의해 조성된 의미나 정체성 역시 계속 바뀌고 있다. 현실은 언어와 함께 계속 바뀔 수밖에 없다. 우리가 안정과 통제를 구한다면 이는 필히 현실적 갈등을 야기할 것이다. 왜냐하면 안정적으로 남아 있다는 것은 하나의 망상이며 변화는 불가피한 것이기 때문이다.

2. 실천 기술

1) 예외 질문

해결 구축의 기초가 되는 것은 문제에 대한 예외이다. 이야기치료에서도 예외적 사건에 주목하고 비슷한 내용을 다루고 있지만, 해결중심 모델에서 말하는 예외와는 약간의 차이가 있다. 이야기치료에서 예외적 사건은 '독특한 결과'라 불리며 이는 문제에 대한 저항의 의미를 담고 있다. 독특한 결과는 한 사건으로서의 의미보다는 앞으로 계속 이어질 새로운 이야기의 출발점이 된다. 반면 해결중심 모델의 예외는 문제가 달라진 상태, 문제가 좀 덜한 상태를 의미한다(Parton & O'Byrne, 2000). 예외는 문제가 일어나지 않았던 틈새의 삶을 말할 수도 있고 문제가 예전과 조금 달라진 경우를 의미할 수도 있다. 이런 면에서 해결중심 모델에서의 예외는 그 한 사건으로도 충분히 중요한 의미를 가진다.

해결중심 모델에서 해결의 구축은 "어떠한 차이라도 그 차이를 알아내서 그것이 새로운 의미나 행동 등을 열어갈 수 있도록 작업하는 것"을 의미한다(de Shazer, 1993: 116). 문제는 언제나 똑같은 상태를 유지할 수 없다는 가정을 가지고 문제가 달라진 상태나 경우를 찾아낸다. 따라서 그 달라진 것이 무엇인가를 알아낼 수 있도록 질문을 던지는 것이 상담자의 기술이다. 어떤 면에서 예외 질문은 아주 조그마한 변화에 주목하여 그것을 알아낸 후에 이를 증폭시켜 가는 것이다. 작은 변화는 또 다른 변화를 가져오며 더 나아가 좀 더 큰 변화를 가져올 수도 있다. 이는 우리가 관심을 두고 말하는 것이 점점 더 중요해지고 현실로 나타난다는 구성주의적 시각을 보여준다.

조그마한 차이라도 그 차이는 이전과 다른 상태이며 이런 차이를 극대화시켜 가는 것이 바로 해결의 길이다. 이때 중요한 것은 바로 이 작은 변화를 놓치지 않는 것이다. 따라서 어느 한 사람이 알아챈 예외의 상세한 부분까지 놓치지 않도록 질문하는 것이 중요하다. 첫 출발은 작은 변화이지만 계속해서 대화를 하는 가운데 이 변화는 점점 더 커지고 종국에는 해결을 불러올 것이다.

또 다른 가정은 만일 예외들이 어떤 사람의 통제 안에서 일어난다면, 즉 그 예외들이 밝혀지고 그것의 중요성에 대해 대화가 된다면 이 예외는 반복될 수 있다는 점이다. 이러한 반복은 내담자의 개인적 자질을 인정하고 자존감을 높여 가는 길이다. 이렇게 예외적 사건에 대한 통제의 수준을 높여가는 것 역시 해결 구축의 지름길이 될 수 있을 것이다. 내담자가 우연히 이루어낸 성공도 예외로 간주된다. 사회복지사는 이런 성공을 찾아내어 의도적으로 계속 실시하도록 격려한다.

예외 질문

'무엇이 달라졌나요?' '어떻게 그 차이를 알 수 있었나요?' 혹은 '그것이 어떤 차이를 가져왔나요?' '다른 사람들이 그 점에 대해 뭐라고 하나요?' '그것이 어떤 이유로 달라졌을까요?' 등으로 지속적으로 차이에 관심을 표명하는 것이다. 이 차이에 대해 더 많이 대화할수록 해결은 한층 더 가까워지는 것으로 간주한다.

2) 기적 질문

기적 질문은 목표를 세우거나 내담자들이 원하는 것을 시작하는 미래를 바라보도록 돕는 중요한 기술이다(ibid., 103). 기적 질문은 변화가 나타날 미래를 미리 그려보게 함으로써 희망을 심어주고 문제에 맞설 용기를 불러일으킨다. 기적 질문에서 특이한 점은 문제와 해결을 별개로, 즉 서로 관계없는 것처럼 다루는 것이다. 기적이란 사람들의 일반적 생각과 논리를 뛰어넘는 일이므로 문제와 해결 사이의 논리적 연관성이 전혀 필요치 않다. 이는 패배적 감정에 젖어 있거나 문제에 익숙해 체념하고 있는 이들에게 신선한 충격과 도전이 될 수 있다. 또한 상담 상황의 무거움을 덜어 주고 문제를 가볍게 여기도록 해 주는 효과가 있다. 따라서 내담자들은 덜 방어적이 될 수 있고 자신의 상상력을 활용하여 해결책을 강구할 수 있다. da Shazer와 Berg는 여러 출처에서 기적 질문을 다음과 같이 제시했다.

기적 질문

"여기를 떠나서 밖으로 나가 해야 할 일을 다 하고 집으로 갔다고 가정합시다. 식사 후 침대에 들어가시겠지요. 당신이 잠을 자는 동안 기적이 일어나 당신을 여기 오게 한 문제가 한순간에 다 사라져 버렸습니다. 당신이 잠을 잤기 때문에 이런 일이 일어났다는 걸 모르겠지요. 아침에 깨어났을 때 이런 일이 일어났다는 것을 제일 먼저 알 수 있게 해 주는 것은 무엇이지요?"(ibid., 103)

이 질문은 매우 길지만 여러 특성들을 보여준다. 이 질문은 내담자가 상상해야 하는 기적은 특별한 상황에서 일어나는 기적이 아니라 일상적인 삶을 사는 가운데 일어나는 평범한 기적이라는 암시이다. 기적이 일어나기 위해 뭔가 대단한 일이 있는 것이 아니다. 기적은 늘 하는 일과와 다를 바 없이 평상시처럼 자연스럽게 일어날 수 있다.

또한 이 질문은 매우 온건한 상담자의 태도를 내비친다. 질문은 내담자를 조용히 상황이 더 나아진 미래로 향하도록 인도하는데 마치 내담자에게 최면을 거는 것과 같다. 내담자의 상상력을 살그머니 미래로 인도하여 기적 후 달라진 삶에 대해 서술하도록 한다. 이렇게 미래를 이야기하고 미래에 대해 관심을 둘 때 그 미래는 실제로 존재할 수 있음을 믿는다. 이 점은 구성주의가 주장하는 바와 일치한다. 미래를 말로 먼저 하지 않는다면 미래는 건설되지 않을 것이다.

기적 질문은 처음에 큰 그림에서 시작하여 조금씩 더 세밀하게 묘사하도록 질문한다. 어떤 일이 일어날 것인지를 자세히 묻고, 주변의 여러 사람들이 뭐라고 말할 것이며 어떻게 그 기적이 다른 사람들에게 영향을 주고 내담자 자신의 어떤 것이 달라질지 등 자세하게 물을수록 좋다(ibid., 103). 질문은 사람들의 반응이 어떠할지를 상상하게 하여 변화가 어떤 영향을 주며 얼마나 바람직한 것인지에 대한 확신을 심어줄 수 있다. 자세히 말하면 말할수록 그 말의 내용이 실현될 가능성이 더 높아지므로 변화는 그만큼 더 가까워진다. "원하는 미래를 상상하고 이에 주목하는 것은 변화를 이끌어내는 첫 단계이지만, 변화를 할 수 있게 해 주는 능력과 도구이기도 하다"(ibid., 104).

3) 척도 질문

척도 질문은 숫자를 이용하여 내담자의 상태의 변화를 측정하도록 하는 질문이다. 보통 숫자는 0에서 10까지 사용하고 수가 높아질수록 목표에 더 가까워지는 것이다. 0은 문제가 가장 심한 상태를, 10은 문제가 모두 해결된 완성된 상태를 말한다. 척도 질문은 사람들의 상태가 계속 변화하고 있음을 가정한다.

척도 질문을 할 때 척도는 지속적인 연장선상에서 조금씩 진전된 상태로 나아가도록 만들어져야 한다. 특히 말로써 그 진전을 정확히 표현하기 어려운 상황에서 혹은 내담자와 상담자가 각각 다른 개념이나 단어를 사용하여 뜻이 모호할 때 숫자가 유용한 의사소통의 도구가 된다. 따라서 척도는 양자 간의 거리를 이어주는 다리의 역할을 할 수 있다(ibid., 106).

척도 질문은 문제만이 아니라 해결에 대한 동기나 자기 존중감에 대하여 혹은 진전된 정도에 대하여도 사용할 수 있다. 동기나 의도를 척도로 표현하는 데에는 문제가 사람들의 통제 아래 있음을 은밀히 암시하는 효과도 있다. 척도 질문으로 다른 사람들의 반응을 묻는 것은 자신의 문제에 대해 객관적인 견해를 가지도록 하는 동시에 내담자가 다른 사람들이 어떻게 다르게 반응할지를 미리 생각할 수 있게 한다. 내담자가 다른 사람들의 반응이 긍정적인 것을 상상하면 변화에 대한 동기가 한층 상승하는 효과를 기대할 수 있다. 따라서 내담자는 자신의 노력이 보상받으리라는 기대를 가지고 변화를 반드시 이루고자 노력하게 된다.

척도 질문

◆문제의 경감 정도

'자신의 상태가 최악일 때를 0이라고 보고 10은 문제가 다 해결되었을 때를 말한다면 지금 현재 당신은 몇 점으로 볼 수 있을까요?'

'몇 점까지 올리고 싶은지요?' (목표하는 점수)

'한 단계 점수가 올라갈 때 무엇이 달라질 것 같은가요?'

(사람들에게 바로 다음 단계로 올라갈 때를 상상하도록 한다. 한꺼번에 여러 단계를 올리는 것보다 바로 다음 한 단계를 올릴 때 무엇이 바뀌어야 할지를 상상하는 것이 쉽기 때문이다.)

◆내담자의 문제를 극복할 자신감, 감정적 분위기, 관계의 질, 해결에 대한 진전, 동기나 의도 등 특별히 말로 표현하기 어려운 삶의 다양한 국면에 대해

'이 문제를 해결하기 위해 하는 노력을 0에서 10까지라고 한다면 현재 당신은 어느 정도로 노력을 하고 있습니까?' (노력 정도)

'또한 앞으로 얼마까지 노력할 수 있습니까?'

◆다른 사람의 반응 역시 척도로 나타낼 수 있다.

'만일 당신 어머니가 이 자리에 계신다면 당신에게 몇 점 정도를 주실 것 같은가요?'

4) 대처 질문

대처 질문은 예외를 도저히 찾을 수 없는 상황이나 피할 수 없고 직면해야 하는 삶의 기정사실들(예: 죽음)의 사례에 유용하게 쓸 수 있는 질문이다. 이 질문은 매우 절망적인 상황 속에서도 사람들이 각종 방식으로 삶을 유지하고 살아간다는 사실에 주목하여 내담자가 아직 온전히 포기한 것이 아니라는 점을 상기시킨다. 상담자는 아직까지 내담자가 삶에 대한 희망을 버리지 않았을뿐더러 그가 사용해 온 대처 기술이나 지식이 있음을 인정하고자 대처 질문을 던진다. 내담자가 이미 약간의 성공을 거두고 있음을 인정함으로써 내담자에게 힘을 실어주고 또한 그의 대처 기술이나 지식을 더 인식하게 해준다. 질문을 통한 방식은 직접 칭찬하는 것보다 내담자가 스스로 자신의 강점이나 자원을 발견하게 하는 효과가 있다. 또한 어떠한 상황에서라도 내담자에게서 문제에 대처하는 지식과 기술이 나옴을 인식하도록 도울 수 있다.

대처 질문

'어떻게 그걸 할 수 있었습니까?'

'그때는 뭐가 달랐던가요?'

'그 상황은 절망적인 것 같은데—어떻게 빠져나올 수 있었습니까?'

'어떻게 일이 더 나빠지지 않았나요?'

이런 방식의 질문은 내담자를 믿고 있다는 확신을 의도적으로 표현하여 내담자가 상황 자체에 침식당하지 않도록 격려하는 것이다. 이는 간접적인 칭찬의 방식이 될 수도 있다. 내담자에게 긍정적인 힘이 있음을 암시하고 인정하는 것이다(ibid., 106).

5) 미래 확신 질문

미래에 관한 대화에 덧붙여지는 모든 말들은 미래의 변화를 구성하는 데 도움이 된다. 이 질문은 주로 미래형으로 만들어지며 한 발자국씩 미래에 일어날 해결을 위한 행동들을 조목조목 지적하도록 만들어진다. 여기에서 중요한 것은 반드시 해결을 위한 행동들이 일어나리라는 확신이다. 상담자의 이런 확고한 태도는 내담자에게도 전달되어 한걸음씩 서서히 해결을 향해 나아가도록 한다. 미래 확신 질문은 먼 미래보다 바로 가까운 미래에 일어날 변화를 예측하는 질문이다. 바로 '내일' 아니면 '지금 이 상담실을 나가면서부터'와 같이 변화가 곧 시작되리라는 확신을 내담자에게 심어준다.

미래 확신 질문

'만일 내가 당신의 담 위에 앉아서 당신이 내일 이 문제를 잘 해결해 나가기 시작하는 것을 보고 있다면, 내가 무엇을 볼 것인가요?'

'당신의 딸은 무엇을 알아챌까요?'

'그것을 보았을 때 그녀는 뭐라고 말할까요?' '그럼, 어떻게 달라질까요?' '당신은 뭐라고 말할 건가요?'(ibid., 107).

◆ 내담자가 해결의 실마리를 전혀 찾을 수 없거나 예외적 경우들을 발견할 수 없을 때 가정의 방식으로 이 질문을 사용할 수 있다.

'자 이제 당신이 이 일을 시작한다고 가정합시다. 어떤 것이 달라질까요?'

◆ 내담자가 막다른 골목에 도달했을 때

'당신이 이것을 안다고 가정합시다. 뭐라고 말하겠습니까?'

◆ 조그마한 대답의 시작도 점점 더 자세히 그 상황을 설명하도록 '그

밖에 더 무엇이 있겠습니까?'

상담자는 이런 질문을 통해 간접적으로 '당신이 이 일을 할 수 있을 거라고 확신합니다'라는 메시지를 전달하게 된다.

3. 사례에 대한 고찰

이야기치료에서 다룬 음주 문제와 비교하기 위하여 해결중심 모델에서 발표된 음주 문제 사례를 찾아본 결과 린다 멧케프가 다룬 사례를 발견하였다(2002: 107-116). 이 사례는 자세히 보고되지 않았으나 해결중심 모델의 특성을 보여줄 수 있는 만큼의 정보를 가지고 있었다. 따라서 발표된 사례를 인용하여 구성주의적 특성을 살펴보기로 한다.

1) 사례 개관

이 사례는 해결중심 모델로 운영된 집단에 참여한 사례이다. 집단치료의 특성이 가미되기는 하였지만 해결중심 모델을 적용한 방식은 개별사례와 동일하다. 사례의 주인공은 음주문제로 인해 직장에서 해고되고 부모와 다툼이 있었던 33세 J이다. J가 음주로 인해 겪은 일은 상당히 심각했다. J의 아내는 떠났고, 그는 직장에서 해고되었으며 재산을 탕진하였다. J는 건강 악화와 열악한 재정 상태로 결국 부모에게 의존해야 하는 상황에 이르렀다. J는 술이 이 모든 고통의 원인임을 알고 있었으나 스스로 문제를 해결할 의지가 없었다. 부모의 권유로 집단에 참여하게 되었지만 자신의 상황에 대해 비관적 견해를 가지고 있었다.

첫 모임 후 J는 집단을 신뢰하게 되었고 집단 안에서 비난받지 않고 솔직히 말할 수 있겠다고 고백했다. 집단에서 J는 자신이 술을 마시지 않았던 시기(예외)에 대해 보고했다. 그는 술을 마시지 않았을 때 만족스러운 삶을 살았으나 수면에 도움을 받기 위해 술을 마시기 시작했다. 예외적 상황에 집중하여 질문했을 때 J는 자신이 술을 감추어 놓고 먹을 때 폭음을 하게 되는 것 같다는 판단을 내렸다.

> J: *'아내나 어머니가 혹시 내가 술 마시는 것을 알게 될까봐 어찌나 걱정스럽던지, 나는 술을 감추기 위해 술을 마시고 또 마시곤 했어요'*

이때 치료자와 J는 만일 혼자 독립해서 술을 감추지 않아도 된다면 술을 덜 마실 수 있으리라는 해결 지식을 이끌어내게 되었다. J는 독립하기 위해 직장을 얻었고 두 달간 노력 후에 부모님으로부터 독립할 수 있게 되었다. 술의 양도 한두 잔으로 줄여나가겠다고 집단과 약속했다. J의 삶이 향상되면서 그는 집단을 그만두게 되었다.

일 년 후에 J의 음주 문제가 재발되어 집단으로 돌아왔다. 치료자는 J의 과거 전략들을 살펴보도록 했고 도움을 먼저 요청한 사실에 주목하여 이를 칭찬해 주었다. 전화를 먼저 걸어 치료자에게 알려온 것은 J였으므로 이것을 J가 다시 정상궤도로 진입하고자 노력한 것으로 간주했다. 이후 J는 약물회복 집단에 참여하여 지난 1년간 살아온 삶에 대해 회고했다. J의 설명은 주로 실패 경험에 초점이 맞추어져 있었으나 집단에서는 그가 직업을 유지하려 했고 부모님을 배려하려 했던 의도에 대해 인정하고 칭찬해 주었다.

집단의 도움으로 J는 동료와의 관계를 회복하였고, 새로운 직장을 구할 필요성을 깨닫게 되었다. 직장에서 사람들과 함께 지내는 것을 두려워하는 J에게 집단은 그와 함께 있으면 매우 즐겁다는 사실을 인식시켜 주었다. 그들은 J가 자신의 본능을 따라 행동하도록 제안했다. 집단은 J의 역량에 대한 소신을 강화시켜서 자신에 대한 믿음을 가질 수 있도록 도와주었다.

2) 사례에 대한 해석

해결중심 모델 집단은 J에게 덜 위협적인 방식으로 접근하여 J가 집단에 대해 가지고 있었던 편견을 버리도록 도왔다. 그가 실패자라는 느낌을 갖지 않도록 했고, 그의 성공에 초점을 맞추어 그의 능력과 자질을 일깨워 주는 데 성공했다. 집단에서 J는 그가 수면에 도움을 얻기 위해서 술을 이용하기 시작했다는 점을 알게 되었다.

이러한 인식을 끌어내는 데 도움이 되는 질문은 '*술이 당신에게 어떤 도움을 줍니까?*'이다. 이 질문은 구성주의적 가정이 전제되어 있다. 첫째, 사람들이 술이나 약에 의존하게 되는 데에는 상당한 이유가 있음을 인정하는 질문이다. 즉 이것은 비난이 아니라 술이나 약을 사용하는 사람들의 세계를 인정해 주고 이해하려는 치료자의 의도를 보여준 것이다. 이로써 J는 위협을 느끼지 않았고, 이해받고 있다는 생각을 하게 되었으며 자신의 상황을 직면할 수 있는 용기를 얻을 수 있었다.

J가 술을 아내나 부모 몰래 감추어놓고 불안한 가운데 폭음을 하

게 된다는 것을 깨닫는 장면은 이 사례에서 매우 중요한 발견이다. 이는 '예외 상황'을 알고자 노력하는 과정에서 나왔다. 예외 상황은 해결중심 모델에서 매우 중요한 획을 긋는 사건이다. J는 수면 장애를 겪었는데, 술을 마시면 적어도 3-4시간 정도의 수면을 취할 수 있었다. 그러나 이런 습관은 그에게 죄책감을 유발했고 이 죄책감을 덮기 위해 더 많은 음주에 빠져들게 되었다. 이 사실을 깨닫게 되면서 J는 술을 감추어야 할 필요성이 없다면 그의 음주 문제가 나아지리라는 해결 지식을 얻게 되었다.

이 사례에서 해결 지식은 반드시 전문적 지식에서 나오는 것이 아니라 내담자의 삶의 경험에서 나온다는 것을 보여준다. 해결 지식을 얻기 위해 치료자는 내담자의 삶의 상세한 부분에 관해 대화를 나눌 수 있어야 한다. 해결 지식은 또한 내담자에게 납득이 되고 이해가 가능한 것이라야 도움이 될 수 있다. 인식이 중요한 이유가 바로 이 점이다. 구성주의는 인식이 모든 삶의 기본을 구축한다고 본다. 이 점에서 해결중심 모델의 해결 구축은 상당히 구성주의적 사고를 적용하고 있음을 알 수 있다.

치료자는 J가 음주 대신에 그의 욕구를 충족시켜 줄 적절한 대안을 찾는 데 주력했다. J가 술에 취하지 않고 욕구를 만족시킬 수 있는 길은 직장을 얻고 부모로부터 독립하는 것이었다. 이를 알게 되면서 J의 상황은 호전되기 시작했다. 물론 J의 경우 일 년의 실험 후에 다시 음주 문제를 겪게 되었지만 일단 J가 방향을 스스로 찾게 되었다는 점과 전문가 주도가 아닌 자구책이 효력을 발휘하였다는 점을 인정할 수 있을 것이다.

3) 사용된 기술

앞에 제시된 일련의 상담 상황을 진전시키는 데 사용한 질문과 생각은 다음과 같다(멧캐프, 김성천 외 역, 2002: 113-114).

· 욕구에 대한 이해

내담자의 세계로 들어가 그들과 파트너가 된다. 술을 이용하려는 내담자의 욕구를 이해하려고 노력해야 한다.

> '술은 당신에게 어떤 도움을 줍니까?'
> '술은 당신의 인생 목표를 이루는 데 어떻게 방해가 됩니까?'

· 예외 상황

내담자가 문제를 벗어난 삶을 그려보도록 돕는다. 문제가 사라졌을 때 다른 사람들의 반응이 어떠할지 구체적으로 상상하도록 한다.

> '술이 더 이상 당신의 삶을 좌지우지하지 않을 때 당신은 어떤 모습일까요?'
> '그때 당신은 무슨 일을 하게 될까요?'
> '그 사실을 누가 제일 먼저 알아차리게 될까요?'
> '그때 당신의 아내는 당신에게 뭐라고 말할까요?'

· 전략에 대한 탐색

과거에 술을 끊으려 했던 시도에 대해 자세히 탐색해 본다.

'과거에 술을 끊기 위해 당신은 어떤 일을 했습니까?'
'당신이 술을 끊을 수 있었던 때가 언제 있었습니까?'
'그때 당신은 무엇을 했는지 자세히 말해 줄 수 있습니까?'

일단 예외 상황과 전략이 나타나면 목록을 칠판에 적어가면서 하나씩 검토할 수 있다. 이 전략이 어떤 효과를 발휘했는지 판단하고, 성공적이고 예외적인 전략들에 대해 더 상세히 검토한다.

'당신은 어떻게 이 전략을 성취할 수 있었습니까?'
'그때 무엇이 달랐습니까?'
'그때 당신은 어디에 있었고 누구와 함께 있었습니까?'
'지금과 다르게 느꼈던 그때에 자신에 대해 어떤 믿음이 있었습니까?'

· 기적 질문

내담자가 문제와 떨어져서 문제를 해결하게 된 가까운 미래의 어느 시점을 상상해 보도록 한다. 변화가 실제로 있을 것임을 암시하도록 추정적인 언어를 사용한다. 내담자 스스로 변화를 설명하게 하여 문제 해결에 한걸음 더 다가가도록 유도한다.

'지금의 상황을 벗어나서 술을 좀 덜 마시고 통제가 될 때 당신은 지금까지 할 수 없었던 어떤 일을 할 수 있게 될까요?'
'지난밤에 모든 문제가 사라져 버렸다면 당신은 그걸 어떻게 알 수 있나요?'
"당신이 처음 무엇을 보고 '아하 이제 나는 술로부터 자유를 얻었구나' 하고 말하게 될까요?"

· **척도 질문**

내담자에게 자신의 진전 상태나 전략을 개발하는 일에서 스스로 수준을 측정하도록 척도 질문을 던진다.

> '0에서 10까지 척도에서 0은 술에 완전히 얽매여 있는 상태이고 10은 술로부터 완전히 자유롭고 자신이 통제하는 상태라고 가정합시다.'
>
> '처음 이곳에 왔을 때 당신은 몇 점 정도였나요?'
>
> '우리가 그동안 문제 해결에 대해 많은 이야기를 나눈 지금 당신은 몇 점인가요?'
>
> '다음번에 당신은 몇 점 정도이기를 바라나요? 어떻게 하면 그 위치에 도달할 수 있습니까?'
>
> '1점을 높이기 위해서 무엇을 달리해야 하지요?'
>
> '1점이 올라간다면 누가 그것을 가장 먼저 알 수 있을까요?'
>
> '당신이 원하는 목표 점수는 어디쯤인가요? 그럼 그때 당신은 무엇을 하고 있을까요?'
>
> '만일 10점에 도달한다면 당신 자신이나 당신에게 중요한 사람들에게 보여줄 수 있을 어떤 행동을 할 것이라고 상상할 수 있습니까?'

4) 결 론

해결중심 모델도 이야기치료와 마찬가지로 음주 문제를 다루는 전통적 방식을 따르지 않는다. 먼저 해결중심 모델은 알코올 중독 자체를 인정하지 않는다. 따라서 전문가 위주의 단일한 치료전략을 추구하지 않으며, 해결은 언제나 내담자의 삶과 경험으로부터 나온다.

해결중심 모델은 "삶이 언제나 변화할 수 있다는 신념을 개인이 가질 수 있게 하여 음주와 같은 통제 불가능한 행동의 영향력을 감소시킬 수 있다고 가정한다"(ibid., 116). 이런 개인적 인식의 변화가 그 사람의 세계를 변화시킬 수 있다고 믿는 것이 구성주의적 사고의 발로이다. 인식의 변화는 희망을 촉진시키고 내담자의 의지를 강화시켜 실제로 음주로부터 해방될 수 있는 행동을 이끌어낸다. 해결중심 모델에서 중요한 것은 해결이 어떤 논리적 시도나 전문가의 전략을 통해서가 아니라 내담자의 삶에서 떠오르는 인식을 통해 구성될 수 있다고 믿고 이를 추구하는 것이다.

➘ 주요 용어

예외, 해결, 척도, 기적, 차이, 사회구성주의

➘ 주요 개념

예외 질문, 척도 질문, 기적 질문, 대처 질문, 미래 확신 질문

➘ 생각해 볼 점

1. 해결중심 모델에서 해결은 무엇을 의미하며 어떻게 구축되는가?
2. 해결중심 모델에서 언어는 어떤 의미를 갖고 어떻게 사용되는가?
3. 해결중심 모델에서 내담자는 변화를 어떻게 추구하는가?

제 8 장

임파워먼트와 구성주의

1. 임파워먼트 개념
2. 구성주의 시각과 임파워먼트
3. 임파워먼트 실천을 위한 전제
4. 임파워먼트 실천의 실제
5. 사례에 대한 고찰

제 8 장 임파워먼트와 구성주의[1)]

임파워먼트라는 용어는 90년대 이후에 사회복지 현장에서 많이 쓰이고 있다. 사회복지사들이 특히 임파워먼트 실천에 관심을 갖는 이유는 임파워먼트 실천이 지향하는 가치가 사회복지의 가치와 부합하는 점이 많다는 사실 때문이다. 특히 실천 현장에서 임파워먼트 개념은 모델이나 실제 사례 적용에서보다는 이론적 실천 지향으로서 더 큰 매력을 지니고 있는 것 같다.

임파워먼트 개념은 방대한 영역에 걸쳐 사용되고 있다. 따라서 임파워먼트는 쉽게 정의하기 어려운 용어이다. 이 개념은 넓게는 실천 지향, 모델과 같은 거시적 의미로부터 좁게는 과정, 개입, 기술을 의미하면서 다양한 방식으로 사용되고 있다. 임파워먼트는 능력고취, 권한부여, 역량 강화, 혹은 권력주체화 등 번역되어 사용되는 용어도 다양하다. 흔히 임파워먼트는 강점 관점과 혼동되거나 중복된 의미로 사용되기도 한다. 어떤 경우에 강점 관점은 내담자의 임파워먼트를 촉구하는데 주안점을 두기 때문에 이를 임파워먼트 실천의 한 접근법으로 보기도 한다(Rapp, 2002; Saleebey, 2002).

---

1) 이 장은 "사회복지 실천에서의 임파워먼트 접근에 대한 구성주의적 이해와 적용", 2007, 『상황과복지』(23: 131-163)에서 재구성하였음.

이 장의 목적은 임파워먼트 이론에 대한 구성주의적 시각과 접근법을 고찰하는 것이다. 임파워먼트는 현장에서 많은 논란을 야기하고 있다(김인숙 외, 2002). 임파워먼트 개념은 이론으로는 신선한 도전과 매력이 있지만 실제로 실천하기에는 상황적인 장애와 어려움을 느끼게 하기 때문이다. 특히 사회복지사들은 현장의 실천 현실과는 맞지 않는 이론이라는 느낌에도 불구하고 임파워먼트 실천을 하도록 요청받고 있다. 따라서 여기서는 임파워먼트 개념의 의미를 파악하고 구성주의적 시각으로 어떻게 임파워먼트에 접근할 수 있을지를 고찰하여 임파워먼트를 실천 현장에서 구현해 가는 방법을 모색하고자 한다.

1. 임파워먼트 개념

1) 근대적 정의로 본 임파워먼트

사회복지는 내담자의 권위를 존중하고 자기결정을 인정하려는 가치를 지니고 있다. 일찍부터 사회복지 실천에서는 내담자의 잠재력을 인정하고 이를 문제 해결에 적극적으로 활용하는 방식에 관심을 가져 왔다. 특히 미시적 실천에서는 개인의 책임과 능력을 존중하는 개별화 원칙을 강조해 왔다. 또한 거시적 실천인 사회 운동 역시 사회의 불합리한 구조를 혁신하여 개인들의 능력을 최대한으로 발휘할 수 있는 환경을 만들고자 했다는 의미에서 임파워먼트 실천의 첫걸음을 떼었다고 평가할 수 있다.

근대적 의미에서 임파워먼트는 권력의 작용과 밀접한 관계가 있다. 권력은 특정한 사회적 위치에 있는 사람들에게 주어지는 외부적 힘으로 이해된다. 이러한 권력은 소유되고 전수되며 변화에 둔감하다. 따라서 약자는 권력을 소유하기 어려운 위치에 이미 존재한다. 약자를 위한 임파워먼트의 노력은 권력의 속성상 모순된 목표가 아닐 수 없다. 권력을 부여하려는 노력 자체가 약자들을 더 무력화하는 결과를 낳을 수 있기 때문이다. 권력을 가진 집단이 권력을 부여하고자 하는 약자들을 사회적으로 무력한 집단으로 정의하면서 임파워먼트를 시도한다면, 결과적으로 약자들의 사회적 위치는 그대로 유지되며 바뀌지 않는다. 권력 부여의 노력이 약자 스스로가 쟁취한 것이 아니라 그들을 도우려는 타자에 의해 주어질 때, 사회적 약자들은 임파워먼트를 진정한 자신들의 경험으로 받아들이기 어렵다.

사회복지에서는 생태학적 관점으로 개인뿐만 아니라 가족, 집단, 지역사회 등의 환경 체계에서 적절한 자원을 찾아내어 이를 문제 해결과 연결시킨 실천을 임파워먼트 실천이라 정의해 왔다(김미옥, 2003). 그러나 이것은 임파워먼트 이론을 기존의 이론적 관점으로 대치시킨 관점이다. 오히려 이 경우에 임파워먼트는 사회복지 실천 안에 존재해 온 오래된 관점의 재조명으로 볼 수 있다. 최근에는 임파워먼트를 개인적 역량의 강화와 사회 정의, 힘의 균형을 실현할 수 있는 통합적 관점으로 보려는 경향이 강하다. 특히 사회복지의 개인 대 사회 환경 혹은 기능과 구조에 대한 상반된 이중 관점을 하나로 모아주는 구심점이 될 수 있는 가능성을 시사하는 관점으로 임파워먼트를 이해하고자 한다(김인숙 외, 2002).

그러나 우리는 이런 정의들 안에 들어 있는 권력에 대한 가정을 살펴볼 필요가 있다. 권력을 근대적 의미로 이해하는 한 임파워먼트는 공허한 메아리에 불과하기 때문이다. 권력 비평에서 Fook(2002: 103)는 권력은 "여러 다른 수준에서 동시 다발적으로 모순적으로 행사되는 권력의 속성, 다른 사람들에게 다르게 경험되는 권력의 성격과 창조적인 동시에 통제적인 잠재적 권력에 대한 통찰"이 없이는 설명할 수 없다고 주장한다. 진정한 임파워먼트는 권력에 대한 새로운 개념의 발달과 이해를 필요로 한다.

2) 임파워먼트 의미

임파워먼트는 일반적으로 개인적인 욕구를 충족시킬 수 있는 힘을 기르고 발휘하는 것을 의미한다. 사회복지에서 임파워먼트는 내담자가 자신의 환경을 보다 잘 통제하도록, 또한 바라는 바를 얻을 수 있도록 개인이나 조직, 지역사회 안에서 자원을 얻는 과정으로 정의된다(Hasenfeld, 1987). 여기에서 자원은 외부에서 얻는 것만이 아니다. 한 개인의 내적 자원이 포함될 수 있다. 일반적으로 개인의 내적 자원은 강점(strength), 능력(competence), 능동성(personal agent)과 같은 개념으로 볼 수 있다. 즉 임파워먼트는 어느 개인이 자신을 창조적으로 삶의 여러 상황에 적절히 활용할 수 있는 힘을 지니는 것, 혹은 공통의 선을 향상시켜 가는 것을 의미한다(Browne, 1995).

또 다른 차원에서 임파워먼트는 지극히 심리적인 작용으로 이해되기도 한다. 자신이 원하는 것을 성취할 수 있는지에 대한 믿음, 개인적 통제감, 혹은 자신감, 능력에 대한 믿음이 바로 한 개인의 임파워먼트 수준을 결정한다(Zimmerman, 1995). 사회복지 현장에서는 사회복지사 자신의 역량 강화에 대한 인식과 이를 현장에 적용하려는 의지, 능력, 노력이 임파워먼트와 연관되는 것으로 조사되었다(김인숙 · 우국희, 2002). 이렇게 볼 때 임파워먼트는 개인적 · 심리적 차원에서 조직의 문화와 사기, 정책 결정에 이르기까지 광범위한 의미를 지니고 있다.

2. 구성주의 시각과 임파워먼트

1) 구성주의의 진단

구성주의 시각으로 볼 때 임파워먼트 실천을 현재 상황에서 실행하기는 매우 어렵다. 현행 사회적 구조와 관습은 권력이 소유되는 형태로 유지되고 있다. 또한 현재 사용되는 언어 체계는 이러한 권력의 수행을 뒷받침하고 있다. 이런 상황 가운데 어느 한 집단의 권력은 다른 집단이 행할 권력을 무력화한다. 현행과 같은 이원론적 대립 구조 속에서 임파워먼트를 창출하기는 쉽지 않다. 어느 집단이나 개인이 소유한 권력은 어떤 맥락이나 상황에서도 변함없이 유효하다. 따라서 현행 사회에는 임파워먼트를 실현시킬 수 있는 여건들이 마련되어 있지 않다. 이는 기존의 사회적, 언어적 사용 관습을 바꿀 필요를 암시한다.

임파워먼트는 개인이 한 사회의 구성원으로서 자신의 능력을 능동적으로 창조하고 발휘해 나아갈 수 있는 힘이다. 이런 힘은 사회, 문화, 역사, 상황적인 여건이 허락될 때 발휘될 수 있다. 이런 여건들은 복잡한 상황들의 집합체로 여러 불확실한 요소들이 연관되어 있다. 한 개인의 역량을 키우고 이를 사용하는 것은 그 주변 요소들이 어떻게 반응하며 어떤 영향을 미칠 수 있는가에 달려 있다. 우리는 이런 반응을 정확히 예측하거나 통제할 수 없으며 따라서 그 결과를 가늠하기 어렵다.

사회복지사들은 자신이 권력과 거리가 멀다고 생각하기 쉽다 (Fook, 2002). 사람들은 권력을 맞서야 할 어떤 세력으로 보거나 물리적인 힘과 영향력으로 이해한다. 특히 내담자와 자신을 비권력자의 입장에서 바라보는 사회복지사는 권력을 적대적 세력의 소유로 간주하기 쉽다. 이런 입장은 사회복지사들이 힘이나 권력이 없는 상태에서 내담자에게 힘을 부여해야 하는 모순에 부딪히게 한다. 사회복지사들은 내담자에게 행사할 수 있는 힘에 대해 무지하거나 인식하지 못하게 된다.

이와 더불어 사회복지 실천에서 사용되는 대다수의 이론들이 문제를 개인적 결함이나 손상, 실패와 연관된 언어로 표현해 왔다. 특히 대다수 이론들은 이런 실패를 문제 소유자의 것으로 고정시키는 언어를 사용하고 있다. 따라서 문제를 해결하는 길은 문제에서 비교적 자유로운 전문가의 통제와 지시를 따르는 것으로 받아들여져 왔다. 전문가와 내담자 사이의 관계 규칙은 지금까지 사용해 온 언어적 습관과 맞물려서 결정된다. 그 규칙은 전문가에게 권력을 부여하고 문제 소유자는 그의 권위에 복종하는 것이다. 이런 관습이나 규칙은 이미 널리 만연해 있어서 이를 실행하는 쌍방 모두가 인식하지 못한다.

2) 구성주의적 임파워먼트

구성주의는 임파워먼트를 전략이나 행동 양식으로 보지 않는다.

또는 특정한 방법을 통해 임파워먼트를 구현할 수 있으리라 보지 않는다. 구성주의의 핵심은 사람들의 주관성이나 정체성 혹은 병리적 성격 등이 우리가 사용하는 언어 관습에 의해 조성된다고 보는 것이다(Leonard, 1997). 임파워먼트 역시 우리가 사용하는 언어에 의해 생산되고 사람들의 상호작용을 통해 구성되는 것이다. 따라서 사회복지 현장에서 임파워먼트를 실현시키고자 한다면 사회복지사의 언어 사용과 상호작용의 방식에 주목해야 할 것이다.

임파워먼트는 사회적으로 혹은 언어적으로 구성되고 또한 소멸될 수 있는, 행사되는 힘이다. 임파워먼트를 조성하는 것은 사회와 문화 환경의 맥락이다. 이렇게 임파워먼트는 원래부터 존재하는 것으로 우리가 함께 구성하는 사회적 현실이다. 이러한 현실은 각자가 놓여 있는 맥락 속에서 지속적으로 협상할 수 있는 성실을 갖고 있다. 이것은 안정된 성격을 지닌 것이 아니다. 임파워먼트는 함께 상호작용하는 구성원들 사이에서 주고받는 반응에 의해 구성되거나 소멸될 수 있다.

한 아동이 자라나는 가족 안에서의 상호작용은 그 아동이 발휘할 수 있는 역량을 결정한다. 어떤 아동은 그의 역량을 충분히 키우고 발휘할 수 있는 지지적인 환경 안에서 자란다. 그런 반면 어떤 아동은 임파워먼트를 경험할 수 없는 환경을 만나기도 한다. 이처럼 여러 다른 종류의 상호작용은 아동이 얼마나 자신의 역량을 조성하고 사용할 수 있을지를 결정한다. 구성주의 시각으로 볼 때 임파워먼트는 언어적 실행을 통한 사회적 상호작용과 매우 밀접하게 관련되어 있다. 즉, 임파워먼트는 우리가 사용하는 언어와 특정 상호작용 맥락 안에서 구성되거나 소멸되는 것이다.

3. 임파워먼트 실천을 위한 전제

실제로 사회복지사는 임파워먼트를 실행하고 구성하기에 어려운 맥락 안에서 내담자를 만나고 있다. 사회복지사의 권위와 능력이 인정될수록 오히려 내담자는 상대적으로 권력이 약화될 수밖에 없다. 또한 지금까지 실행해 온 언어적 관습을 하루아침에 바꾸기는 힘든 일이다. 이런 점에서 임파워먼트를 실행하기 위해서는 넘어야 할 장애가 많은 것이 사실이다.

1) 임파워먼트 현실의 창조

구성주의 이론을 임파워먼트 실천에 접목하는 데에서 두 가지 점을 강조할 수 있다. 하나는 언어의 실천이며 다른 하나는 상호작용 과정에의 주목이다. 사회복지 실천은 언어와 과정 이 두 가지를 통해 그 성격이 결정된다. 구성주의는 맥락을 중요시하는데 언어와 과정은 맥락을 채우는 내용이라 볼 수 있다. 내담자가 이미 살아온 경험의 배경적 맥락과 현실·정체성을 정의하는 사회적 상호작용으로 만들어지는 현재의 맥락이 모두 중요하다. 이 두 맥락 모두에서 언어의 역할은 지대하다. 사회복지 실천에서 내담자는 이미 경험했던 과거에 대한 재정의와 현재를 새롭게 경험하는 새로운 현실 구성을 추구한다. 임파워먼트는 미래 지향적인 성격을 띤다. 과거보다는 현재 상호작용의 맥락에 관여하여 임파워먼트에 대한 기대와 수준을 높여가는 것이 적절할 것이다.

구성주의는 현실의 창조가 누구와 어떤 상호작용을 하는가에 따라 달라진다고 본다. 현실은 협상되는 것이며 대화와 상호작용으로 생성되는 것이다. 문화, 역사, 철학, 정치, 경제 등은 현실 조성의 배경이 되어주지만 결정적인 것은 아니다. 실제 현실을 결정하는 것은 당사자들 간의 상호작용이다.

임파워먼트를 현실화시키는 첫걸음은 먼저 현재 상태의 권력에 대한 의문을 제기하는 것이다. 사회복지사가 권력을 포기하고 동반자적 관계를 추구할 때 내담자는 함께 현실을 구성하는 당사자가 될 수 있기 때문이다. 특히 내담자들이 현재의 무기력한 상태를 인식하면서 저항을 시작할 때부터는 새로운 현실을 위한 협상이 시작된다. 새로운 현실을 만들어낼 가능성을 창조하는 것이 사회복지사와 내담자의 만남의 목적이 되어야 한다.

교정이나 교훈 혹은 설교나 어떤 충고를 하는 것은 내담자의 현실을 새롭게 만들어가는 데에 도움을 주지 못한다. Efran, Lekens & Lekens (1990)는 사람들이 스스로 조직하는 능력이 있기 때문에 교훈적인 상호작용은 변화를 일으키지 못한다고 주장하였다. 현실에 대한 감각은 그 현실에 참여하는 사람들이 온전히 헌신하는 참여로만 변화될 수 있다. 내담자가 원하는 것은 문제의 지배를 받는 현실을 바꾸는 것이다. 때로는 문제를 벗어나기 위하여 필요한 자원을 동원·지지하거나, 사회복지사의 도움 등을 받는 것도 현실의 맥락을 바꾸는 길이 될 것이다. 그러나 임파워먼트 실천은 이 맥락을 바꿀 힘이 외부가 아니라 내부로부터 오도록 하는 것이다.

현실에 대한 인식은 온전히 그 안에 참여하는 사람의 몫이다. 한 사람이 관여하는 현실은 그의 인식 틀과 무관하게 존재하지 않는다. 객관주의에서 현실은 철저히 외부적인 것이며 독립적으로 따로 운행되는 고립된 세계다. 이런 고립된 현실관을 극복하는 것이 구성주의

이며, 결과적으로 구성주의는 현실 안으로 인간의 인식과 주관성을 끌어들인다. 인식과 주관성은 현실을 다시 구성하는 능동적인 힘으로 작용한다.

사회구성주의는 상호 역동적인 관계에 있는 개인들 사이에서 사회적 현실이 창조된다고 보았다. 그렇다면 사회복지사와 내담자의 만남은 현실을 창조하기 위해 어떻게 달라져야 하는가? 앞으로 현실 창조를 위한 언어의 변화, 상호작용의 변화를 기술할 것이다. 이는 우리의 현실이 본질적으로 개방적이고 언어로 조성되며 상호작용의 성격에 따라 달라질 수 있음을 가정하는 것이다.

2) 의미 구성

임파워먼트는 뚜렷한 목적의식과 일관적인 태도로 임파워먼트의 의미를 구현해 갈 때 실현된다. 임파워먼트는 참여자들이 지니는 철학이며, 언어와 경험 안에서 조성되는 의미이다. 만일 사람들이 임파워먼트 현실에 의미를 부여할 수 있다면 임파워먼트는 현실로 드러날 가능성이 커진다. 의미의 실현은 그 현실에 참여한 참여자들 사이의 대화를 통해 완성되기 때문이다.

임파워먼트를 준비하는 단계에서 사회복지사는 자신의 철학과 생각, 태도를 먼저 정비할 필요가 있다. 사회복지사는 자신의 언어에 드러나는 신념과 사상, 태도, 감정, 전제, 가치 등이 중요함을 깨달아야 한다. 관계는 대화를 하는 중에 일어나는 상호 교류의 성격을 띤다. 대화가 특별한 종류의 관계임을 주장한 Gergen(1999)은 대화 안에서 변화, 성장, 새로운 이해가 양성된다고 본다. 임파워먼트는 바로 이런 성장을 위한 대화로 만들어진 상호 관계이며 그 안에서 조성되는 새로운 현실이다. 현실 창조를 위한 언어의 힘을 믿는 것이 구성주의의 특성이며 강점이기도 하다.

4. 임파워먼트 실천의 실제

1) 만남의 성격

앞에서 임파워먼트는 사회복지사의 언어 행위와 태도 등을 포함하는 상호작용의 산물임을 강조했다. 이제부터 실제로 내담자와 어떻게 대화를 나누며 어떤 언어를 사용할지에 대해 살펴볼 것이다. 처음 만남에서 내담자는 사회복지사에 대해 반응한다. 이 반응은 "내담자들이 사회복지사가 어떤 사람인가를 알아가는 보다 큰 과정 속에 포함되어 있다"(Jorgenson, 1991: 211). 일반적으로 사회복지사는 내담자를 처음 만날 때 그가 도움이 필요한 사람이라고 가정한다. 이러한 가정은 내담자를 스스로 문제를 해결할 수 없는 사람으로 보는 것이다. 엄밀히 말하자면 이런 가정은 임파워먼트와 대립적인 가정이며 사회복지사의 언어 행위와 태도를 결정하는 데에서 영향을 준다. 여기에서 내담자의 임파워먼트는 벌써 제한되기 시작한다. 사회복지사들은 자신의 가정과 전제에 따라 기대하는 일이 일어날 뿐만 아니라 바로 현실이 된다는 것을 깨달아야 한다. 왜냐하면 우리는 보기 원하는 것을 보게 되며 기대하는 바대로 결과를 구성해 갈 것이기 때문이다.

태도와 분위기 조성

사회복지사의 내담자에 대한 태도와 비언어적 행위 역시 임파워먼트 현실을 창조하는 배경으로 작용한다.

첫 대화를 시작하면서 사회복지사는 상대방에 대한 진심어린 존중과 관심, 앞으로 나올 대화에 대한 기대와 호기심 등을 전달할 수 있다. 사회복지사는 지지적이며 창조적으로 상호작용하는 분위기를 조성한다. 통상적으로 사회복지사는 분위기 조성자로 대화를 편안하고 자유로운 분위기 안에서 진행하려 노력해야 한다.

내담자의 잠재력이나 문제해결 능력을 기대하는 사회복지사는 첫 만남에서부터 이를 드러내야 한다. 아직까지 내담자가 인식하지 못한 그의 능력에 대해 확신을 갖는 것은 쉽지 않다. 그러나 사회복지사가 내담자의 능력을 이끌어내기 위해서는 내담자가 이러한 능력을 갖고 있다는 것을 사회복지사 자신이 먼저 확신해야 한다.

가정을 드러내는 질문

첫 질문이 '무엇을 도와드릴까요?'로 시작된다면 사회복지사는 임파워먼트 실천에서 먼 거리에 있다.

'오늘 무엇에 대해 대화를 나눌까요?'

'우리가 논의할 일이 무엇인가요?'

이러한 질문은 사회복지사와 내담자의 대화에 대한 동등한 자격과 책임을 전제할 뿐만 아니라 내담자가 자신이 원하는 것을 밝히도록 기회를 줌으로써 임파워먼트의 첫 단계를 실현하는 것이다.

'당신이 성취하고 싶은 목표는 무엇입니까?'라는 질문은 당신을 전제로 한다.

'우리가 오늘 도달해야 할 목표는 무엇입니까?'

이 질문은 내담자와의 거리를 좁히고 공동 현실과 동반자 관계를 창조하기 위해서 '당신'을 피하고 '우리'를 주어로 사용하고 있다.

시작하는 대화의 첫인상은 앞으로 진행될 대화의 분위기와 양식을 결정하는 중요 관문이다. 사회복지사가 던진 첫 질문에 내담자는 앞으로 진행될 대화의 경로를 예측할 수 있다. 처음 던져진 질문들은 그 안에 담겨진 가정과 전제들을 드러낸다. 따라서 임파워먼트의 실현은 바로 이러한 첫 질문이나 첫 대화에서 사회복지사가 쓰고 있는 단어에서부터 시작된다. 단어의 선택은 미묘하지만 큰 차이를 가져온다.

그러나 이것만으로는 임파워먼트를 지지하는 맥락을 마련하기 어렵다. 임파워먼트는 준비된 대화이며 철학과 신념의 결과물이다.

단어 선정의 주의

문제라는 단어를 계속 사용하는 것은 내담자를 문제적 삶의 양식과 인격 안에 고정시키는 결과를 낳는다. 문제와 내담자를 따로 분리시켜 내담자로 하여금 문제를 극복하게 하는 것이 이야기치료에서 시도하는 외재화 대화라 한다면, 임파워먼트 실천에서는 문제라는 용어조차 그 용어의 함의를 고려하여 피하려 한다.

문제는 대화의 주제, 혹은 관심사로 표현되는 것이 바람직하다. 이것은 문제라는 용어가 내포하고 있는 문제 소유자에 대한 비하나 무력화, 낙인 등으로부터 자유로워지기 위해서이다. 문제는 '도움이 필요한' 상태를 전제로 한다. 이에 반해 주제나 관심사는 사회적 의미의 공동 구성을 전제로 한다. 관심사는 우선 내담자를 주인공으로 세워줌과 동시에 사회복지사가 내담자의 관심사에 주목할 것임을 시사한다.

결국 임파워먼트는 언어나 태도 면에서 의도적으로 계획된 사회복지사의 행위가 필요하다.

거리두기에 주의

내담자와 거리두기에 대해서도 사회복지사는 유념해야 한다. 객관주의에서는 전문가의 적정한 거리두기를 권장하며 중립적 입장을 지지하는 편이다. 그러나 사회적 공동 구성에 관심을 갖는 사회복지사는 이 거리두기를 피할 것을 권유한다. 거리두기는 내담자의 현실을 사회복지사의 현실과는 아무런 관계가 없는 것으로 가정한다. 문제를 가진 자와 문제와 전혀 상관없는 자의 거리두기는 한쪽의 우위와 권위를 조장한다.

거리두기는 문제를 경험하는 사람에게 그 자신의 경험이 미숙하거나 중요하지 않다는 메시지를 보내게 될 것이다. 여기에서 임파워먼트는 벌써 멀어지고 만다.

임파워먼트를 실현하기 위해서는 객관주의적 인식과 실천을 극복해야 한다. 객관주의는 항상 '저쪽 바깥'에 멀리 떨어져 존재하는 현실을 다룬다. 이에 반해 구성주의는 '지금 여기'에의 현실에 집중하도록 한다. '지금 여기'는 현재 만남이 창조하는 공동 현실이다. 우리가 함께 구성하는 현실이며, 우리가 헌신하는 만큼 달라질 수 있는 현실이다.

'지금 여기'에서는 새로운 현실이 창조될 수 있다. 내담자나 사회복지사나 이 현실을 바꿀 수 있는 힘, 자질, 능력과 기술이 있다. 다만 얼마나 이 창조에 대한 열정과 헌신, 믿음을 가지냐가 중요한 변수가 될 것이다.

매번의 만남이 새로운 창조를 가능하게 해 준다는 믿음이 사회복지사들에게 필요하다. 이런 기대와 믿음은 그의 태도와 언어에 영향을 줄 것이다. 내담자들을 도전시키고 새로운 만남을 제공하여 함께 새로운 경험을 일구는 것은 사회복지사의 신념과 비례한다. 내담자를 조작하거나 조정할 수 없다는 사실을 인정하고 내담자를 공동 창조의 장으로 이끌어내는 것이 임파워먼트를 지향하는 사회복지사들의 능력이다. 임파워먼트의 수준과 내용은 내담자들에게 반응을 불러일으키는 사회복지사의 태도에 우선적으로 달려 있다.

2) 임파워먼트의 언어

임파워먼트를 인지하고 촉진시키고자 하는 사회복지사는 자신의 언어 사용에 관심을 두어야 한다. 내담자와 사회복지사 간의 대화는 단순한 의사소통이 아니다. 대화는 서로에게 반응하고 역반응하는 순환적 고리를 거쳐서 관계와 의미를 형성해 가는 과정이다. 대화는 우리가 추구하고 있는 것의 일부를 이미 우리 안에 가지고 있는 재귀적 성질에 의해 크게 좌우된다. 즉, 사회복지사 스스로 자신을 위한 임파워먼트를 추구하고 또한 자신을 임파워된 존재로 수용하는 것이 우선되어야 한다. 만일 사회복지사가 자신을 무능력한 존재로 본다면 그에게 임파워먼트는 의미를 갖지 못한다.

임파워먼트를 조성하는 언어는 무조건 내담자의 강점을 드러내고 칭찬과 격려를 하는 것이 아니다. 이러한 오해가 종종 발생하는 것은 언어에 대한 이해가 부족하기 때문이다. 언어는 표현만이 아니라 그 표현을 가능하게 하는 배경 맥락을 가지고 있다. 임파워먼트는 하나의 사고이며 의미로 받아들여야 한다. 대화의 맥락에서 의미는 서로의 견해에 대한 반응을 통해 그 말이나 행위의 의미를 보충하는 과정에서 결정되는 것이다(Gergen, 1999). 대화는 일방적인 의사소통이 아니라 참여자들이 서로 보충하여 의미를 완성해 가는 과정이다. 따라서 임파워먼트를 조성하는 언어는 서로의 대화를 통해 그 의미가 드러나고 실현되어 가는 미래 완성형의 언어이다.

사회복지사와 내담자가 서로에게 중요한 것이 무엇인지를 파악하는 과정에서 의미는 창조되며 현실은 확장된다(Ferrara, 1994). 이러한 과정은 서로의 세계나 가정을 진지하게 검토하고 수용하며 또한 자신의 견해를 수정해 나아가는 과정이다. 이때 사람들이 견해를 수정하기 위해서는 '메타포지션'의 상태를 필요로 한다.

메타포지션

메타포지션이란 평소에 안락하게 느끼는 모든 견해를 뛰어넘어서 자신을 관찰할 수 있는 상태를 말한다. 이런 메타포지션은 자신의 삶으로부터 한걸음 떨어져 나와 자신을 바라보는 상태이다.

임파워먼트에 대한 메타포지션은 내담자가

'과연 나는 얼마나 임파워된 존재로서 살고 있는가?'

'나의 언어나 태도는 어떤 가정과 생각들을 보여주는가?

에 대한 답을 할 수 있게 한다.

이때 사회복지사는 강요나 진리 주장을 하지 않아야 하며 내담자를 충분히 신뢰하며 그의 경험을 토론의 중심에 놓아야 한다.

"이야기는 우리가 경험한 어떤 부분을 어떻게 표현할지를 결정함으로써 우리 삶을 형성하는 실제적인 효과를 갖는다"(White, 1991: 28). 따라서 임파워먼트를 경험하는 것은 이야기하는 행위를 통해 이루어지는 것이다.

> **이야기하기**
>
> 삶에서 문제와 맞서는 경험들은 이야기되지 않고 지나는 경우가 상당히 많다. 내담자에게 실제적인 의미를 갖기 위해서는 자신의 경험에서 우러나온 이야기가 만들어져야 한다.
>
> 그렇다면 상처나 갈등, 혹은 고통에 대한 이야기들은 어떻게 이야기하느냐에 따라 극복과 회복, 혹은 성장의 이야기로 바뀔 수 있다. 다르게 이야기한다는 것은 다르게 해석한다는 것을 의미한다. 이런 다른 해석은 온전히 대화를 통해 가능하며 대화하는 두 사람 앞에 똑같은 비율로 열려 있다.

사람들은 자신에게 선택권이 없다고 느낄 때에 외부의 힘이 자신들의 안녕을 결정한다고 믿는다(Greene, et al., 2005). 따라서 선택권을 확장하고 새로운 해석을 찾아가는 이야기는 임파워먼트 조성에 중요한 통로이다.

5. 사례에 대한 고찰

실제로 임파워먼트 실천의 예로 발표된 사례를 찾기는 쉽지 않았다. 또한 한 사례에서 무엇이 임파워먼트 실천의 요소인지를 구분해내기도 어려웠다. 따라서 이 사례는 개관적으로 서술된 사례를 독자의 이해를 위해 대화체로 재구성했다.

1) 사례 개관

이 사례는 홍수로 인해 모든 것을 잃은 W가족의 사례로 Poulin (2005: 226-228)에 소개된 사례다. W가족은 홍수 위험 지역에 땅을 소유하고 조그마한 여관을 사냥철에 운영하고 있었다. 그러나 어느 해 홍수가 들이닥쳐 여관과 마을이 대부분 잠겨버리는 사태가 벌어졌고, 사회복지사는 물에 잠겨 있는 W가족을 만나기 위해 배를 타고 들어가야 했다.

남편인 H씨는 집을 떠나기를 거부하면서 부인 G씨와 함께 고립된 채 홍수의 위험에 노출되어 있었다. H씨는 월남 참전 용사로 아직도 전쟁의 상흔을 안고 살아가고 있었다. 그는 현재 집을 떠나는 것이 두려워 거의 먹지도 자지도 않고 지내며 자살 충동까지 의심되는 상태였다. G씨는 응급 도움을 요청하러 가고 싶어도 남편을 혼자 두면 사고의 위험이 있기 때문에 그를 떠나지 못하고 있었다. G씨는 남편을 설득하려 했으나 홍수가 난 후 완전히 고립되도록 아무런 조치를 취하지 못하고 무기력한 상태에 놓여 있었다. 남편은 홍수 이후에 고혈압 약을 끊었고 혼자 울기도 하는 등 이상 행동을 보여 왔다.

사회복지사는 우선 W가족의 가장 시급한 욕구가 무엇인지를 파악하였다.

사회복지사: *'이번에는 어떤 것이 도움이 될 수 있을까요?'*

G: *'네, 우리는 홍수범람 지역에 살고 있어요. 그 때문에 보험을 들 수 없었지요. 이 지역을 더 이상 수해 보험에 가입시켜 주지 않기로 했기 때문이지요. 그러나 우리는 (이 지역에서 계속 살고자 하는) 우리의 의지를 가지고 있어요. 많은 사람들도 우리를 돕고 있구요. 받아들이기 어려운 것은 홍수가 난다는 거지요. 그리고 그 어려운 상황에서 빠져나오려 하는 것이지요. 그렇지만 남편은 이것을 받아들이지 못하고 있어요.'*

2) 사례의 사정

사회복지사는 먼저 위기 상황에 대처하지 못하고 있는 가정을 직접 방문하여 상황을 살폈고, 내담자의 가장 시급한 욕구가 무엇인지에 관한 의견을 청취하였다. 현 사례에서 가장 시급한 문제는 물이 내담자의 집과 농장, 사업체를 뒤덮고 있는 위기 상황이다. 또한 노부부가 이웃과 다른 가족들로부터 고립되어 위기 상황에 대처하지 못하고 있다는 것이다. 그러나 이 사례에서 남편과 아내는 홍수에 대한 대처 방법이나 위기 상황의 의미를 각자 다르게 구성하고 있었다.

먼저 남편은 홍수로 인해 얻은 손실과 충격에 빠져서 닥쳐온 위험에 어떻게 대처해야 할지 모르고 무기력한 상태에 빠져 있었다. 그에 비해 부인은 현실적으로 대처를 못하고 있지만 홍수 범람 지역에 살고 있는 것이 어떤 위험을 가져오는지에 대해 이해를 하고 있었다. 홍수는 한때 큰 손실을 주지만 모든 것을 다 파괴할 수 없기에, 부인은 자신들이 다시 회복하리라는 희망과 굳은 의지를 보여주고 있었다. 다만 남편이 이 홍수로 마비된 것 같은 상태를 어떻게 극복할지 몰라 힘겨워하고 있었다.

사회복지사는 먼저 부인 G씨는 남편보다 극복 의지를 가지고 정확한 판단을 내리고 있음을 파악했다. 부인이 요청한 가장 시급한 문제는 안전히 대피할 곳이었다. 첫 번째 면접 후에 사회복지사와 G씨는 다음과 같은 욕구를 정리하였다.

- G씨가 남편을 설득하여 안전한 장소로 이동하는 것 (그녀는 남편의 오래된 친구인 T씨가 남편을 설득하도록 요청할 것을 제안함)
- 옮겨갈 수 있는 장소의 물색
- 긴급구호와 긴급자금 대여 프로그램 신청서 작성
- 남편 의료 진료 및 조처
- G씨의 생필품 구입에 도움을 줄 사람 물색

이 가족의 긴급한 욕구는 홍수로 인한 고립과 위험을 벗어나서 안전한 거처로 옮겨가는 것이며, 남편이 의료진의 도움으로 이 충격으로부터 벗어나는 것이었다.

3) 사례 개입

사회복지사는 첫날 면접 후 바로 다음날도 방문하였다. 그러나 방문 전에 부인의 요청대로 남편의 친구인 T씨와 접촉하여 함께 방문할 약속을 해 두었다. 또한 W가족을 하루에 한번씩 방문하여 도움을 주도록 두 가정을 섭외하였다.

두 번째 방문에서 T씨는 H씨를 설득하였다. 부인은 긴급 자금을 요청하는 절차를 밟았다. 이 면담에서 밝혀진 중요한 문제는 3년 전부터 이 지역에 수해 보험을 끊은 당국의 정책이었다. 홍수의 위험에도 불구하고 주민들은 이 지역에서 살기를 원했으나, 수해 보험이 끊겨서 보상을 받지 못해 집을 수리하지 못하는 어려움을 겪고 있었다. 이 점에 대해 사회복지사는 당국 책임자를 만나 의견을 듣기로 약속했다. 또한 H씨에 대한 의료 서비스를 예약하고 그를 배로 이동시켜 줄 이웃주민을 섭외하였다.

면담을 마치면서 H씨는 친구인 T씨가 사는 지역의 아파트로 이사할 것을 받아들였다. 또한 현재 긴급 자금 대여에 대해서도 일단 긴급 구조 센터에 방문하여 신청서를 작성하기로 약속하였다.

다음날 부부는 긴급 구조 센터에 약속대로 방문하였고 사회복지사는 소액자금 대여를 신청하도록 도움을 주었다. 또한 사회복지사는 임시 거처가 될 아파트로 그들을 데려갔고, 노부부가 딸과 손자들을 만나도록 주선해 주었다. 새로운 거처로 이동하는 것은 그들이 생각했던 것보다 어렵지 않았고 딸의 가족에게 더 가까이 갈 수 있는 기회가 되었다.

나흘 후에는 남편 H씨가 정신건강 센터를 방문하여 의료진의 도움을 받을 수 있었다. W가족은 새 임시 거처에서 점점 더 많은 지지적 관계망을 넓혀 갔으며, 이웃과 가족들에 둘러싸여 안정을 찾아갔다. W가족은 교회를 통해 가구와 식료품을 지원받았다.

그동안 사회복지사는 지역에 관계되는 여러 기관과 당국들과 접촉하여 주민들이 보험정책으로 인해 겪는 고통을 알리고 정책 시정을 위한 공청회를 열 것을 제안하였다. 여러 차례의 심한 논쟁과 회의를 거쳐서 당국은 홍수로 피해를 본 주민들과 만나기로 결정했다.

4) 결 론

6개월 후 W가족은 원래 집으로 돌아가게 되었고 그들의 작은 여관도 대여자금을 통해 수리할 수 있었다. 지역의 자원봉사자들이 그들의 집을 수리하는 데 도움을 주었고 홍수로 인해 쌓인 모래는 주정부의 공적 부조 자금으로 정리할 수 있었다.

이 사례에서 사회복지사는 이례적으로 짧은 기간 안에 많은 일을 계획하고 성취하였다. 무엇보다도 W가족이 필요로 하는 욕구를 먼저 파악하였고, 그들과 함께 개입을 계획했다. 특히 노부부의 특성인 집과 지역사회에 남고자 하는 욕구를 존중했다. 사회복지사는 수해에 대한 남편과 아내의 각기 다른 해석과 경험을 이해하고자 노력하였다. 남편에게 홍수는 단순히 재난의 의미를 넘어서서 자기 존재기반에 대한 상실로 이어졌고 우울과 무기력을 경험하게 했다. 부인과 사회복지사는 남편이 무기력한 상태에 빠져든 것을 비난하거나 강제로 바꾸려하지 않았다. 남편의 오래된 친구의 도움을 요청한 것도 남편의 세계를 존중하여 그와 의사소통할 수 있는 사람을 찾기 위함이었다. 소개 계획에 대한 거부감을 최소화하기 위해 선택권을 주고 충분히 시간을 준 것은 내담자에 대한 존중을 보여준 것이다.

특히 지역 주민들을 조직하여 수해에 대해 대책을 마련하는 과정에서 임파워먼트적 실천의 특성이 드러났다. 사회복지사는 관련자들의 협조를 이끌어내어 지역주민들이 홍수 범람원이라는 특수성으로 인해 보험의 혜택을 받지 못하고 있는 상황을 잘 해결해 갔다. 그는 정부 당국과 책임자들과의 면담이나 주민 공청회, 주민 의견 수렴 등 적극적인 사례 옹호를 실천하였다. 이 과정에서 정부 시책의 부당함을 호소할 통로를 마련하였고 주민들의 욕구를 반영할 수 있도록 했다. 사회복지사는 주민들과 협력하여 옹호 과정을 성공적으로 이끌었다. 이 사례에서 노부부를 포함한 주민들은 자신들의 권리를 되찾는 임파워먼트 경험에 동참할 수 있었다.

노부부를 변화시키는 데에는 사회복지사의 정보 제공과 진심어린 관, 그리고 노부부의 세계를 이해하고 존중한 임파워먼트 실천이 기여한 것으로 보인다. 이 사례에서 구체적인 대화 내용을 알 수는 없지만 사회복지사가 위기 상황에 처한 내담자와 주민들의 신뢰를 얻고 그들의 협력을 이끌어낸 것으로 보아 위협적이지 않으면서도 적절히 구성된 의사소통이 이루어졌을 것으로 추측할 수 있다.

➘ 주요 용어

임파워먼트, 언어 수행, 메타포지션, 이야기, 거리두기

➘ 주요 개념

권력 관계, 의미, 현실창조, 지금 여기의 현실

➘ 생각해 볼 점

1. 임파워먼트를 조성하는 언어 실천에는 어떤 것이 있는가?
2. 임파워먼트에 대한 구성주의적 접근은 전통적 임파워먼트 실천과 어떻게 다른가?
3. 임파워먼트를 어떻게 현실로서 구성해 갈 수 있는가?

제 9 장

비평이론과 구성주의

1. 비평이론에 근거한 실천
2. 실천의 방식들
3. 사례에 대한 고찰

제 9 장 비평이론과 구성주의

비평이론(critical theory)은 사회복지 실천 이론으로는 아직 생소한 편이다. 비평이론에 속한 일련의 사상들은 마르크스주의, 페미니즘, 구조주의, 사회비평이론이 있다. 이 이론들은 급진적 관점(radicalism)이라고 불리는 19세기 이래의 좌파적 정치 철학과 사회학에 유래를 두고 발전되어 온 이론들이다. 이러한 비평이론에 근거하여, 최근 반억압적·반차별적 관점들이 사회복지 실천에 소개되었다. 이 장에서는 비평이론과 구성주의적 실천의 공통 주제를 찾아보고 이 이론이 사회복지 실천에 던지는 함의를 찾고자 한다. 비평이론을 묶어주는 공통된 특징은 다음과 같다.

비평이론의 특징

- 사회나 개인적 경험에 근거한 문제들에 대한 구조적인 분석(문제는 사회·경제적 구조로 인한 것이며 개인적이라는 말은 정치적 영역과 불가피하게 연결된 것으로 본다)
- 해방적인 형태의 분석과 행동에 대한 헌신(불평등과 불의를 제거하는 반억압적, 반착취적 입장에 선다)

◆사회적 비평(사회복지 전문직이나 복지체계가 하는 사회통제의 기능을 인정하고 비평함)
◆사회변화를 추구함(Fook, 2002: 5)

비평이론으로부터 사회복지에 적용할 만한 핵심 주제는 개인과 사회를 분석하는 시각이다. 비평이론은 모든 개인적 관계를 자본주의 사회에 존재하는 사회적 관계의 산물로 본다(페인, 1997). 지배는 구조적으로 일어나지만 개인적으로 경험되는 것이라고 보았다. 지배 집단은 여러 외적인 착취 형태와 내적인 자아 통제를 통해 사람들을 억압한다(Agger, 1991). 비평이론의 주된 관점은 다양한 집단에 가해지는 불의를 찾아내는 것이다. 반차별적 혹은 반억압적 이론들은 사회의 특정 집단에 가해지는 억압과 불평등을 분석하는 데 관심을 두었다. 일반 사회 구성원들은 사회적 관계들이 역사적으로 구성된 사실을 깨닫지 못한다. 따라서 비평이론에서 나온 사상들의 궁극적 목적은 불평등한 사회적 관계를 분석하고 불의를 제거하여 평등한 사회로의 변화를 시도하는 것이다.

사회 비평이론은 실증주의와 객관주의를 비판하고 지식은 '경험적 실재'의 반영이 아니라 그것을 주장하는 자들이 능동적으로 구성해 낸 것이라는 구성주의의 입장에 동의한다. 몇 가지 점에서 비평이론에 속한 사상들과 포스트모더니즘의 사고는 서로 교차하는 공통점을 찾을 수 있다. 그 하나는 상호 역동적이며 반영적인 앎의 방식에 대한 인식이다. 또한 구조적인 지배와 개인의 자기 제한 사이에 관련성이 있음을 인식하는 것이다. 마지막으로 두 사상은 모두 개인적·사회적으로 "변화의 가능성"을 인식하고 있다(Fook, 2002: 17).

이러한 주장들의 근저에는 사회적 실재가 여러 복잡한 외적 혹은 내적 과정을 통해 구성된다는 구성주의적 시각이 자리 잡고 있다. 비평이론은 구성의 과정과 방식을 분석해 냄으로써 개인과 사회를 억압과 차별로부터 해방시키고자 한다. 여기에는 개인과 사회 사이에 일어나는 구조적인 외적 차별에 대한 분석과 더불어 사람들의 사고의 방식을 구성하는 사회적 담론에 대한 분석도 포함된다.

비평이론에서는 무엇보다도 권력 관계에 관심을 가진다. 힘의 역학 관계는 대화와 상호 교류 과정에 대한 분석을 통해 밝혀진다. 비평이론에 근거한 실천은 약자 집단에 대한 역량 강화와 사회정의, 정치적 행동, 사회변화를 꾀하는 모든 방식을 실천의 방법으로 채택하였다.

1. 비평이론에 근거한 실천: Fook 이론

1) 개인 중심의 실천 이론

대다수 비평이론이 사회에 대한 구조적인 분석에 치중하는 데 반하여 Fook(2002)는 개인적 문제에 대한 비평이론의 실천을 모색하였다. Fook는 이론과 실천의 엄격한 분리를 지양한다. 이런 분리는 힘의 불균형을 낳는 낡고 정당하지 못한 이데올로기의 산물이기 때문이다. Fook(2002: 38)는 "개인을 위한 실천에서 다양한 이론과 여러 실천방식들을 포용하는 다양한 작업방식"을 채택하였다. 실천은 언제나 수없이 다양한 방식에 열려 있어야 하며, 이론과 실천은 서로를 형성하는 얽혀진 관계로 받아들여 졌다.

2) 비평적 반성

비평이론에 근거한 사회복지 실천은 모든 지식과 이론, 실천과 전문성에 대하여 비평적 반성을 반드시 실시하도록 하였다. 비평적 반성은 이미 만들어진 이론이 실제 상황을 그대로 반영할 수 없다는 점을 전제로 각각의 상황 속에 들어가서 그 즉시 창의적으로 지식을 생산하는 데 주안점을 두는 방식이다. 이것은 구성주의에서 새로운 현실 구성과 일맥상통하는 방식이다. 두 이론 모두 지식이 인식자의 주관적 견해를 통해 중재되고 새로 발생되는 것을 인정하고 있다.

비평적 반성

- 귀납적으로 이론을 구성한다.
- 전문적 실천에서 통찰과 예술성을 인정하고 사용한다.
- 맥락과 해석을 중시한다.
- 통일적인 관점을 중시한다.
- 비실증주의를 표방하며 실존적 접근을 시도한다(Fook, 2002: 40).

비평이론에 근거한 실천은 이론을 직접 현장에서 만들어 사용하도록 권유한다. 이론을 만드는 방식은 지속적으로 비평적 반성을 하는 것이다. 따라서 현장 사회복지사들은 자신의 경험에 근거하여 비평적 반성을 통한 현장 이론을 구성하도록 한다. 이 방식만이 '상황에 맞는' 실천을 가능하게 한다고 보기 때문이다. 또한 그 상황에 관여하는 모든 요소들을 고려하게 함으로써 일관되고 전체적인 안목으로 실천할 수 있게 된다.

비평이론에 근거한 실천의 목적은 억압과 차별이 없는 사회를 만드는 것이다. 따라서 사회복지사들은 현재 어떤 과정을 통해 사회적 지배구조가 형성되었고, 어떤 집단이 어떤 식으로 착취당하는지를 민감하게 포착해야 한다. 이를 위해 사회 구조와 사회적 관계가 만들어내는 구성을 이해해야 한다. 또한 이해가 다른 집단이 소외당하지 않도록 지배적인 구조를 해체하는 데에도 관심을 둔다.

3) 실천 원리

이 모델의 가장 주요한 실천 원리는 "모든 외부구조와 사회적 관계가 개인을 지배하는 것에 대항하는 것이다"(Fook, 2002: 41). 이 과정에서 대화와 협상은 가장 중요한 의사소통을 위한 능력으로 간주된다.

비평이론을 실천하는 사회복지사는 현재 힘의 구조와 관계가 유지되는 방식을 알기 위해서 기존에 경험적으로 구성된 지식과 이를 반성해서 얻은 반영적 지식을 함께 사용한다. 사회복지사는 일단 기존의 지배적 구성을 파악한 후 새로운 구성을 만들어 나아가야 한다. 실천의 핵심은 어떻게 힘의 관계의 지배를 폭로하고 그 구조를 밝혀내는가에 있다. 그 이후에 이런 관계로부터의 해방을 추구한다.

2. 실천의 방식들

1) 권력 비평

비평이론의 핵심은 권력에 대한 이해와 비평이다. 지금까지 권력은 일부 몇몇 사람들에 의해 소유되는 상품과 같이 이해되어 왔다. 그러나 Foucault는 "권력을 소유가 아닌, 사용하고 창조하는 힘"으로 분석했다(Healy, 2000: 43). 권력은 사회적 관계와 상호작용의 구조를 통해 생산적으로 작용하고 있다. 따라서 권력은 사회적 관계 안에서 생성되는 것이며 함양시켜 나아갈 수 있는 것이다.

권력은 억압적인 동시에 생산적일 수 있다. 맥락에 따라, 또한 어떻게 사용되는가에 따라 권력은 다른 영향력을 행사한다. 권력은 무언가를 형성하고 변형시키는 가능성이다. 권력에 의해 사람들은 제한을 받는 동시에 창조하는 힘을 얻기도 한다. 생산적인 힘으로서의 권력은 새로운 구성을 가능하게 해 주므로 이를 잘 사용만 한다면 사회를 발전시킬 수 있는 원동력이 된다.

"권력은 거시적인 차원과 미시적 차원의 관계와 구조 모두에서 작용한다"(Fook, 2002: 52). 또한 권력은 일상적 관계의 특정한 맥락 안에서 생성된다. 맥락과 구조를 분석해 보면 우리는 여러 수준의 권력이 다양한 상황에서 작용함을 알 수 있다. 모든 사람들은 어떠한 사회적 위치에 있든지 간에 어떠한 형태의 권력을 생산하고 이를 실행할 잠재력을 가지고 있다. 중요한 것은 "이 권력이 어떤 맥락에서 어떻게 여러 사람에 의해 어떤 다양한 수준으로 표현되며 경험되고 창조되는가"를 이해하는 것이다(ibid., 53).

이러한 권력 함양을 위해 시행할 실천 과정은 다음과 같다(ibid., 54).

권력 함양을 위한 실천 과정

1. 어떻게 현존하는 권력관계와 구조가 유지되고 생성되었는지를 분석하고 상황을 반성한다.

◆ 현 상태를 지지하는 권력에 대한 가정들은 무엇인가?
◆ 어떻게 이것이 표현되고 말해지는가?
◆ 이 사고는 어떤 분위기와 맥락을 창조하는가?
◆ 어떠한 분위기가 현존하는 권력관계를 유지하도록 하는가?
◆ 여러 사람들이 이 분위기를 어떻게 경험하는가?
사람들은 이 안에서 임파워먼트를 경험하는가 아니면 그 반대인가?
◆ 이 상황에서 다른 이해 집단은 누구인가?
◆ 어떤 종류의 권력이 다른 사람들에게 다르게 적용되고 있는가?
◆ 누구의 생각이 지배적이며 그 생각은 어떻게 표현되는가?
어떻게 이것이 다른 참여자들에게 영향을 미치는가?
◆ 사람들은 권력에 대해 어떤 갈등을 느끼는가?
◆ 어떻게 사람들이 권력 저항에 참여하게 되는가?
◆ 내가 이 상황에서 행사하는 권력은 무엇인가?
◆ 나는 그것을 어떻게 개념화하고 누구의 이해를 돕고 있는가?

2. 비저항적 용어로 권력관계와 구조를 새로 정의하고 개념화한다. 이때 본인을 포함하여 여러 다양한 이해관계에 속한 사람들을 모두 포함시키도록 한다.

◆ 어떻게 여러 다른 집단들이 권력 함양이나 저하를 이해하고 경험하는가? 이것을 의사소통하는 과정을 발전시켜야 한다.

3. 본인을 포함한 모든 집단의 권력이 함양되도록 권력관계나 구조의 체계를 변화시키는 협상을 시도한다.

4. 모든 집단의 권력 함양을 위해 상황을 다시 구성하고 개념화해야 한다.

- 임파워먼트 과정에 어떻게 여러 다른 집단이 포함될 수 있는가?
- 어떻게 권력의 경험들이 인식되고 가치를 얻을 수 있는가?
- 어떻게 임파워먼트를 위한 분위기가 형성될 수 있는가?

2) 담론의 형성과 해체

담론은 포스트모던 시대에 모든 사회, 인문과학 분야의 화두로 떠올랐다. “담론은 사람들이 어떻게 사회를 이해하고 사회적 합의에 도달하는지를 결정하며 다양한 삶의 양식에 관여한다”(Purvis & Hunt, 1993: 474). 담론은 사람들이 자신과 세계를 아는 방식을 문화적 · 언어적 맥락을 통해 형성하여 개인의 사회적 위치나 입장을 결정해 주는 원천이 된다.

담론은 “언어나 비언어적인 상징체계의 매개를 통해 이루어지는 개인적인 의사소통의 사회적 네트워크”로 정의될 수 있다(ibid., 485). 대체로 담론은 언어를 통해 이루어지는 의미와 세계의 형성을 말하면서, 동시에 사회적 맥락에서의 영향력을 염두에 두고 있다. 담론의 행위는 결코 중립적인 것이 아니다. 담론은 특정한 맥락을 지니고 특정한 방향을 가진다.

담론과 사회적 역할의 관련성을 명확히 파악한 사람은 Foucault이다. 그는 담론을 사회 안에서 지식이 구성되는 모든 방식으로 보았다. 따라서 담론은 사회적인 삶의 실천 양식이나 특정한 주체성을 결정하며, 권력관계를 형성하는 신념과 사고를 표현한다. 지식은 무엇인가를 의사소통하는 가운데 생성되는 것이며, 담론은 "어떤 현상에 대해 아는 것과 관련된 전체적인 경험으로 볼 수 있다"(Fook, 2002: 64). 담론은 각 개인의 몸과 감정을 구성하며 의미 해석과 소통에 관여하는 매개체이다. 따라서 담론이 어떻게 우리의 '실재'를 만들어 가는지를 분석하면 이제까지 드러나지 않던 새로운 사실들을 알 수 있다. 담론 분석은 어떻게 담론이 의미를 조성해 가는지를 이해하는 것이다. 이러한 담론의 분석은 포스트모더니즘 사상의 기저를 이루는 해체작업에 실제적인 실천 개념을 제공한다.

사회복지사들은 기존 담론의 해체를 실천에 적용할 수 있다. 해체는 주류 담론에 저항하는 것을 의미한다. 해체는 소외된 사람들의 이익을 대변할 수 있는 길을 찾도록 도움을 준다. 해체작업은 기존 의미의 틀을 깨기 때문이다. 예를 들어 '비정상'이라 여겼던 어떤 정의는 해체를 통해 비정상으로 낙인되는 과정을 밝힘으로써 그 낙인을 벗어날 수 있다. 우리의 언어는 매우 불안정한 매개체이므로 해체가 가능하다. 언어로 구성된 어떤 정의는 그 안에 다수의 의미를 포함할 수 있고, 언제나 논쟁의 여지가 있으며, 다양한 방식으로 소통될 수 있다.

담론 분석으로 우리가 무엇을 정의하거나 말하는 방식, 혹은 경험을 분류하고 그 경험을 조성하는 과정을 밝혀낼 수 있다. 예를 들면 담론 분석을 통해 정신장애를 결핍이나 실패 경험으로 만들어가는 전문가들의 이론과 과정을 폭로할 수 있다. 또한 전문가들의 담론이 정신장애를 겪는 사람들의 경험을 어떻게 구성해 가는지를 알아낼 수 있다. 담론은 이처럼 사람들의 삶을 분류하거나 구성하기 때문에 모든 사회생활은 담론 분석의 대상이다.

지배적 담론은 언어를 통해 세력을 형성한다. 지배적 담론은 우리 문화에 전수되어 오는 관습과 삶의 양식 저변에 깔려 있는 수많은 가정과 상식들로 구성되어 있다. 담론이 가진 힘은 바로 이런 신념이나 관습들이 대부분 당연시되고 쉽게 드러나지 않는 데에 있다. 담론을 분석하고 해체할 때도 역시 우리는 언어를 사용한다. 담론의 분석은 "기존의 지배적 담론을 쉽게 수용해 버리는 자세를 벗어나서 담론의 가정과 지배를 비평하고 그에 대한 의문을 제기하면서 시작된다. 이때 제기하지 못했던 다른 입장과 새로운 주체성의 표현은 이런 도전의 시작이다"(ibid., 90).

사회 안에는 지배적 담론과 다른 다수의 관점과 의미가 존재할 수 있다. 이 점을 인정하는 것은 기존의 담론과 거리를 두는 것이다. 이것은 바로 변화의 시작을 알리는 것이다. 담론 분석은 누가 이득을 얻고, 어느 시점과 상황에서 누구에게 가장 유리한지를 밝혀내는 동시에 누구의 관점이 삭제되고 등한시되는지를 밝혀냄으로써 소외된 집단의 목소리를 드러내 줄 수 있다.

정신장애에 대한 담론의 예로 돌아가 보자. 전문가들이 병리학적 관점으로 장애를 다룬다면 그 장애를 겪는 사람들의 경험은 객관화될 것이다. 지배적인 정신장애에 관한 담론은 장애인들이 위험한 존재이며 그들을 전문가들의 관리와 통제 안에 두어야 한다는 것이다. 이러한 담론으로 말미암아 정신장애인들의 주관적 경험이나 개인의 독특성은 삭제되고 그의 목소리는 위축된다.

어떤 관점이 우세하고 어떤 경험이 삭제되며 또한 어떤 범주로 경험이 표현되는지를 파악하는 것이 곧 해체의 과정이다. 해체는 어떤 해석과 설명이 적용되며 어떤 의미가 왜곡되거나 억제되는지를 밝혀서 그 담론이 어떤 목적으로 누구의 이익을 위해 만들어졌는지를 밝혀낸다. 담론은 그 담론을 형성한 사람들의 목적에 따라 다르게 작용한다. 따라서 해체를 통해 어떤 다른 해석이나 다른 주체성을 드러낼 수 있는지, 어떤 편견과 틈이 있는지를 찾아낸다. 이러한 해체는 어떤 담론이 어떤 방식으로 권력관계를 유지하거나 권력 구조를 지탱시키는지를 찾아내는 적절한 방식이다.

3) 비평적 재구성

지배적 담론의 해체는 불평등한 권력의 구조와 관례를 드러내 보여준다. 또한 지배적 구성에 대한 의문을 제기하고 그 가정에 저항하도록 한다. 해체가 진행되면서 궁극적으로 사회복지사가 지향하는 목표는 현존하는 구성을 새로운 구성으로 바꾸는 것이다. 새로운 담론과 구조를 형성하기 위해 행하는 실천은 언어 관습과 밀접하게 관련된다. 즉 "새로운 용어나 표현법, 대화 방식을 시도하는 것이다. 또한 새로운 범주를 도출하고 이를 적용하는 과정에서 문화를 조성한다"(Fook, 2002: 96).

현존하는 이론들은 이미 담론의 형태를 갖추고 있다. 비평적 재구성은 기존의 이론을 소폭 수정하거나 조금씩 확장하는 방식으로도 이루어진다. 이 과정에서 상호 관계 수정에 대한 협상을 통해 지금까지의 불균형을 바로잡아가게 된다.

4) 새로운 실천 이론의 성립

비평이론에 근거한 실천을 위해서는 사회복지사 자신이 가진 사고와 실천 이론을 새롭게 발전시켜야 한다. 새로운 실천 이론을 성립하는 데 기여하는 몇 가지 질문들은 다음과 같다(Fook, 2002: 101). 이 질문들은 임파워먼트와 비평적 사고를 반영한 상황을 전제로 한다.

새로운 실천 이론을 위한 질문

1. 내가 실천하고자 의도했던 바와 실제로 일어난 일을 비교해 보라. 내 행위는 나의 이론에 맞았는가?
2. 과거나 다른 경험에 비교해 볼 때 이 상황에서 나의 경험은 어떠한가? 무엇이 공통 주제이며 패턴인가?
3. 내가 사용한 다른 이론과 지식들이 서로 어떤 관계에 있는가?
4. 이 경험의 결과로 나의 이론과 실천에 어떤 질문이 더해지는가?
5. 내 가정과 이론, 행동, 해석, 기술은 어떻게 변해야 하는가?
6. 변화를 이끌어내기 위해 나는 어떤 전략을 사용할 수 있는가? 어떻게 이런 전략들은 나의 변화된 이론과 해석과 맞는가?
7. 나의 실천을 지탱하는 주요 가정들은 보다 공식적인 이론적 관점과 어떻게 비교가 되는가?
8. 이런 비교의 결과로 나의 이론에 어떤 이름을 붙이거나 어떤 범주로 구분해 낼 수 있는가?
9. 새로 형성된 권력에 대한 이론은 무엇인가?
10. 여기에서 배운 실천 이론을 어떻게 다른 맥락에서 사용할 수 있도록 구성하겠는가?

여기에 제시된 질문들은 자신의 실천 이론과 실천 모델을 찾는 데 적용할 수 있다. 끊임없이 자신의 사고와 실천 양식에 이와 같은 질문들을 제기하는 것은 보다 나은 실천을 위한 노력인 동시에 자신이 하는 일에 대하여 책임을 지는 행위가 될 것이다.

3. 사례에 대한 고찰

정확히 비판 이론을 적용한 사례를 찾는 것은 쉽지 않았다. 따라서 비판 이론과 근접한 철학적 근거로 진행된 집단사례를 소개하려 한다. 이 사례는 정신장애에 대한 병리적 접근을 거부하며 억압적이지 않고 장애를 비난하지 않는 방식으로 집단을 진행했다. 우리는 이 사례에서 구성주의적 사고와 기성 담론에 도전한 흔적을 찾고자 노력할 것이다.

1) 집단사례의 소개

이 사례는 Carmel Tapping(1991: 35-39)이 '지배적 이야기에의 도전: "토론의 가치"가 있는 집단 뒤의 이야기'라는 제목으로 발표한 집단사례이다. 이 집단은 지역 정신건강센터에 모인 정신분열증을 겪는 내담자들로 구성되었다. 이 사례는 병리학적 관점을 거부하고 정신 장애를 새로운 방식으로 이해하고 도전한 시도를 보여준 점에서 비판이론의 사례로 간주되었다.

이 집단은 재활에 대한 동기가 매우 저조하여 치료에 매우 수동적이고 비자발적으로 처신해 온 내담자들을 위한 모임이다. 현행 체제하에서 정신분열증을 위한 치료는 내담자들의 수동적 자세를 오히려 강화하는 것이다. 일방적인 사정과 치료방식은 내담자들의 불편한 감정을 고조시킨다. 치료자는 정신분열증을 겪은 내담자들의 실패경험에 초점을 둔다. 이 집단의 지도자들은 '진단 그 자체는 사람들을 특별히 취급하도록 골라내는 행위'(36)로 간주하여 이를 거부하였다. 또한 이 집단은 '희망을 지우는 지배적 이야기에 대한 저항'을 목표로 삼았다.

2) 집단을 이끈 실천 이론

이 집단을 이끈 몇 가지 이론 중의 하나는 Michael White의 본문 유비 이론이다. White는 사람들이 자신의 이야기를 함으로써 그들의 삶에 의미와 감각을 얻게 된다고 주장한다. 또한 Foucault의 '지배적 지식'에 관한 사상을 적용하였다. '지배적 지식'은 전문가와 정신분열증으로 진단된 사람들 사이의 상호작용을 특정방향으로 유도하고 주관한다. 지배적 지식은 힘의 불균형과 내담자를 무력화시키는 방식으로 실재를 만들어낸다. 이러한 지배적 지식은 워낙 오랫동안 내담자를 지배하여 왔으므로 내담자들의 인격의 일부를 형성해 왔다.

이 집단은 전형적인 치료방식과 내담자에 대한 고정된 인식을 거부하려는 실험을 시도했다. 집단은 개인적인 문제 이야기에 사로잡히지 않고 다른 사람들의 이야기를 듣는 환경을 마련하는 데에 주력했다. 이러한 환경은 새로운 이야기가 탄생할 때 그 이야기를 들어주는 '청중'이 될 기회를 집단 구성원들에게 줌으로써 그들에게 새로운 이해와 변화에 대한 가능성을 불러온다.

3) 집단의 진행

이 집단이 다른 집단과 구별될 수 있는 주요한 요소는 주로 질문 기법에 있다. 이 질문은 Michael White(1988/9)가 발표한 질문 기법에 근거한 질문이다. 자세한 질문 내용은 이 사례에 나오지 않았으나 집단에서 사용했을 대표적인 몇 가지 질문들의 예를 원 자료를 참조하여 제시한다.

· 오리엔테이션 질문

이 질문들은 사람들이 스스로 '전문가'가 되도록 준비시키는 질문으로 해결에 대한 지식을 발전시키는 데 집중한다. 특히 개인적인 자질과 지식의 자세한 항목들을 찾아내어 같은 문제로 어려움을 겪는 다른 사람들에게도 도움이 될 수 있게 해 준다. 질문은 다음과 같다(Epston & White, 1992: 19).

오리엔테이션 질문(Orientation Question)

- 당신이 이 일을 풀기 위해 한 일이 무엇인지 아는 것은 절반의 성공인 셈입니다. 이 일을 어떻게 해결했는지를 이해하는 것이 나머지 반이 될 것입니다. 당신의 어떤 자질이 이 일을 성취하는 데 쓰였다고 보는지요?
- 당신의 문제해결 능력에 대해 생각해 볼 때 어떤 것이 미래에 당신이 꼭 써볼 만한 것인지요? 무엇을 잘 간직하고 살려서 다시 쓸 수 있을까요?
- 당신과 똑같은 문제를 지닌 사람과 말할 기회를 상상해 보십시오. 당신이 알고 있는 것 중에 어떤 충고를 그 사람에게 줄 수 있을까요?
- 당신이 이일에 최고 전문가라고 가정합시다. 만일 사람들이 당신에게 자문을 구해오면 어떻게 그들을 도울 수 있을까요?

◆ 상담자들이 내담자로부터 배우는 것은 매우 유용한 지식이라고 봅니다. 다른 내담자들에게도 도움이 되도록 전수해 줄 지식은 어떤 것이 있습니까?

· 독특한 설명의 질문

이 질문은 해결 지식의 성격에 대해 자세히 설명하도록 격려하는 질문이다. 경험을 통해 내담자들이 어렵게 얻은 지식을 다른 사람에게 설명하는 것은 자신에게 보다 확실한 지식이 되도록 해 준다. 내담자들은 구체적으로 어떤 단계를 밟아 문제를 해결할 수 있었는지 시간의 흐름을 따라 구성하도록 한다. 그들의 생존에 중요했던 요소들을 밝혀냄으로써 이러한 지식은 자신의 개인적 역사의 일부로 남고 보존되며 필요할 때 다시 사용할 수 있도록 저장된다. 이러한 질문은 다음과 같다(ibid., 20).

독특한 설명의 질문(Unique Account Questions)

◆ 당신이 무엇을 했는지 대략 말씀해 주셨습니다. 그러나 이 정보는 너무 일반적이어서 좀 더 자세히 알고 싶군요. 하나씩 어떻게 당신이 여기에 도달했는지 알려줄 수 있습니까?

◆ 무엇이 이 난관을 뚫을 수 있게 해 주었나요? 어떤 준비가 필요했는지 말해 주시겠습니까? 당신은 스스로에게 어떤 충고를 했습니까? 첫 번째 단계를 시작할 때 어떻게 시작하셨는지 말해 주시겠습니까? 어떤 다른 사람이 알아챌 수 있었는지, 아니면 그들이 어떤 역할을 했는지요?

◆ 당신이 이 일을 이루는 데 어떤 것을 발판으로 삼았는지 궁금합니다. 어떤 과정을 거쳐서 이 일이 가능할 수 있었는지요?
◆ 당신의 과거를 돌이켜 볼 때 어떤 일이 지금의 문제 해결에 도움이 되었습니까?
◆ 당신을 제가 더 일찍 볼 수 있었다면 오늘의 일이 일어나리라고 예상할 만한 일들이 과거 어느 때에 있었는지 설명해 주시겠습니까?

· **독특한 재기술 질문**

이 질문은 사람들이 타인과의 관계에 대해 다른 관점에서 반추해 보도록 격려한다. 문제를 다루는 데 사용한 기술에 대해 반추하면 사람들의 능력과 자질에 대한 나름대로의 결론이나 깨달음이 드러난다. 이러한 결론에 집중하여 가능한 한 대안적 지식을 자료화하는 데 초점을 맞춘다.

독특한 재기술 질문(Unique Redescription Questions)

◆ 우리의 만남을 돌이켜 볼 때 당신에게 가장 중요한 깨달음이 무엇이었는지 말해 주시겠습니까? 당신이 한 인간으로서 또한 다른 사람과의 관계에서 어떤 자질이 두드러졌습니까?
◆ 지난 시간을 되돌아 볼 때 당신이 원한 것이 무엇이었는지에 대해 어떤 결론이 떠오릅니까? 사람들과 어떤 관계를 원했는지요? 당신에게 어떤 형태의 삶이 맞으리라 생각하셨는지요?
◆ 이 일을 해결하는 데 있어서 사용한 개인적인 기술 혹은 관계의 기술은 어떤 것이었지요? 어떤 기술이 가장 도움이 되었습니까?

- 이러한 성취는 당신의 삶과 관계에서 어떤 중요한 것을 보여줍니까?
- 문제에 맞서 당신이 이룬 것과 같은 성취를 이루어낸 사람에 대해 뭐라고 말할 수 있습니까?
- 당신이 택한 행동을 보고 어떤 결론을 당신 자신에 대해 내릴 수 있습니까? 예전에는 생각해 보지 못했던 결론이 있습니까? 이 일이 없었다면 알 수 없었을 일을 지금 알게 된 것은 무엇입니까?
- 예전에 당신을 알던 사람들 중에 누가 이 일에 대해 당신과 비슷한 결론을 내리리라고 보십니까? 어렸을 적 당신의 어떤 점이 이런 결과를 낳으리라 예측할 수 있었을까요?

4) 결 론

이러한 질문들의 목적은 내담자들이 자신이 한 경험의 전문가로 설 수 있게 하는 것이다. 특히 정신분열증을 겪은 내담자들이 고정된 관념을 벗어버리고 스스로의 주체성을 세울 수 있도록 돕는 데 이 질문들이 사용된다. 질문은 또한 새로운 방향을 찾아 이야기를 새롭게 바꾸는 출발점이 되도록 사용된다.

처음에 집단이 모여 이름을 지을 때에는 '실패자들의 집단'이라 부르기로 했으나, 집단이 진행된 몇 주 후에는 '토론할 가치가 있는 집단'이라는 이름으로 바꾸어 부르게 되었다. 집단 지도자들은 '얽힌 것을 푸는' 단계, 즉 이야기나 문제가 가져온 제한점에 대해 하나씩 밝혀 나아가는 단계가 매우 중요함을 깨달았다. 이때 구성주의적 관점으로 자신에 대한 이야기를 새롭게 하는 것이 매우 중요하다. 자신에 대해 이야기함으로써 새로 얻게 되는 이해나 의미는 성원들이 세계를 볼 수 있는 눈을 바꾸어준다.

이 과정에서 지도자와 내담자라는 이중적 구조는 무너지며 전문가의 정체성은 도전받게 된다. 또한 실재와 비실재 사이에 차이점이 중요하지 않게 되며 오히려 비실재의 언어가 지배적 이야기를 도전하는 데 더 큰 힘을 발휘하기도 한다. 이런 언어적 실험은 기존 담론에 대한 도전이 된다. 마지막 단계에서 집단 성원들은 다른 사람들의 경험을 듣고 질문을 던지며 새로운 이야기의 탄생을 돕는 데에까지 나아가게 되었다.

주요 용어

비평이론, 반억압적, 반착취적, 반영, 담론

주요 개념

구조적 지배, 비평적 반성, 반영적 지식, 비평적 재구성

생각해 볼 점

1. 자신의 현장 상황에 '비평적 반성'을 실시하는 것은 적절한가?
2. 새로운 실천 이론을 구성하는 것이 가능하다고 보는가?
3. 권력 비평을 통해 어떻게 임파워먼트를 조성하기 위한 분위기가 형성될 수 있는가?

제 3 부

구성주의 실천의 장

제 10 장

개인을 위한 구성주의 실천

1. 개인과 자아
2. 변화와 목표 설정
3. 다양한 실천 양식

제 10 장 개인을 위한 구성주의 실천

이 장에서는 지금까지 서술해 온 구성주의 모델들을 정리하면서 개인과 인격에 대한 구성주의적 관점을 논의하고자 한다. 아울러 개인과의 만남에서 시도할 수 있는 몇 가지 실천 방식을 제안하고자 한다. 이에 앞서 개인에 대한 지금까지의 사고와 이런 사고가 형성해 온 실천 기술의 형태에 대해 고찰할 것이다.

1. 개인과 자아

1) 개인에 대한 관점

사회복지에서 개인은 실천의 중심이다. 사회복지 실천은 개인에 관한 관심과 처우로부터 시작되었다. 일찍이 사회복지 실천에서는 개인을 환경과 관련시켜 생각해 왔다. 그러나 그러한 관심은 환경이 어떤 방식으로 개인의 인격과 정체성 형성에 영향을 주는지에까지 미치지는 못하였다. 그 이유는 개인을 바라보는 시각과 그 개인을 대변하는 자아와 정체성에 대해서 근본주의적 견해를 그대로 수용했기 때문이다. 서구에서 발전된 개인에 대한 이론들은 개인을 독립적이며 내면적인 특성들로 형성된 존재로 보았다. 이는 개인을 다른 사람들과의 관계나 다른 사람들의 시선과 무관한 존재로 보는 객관주의적 사고에 근거한 것이다.

지금까지 서구 사상에서 개인은 성격, 인격, 속성, 자아, 정체성을 지닌 안정된 실체로 간주되어 왔다. 이는 때로 인간을 신체적, 심리적, 사회적 차원으로 각각 분리하여 보도록 했다. 인간은 외형적인 면과 내면적인 면을 따로 구분하여 다룰 수 있는 존재로 여겨졌다. 이러한 분리는 개인의 자아와 정체성을 고정된 실체로 보는 데에서 오는 것이다. 가족과 환경이 준 영향조차도 한 개인의 고정된 특정한 속성들 안에 자리 잡게 되었다.

이와 같이 개인을 안정적으로 바라보는 관점에 대해 구성주의는 반대 입장을 분명히 한다. 구성주의에서는 개인과 그의 정체성은 상황에 따라 영향을 받고 다르게 구성될 수 있다고 보았다. 개인적인 약점이나 정서적 상태 등은 사람들의 상호작용에 영향을 미치게 되어 그 상황으로부터 한 사람이 보고 만드는 지식을 다르게 할 수 있다(Rosaldo, 1993). 어느 누구도 사회적 관계에서 무중력 상태에 놓일 수 없다. 중립적인 입장이나 어느 쪽으로도 기울어지지 않는 입장을 취할 수 있는 사람은 아무도 없다. 우리 존재의 방식은 경쟁적으로 영향을 미치는 여러 다양한 요소들의 조합을 벗어나지 못한다. 우리의 "정체성이나 우리가 자신과 타인에 대해 만드는 지식은 우리 자신의 신체적 감각과 경험에 의해 중재된다"(Fook, 2002: 77). 그 외에도 우리 안에 들어오는 수많은 목소리들로 우리는 정체성을 빚어내고 또는 털어내기도 한다.

포스트모더니즘은 자아에 대해 세 가지 특성을 지적한다. 첫째는 변화할 수 있는 자아이다. 이때 자아를 정의하는 가장 중요한 변수는 그 개인이 놓인 맥락이다. 한 개인의 정체성은 그가 속해 있는 맥락 안에서의 상호작용으로 결정된다. 물론 가족과 같은 맥락은 다른 맥락에 비해 더 큰 영향을 주는 것이 사실이다. 그러나 모든 상황은 유동적으로 다른 맥락과 관계하며, 이에 따라 여러 요인들이 개인에게 영향을 미친다. 변화하는 상황 안에 있는 개인 역시 변할 수 있다.

둘째는 한 개인 안에는 서로 모순된 것들이 함께 존재할 수 있다. 만일 우리를 둘러싼 상황들 사이에 모순이 있고 서로 충돌하고 있다면 그 안에 있는 자아 역시 이런 갈등을 피할 수 없다. 계속된 충돌을 피하기 위해 개인은 최대한 여러 요인들과 타협하며 이런 타협은 끊임없이 지속된다. 마지막으로 자아는 여러 다른 정체성을 동시에 가질 수 있다. 우리를 둘러싼 상황은 복잡하고 다원적이어서 개인은 그 안에서 다양한 경험을 하고 다양한 성격의 면모를 지닐 수 있다. 이에 따라 우리가 지니는 정체성도 단순하지 않고 다양할 수 있다는 것이다.

2) 이야기적 정체성

이렇게 자아가 끊임없이 변화하는 상황 속에 놓여 있다면 자아는 어떻게 이런 혼란을 처리하는 것일까? Sands(1996)는 사람들은 아무리 변화하고 복잡한 상황 속에서도 자신을 일관되게 경험하고자 한다고 주장하였다. 이때 유용하게 쓰이는 것이 이야기적 정체성이다. 이야기적 정체성은 여러 국면의 자아를 조화시키기 위해서 필요하다. '이야기적 정체성'은 유동적이고 모순되며 다양한 정체성을 가진 자아를 인정하는 동시에 그 자아에 통일성을 부여하는 방식으로 작용한다. 즉 모든 개인은 혼란을 겪는 가운데에서도 일관성을 잃지 않으려는 노력을 기울인다는 것이다.

이야기는 사람들의 혼란스러운 경험들을 일관성 있게 전체로 통합하는 탁월한 수단이다. 이야기는 개인들의 문화와 경험의 다양한 욕구들을 적절히 통제하면서 통일시켜 간다. 따라서 사람들은 자신을 분열되지 않은 자아로 경험하기 위하여 이야기적 정체성을 만든다. 이는 가장 효과적으로 일관된 자아를 경험하는 방식이기 때문이다. 이 이야기적 정체성은 변화를 수용하여 새로운 경험의 지평을 열어가며, 동시에 계속해서 새롭게 발생하는 상황을 통합시켜 가면서 한 개인이 일관되게 자신을 유지해 나가도록 해 준다.

이야기적 정체성에서 중요한 개념은 이야기에 참여하는 사람들의 개인적 힘(personal agency)이다. 이야기적 정체성은 스스로 구성하는 구성력으로 형성된다. 이야기로 형성되는 정체성은 타인의 관여가 아니라 개인적 통제와 자발성에 의해 만들어진다. 이는 자발적인 동기와 역량을 발휘하는 개인적 힘을 사용하는 것이다. 구성주의 관점에서 볼 때 사람들이 자신의 정체성을 이야기로 만들어가는 것은 이 개인적 힘을 키워가는 매우 건전하고 유용한 개인의 정의 방식이다.

2. 변화와 목표 설정

1) 변화의 개념

앞에서 살펴본 대로 한 사람의 정체성은 사회적 맥락과 상호작용의 결합으로 결정되는 것이므로 구성주의적 실천에서는 변화에 대한 시각도 달라진다. 지금까지 우리는 이원론적 구조의 사고 형태에 영향을 받고 있기 때문에 한 범주는 다른 범주와 대립되는 것으로 받아들인다. 이원론적이며 배타적인 범주를 사용하는 사고에서는 어느 한쪽의 사고나 가치관을 택하면 다른 쪽은 버려야 하는 것이다. 따라서 어떤 사람이 변화를 하기 위해서는 어느 한쪽은 버리고 다른 쪽으로 옮겨가도록 강요받게 된다. 구성주의는 이러한 이원론적 분열을 지양한다. 따라서 사회복지사들이 내담자에 대한 지식적 개입, 교정, 충고를 피해야 할 필요성이 여기에 있다. 구성주의적 실천에서 변화는 이원론적인 분열이 아니라 예상치 않았던 선택이나 새로운 의미 부여와 같이 우회적 선회를 의미할 수 있다. 이것은 예정된 경로를 따라가는 것이 아닌 전혀 다른 방향으로의 전환을 의미한다.

구성주의 실천에서는 언어적 범주에 존재하지 않기 때문에 지금까지 소외되어 왔던 다양한 의미와 해석을 시도하는 것이 변화를 위한 통로가 된다. 이것은 구성주의적으로 볼 때 "살아가는 현실을 계속 구성하는 과정을 인식하는 것을 의미한다"(최종혁, 1999: 202). 이런 시각에서 보면 변화는 새로운 대안과 방향의 선택이라고 볼 수 있을 것이다.

2) 목표 설정

목표 설정에 대해서는 구성주의 시각으로 실천하는 모델들 사이에도 서로 다른 견해를 보인다. 이야기치료에서는 목표 설정에 대해 통상적으로 거론되지 않는다. 그것은 사람들의 이야기를 미리 어떤 경우에라도 제한하지 않으려는 의도에서 비롯된 것이다. 무엇보다도 이야기를 계속하는 것이 중요하다. 이야기를 하다 보면 그 안에서 충분히 사람들이 원하고 선호하는 삶이나 목표가 드러난다. 미리 설정된 목표는 이야기를 충분히 할 공간을 허락하지 않는다. 내담자가 선호하는 삶, 의도, 꿈, 희망, 헌신하고자 하는 것에 대해 이야기의 초점을 두면 사람들은 자연스럽게 목표라고 볼 수 있는 어느 지점에 도달할 수 있다. 이것을 위해 이야기를 하는 사람은 현재 내가 누구인가에 집중하기보다 내가 누구일 수 있는가, 아니면 누구이고 싶은가에 더 관심을 가지도록 한다.

그러나 해결중심 모델은 목표를 처음부터 설정하고 이를 강조하는 모델이다. 목표 설정은 바로 해결을 위한 지름길이며 해결의 방식을 구성하는 원동력으로 간주된다. 중요한 것은 구성주의 사고에서 문제보다는 해결하는 방식이나 목표에 더 관심을 둔다는 사실이다.

해결중심 모델에서 목표 설정 시 고려하는 것은 대체로 “무언가를 그만두는 것보다는 시작하는 것이 더 쉽게 느껴지고 무엇을 있도록 하는 것이 없애는 것보다 더 쉽다”는 것이다(Parton & O’Byrne, 2000: 69). 예를 들면 음주를 그만두기보다는 조금씩 줄여가도록 하는 것이 내담자의 입장에서 더 쉽게 느껴진다는 것이다. 또한 새로운 취미를 갖는 것이 예전 습관을 버리는 것보다 더 쉽게 느껴진다고 본다. 이런 의미에서 목표는 긍정적이고 능동적으로 구성하는 것이 바람직하다.

해결중심 모델에서는 문제가 모두 사라진 삶에 대하여 머릿속에 미리 그려보도록 함으로써, 그리고 그런 상태가 되기 위해 무엇을 해야 하는가를 구체적으로 말하게 함으로써 목표를 설정해 간다. 내담자들에게 구체적으로 그 상황이 가족이나 주변 사람들에게 어떤 차이점을 느끼게 해 줄지, 그때 사람들은 무엇을 알아챌지 등과 같은 세세한 항목에 대해 상상하게 하는 것이 목표 설정에 도움이 된다. 이때 그림이 명확하게 그려질수록 그것을 성취할 가능성도 높다고 보기 때문에 이러한 세부 항목을 중요시한다.

해결중심 모델에서 목표는 매우 단순하게 정해진다. '무엇이 달라지기를 원하십니까?'라는 단순한 질문은 앞으로 나올 대화의 길잡이로서 역할을 충분히 수행한다. 해결중심 모델에서는 내담자에게 중요한 것, 쉽게 달성할 수 있는 작은 것, 구체적이며 행동적인 것, 현실적이고 성취 가능한 것을 목표로 삼도록 권유한다(한국단기가족치료연구소, 워크숍 자료에서 발췌).

3. 다양한 실천 양식

1) 이중 경청

문제를 경험한 사람들과 만날 때 상담자는 그들이 서술하는 경험에 대해서 듣는 것과 더불어 사람들이 그 문제에 대해 보이는 반응을 스스로 알 수 있도록 질문을 던질 수 있다(White, 2006). 반응에 대한 풍부한 서술은 새로운 이야기를 시작하게 하는 좋은 방법이다. 이 서술들은 과거에 묻혀 있던 자신과 관계성에 대한 감각을 되찾아오게 한다. 이 기술을 이중 경청(double listening)이라고 부른다. 이중 경청은 상담자가 내담자들이 중요시하거나 가치를 두는 어떤 것을 알아내려는 노력의 일환으로 시도한다. "사람들이 문제에 대해 가지는 반응, 특히 강한 감정을 담아 표현해 내는 것은 내담자들이 중요하게 여기는 것에 대해 힌트를 준다"(ibid., 28). 사람들이 감정적으로 하는 반응은 자신이 원하는 삶에 대한 가치, 자신의 개인적인 힘의 감각 혹은 기술을 바탕으로 형성되는 것이기도 하다.

이중 경청을 할 때 상담자는 내담자가 문제를 극복하는 데 사용했던 기술이나 지식은 그들이 과거에 만난 어떤 사람들에게서 얻은 삶의 기술이나 지식이라고 가정한다. 따라서 내담자가 지닌 지식과 기술을 확실히 알게 하고 이를 인정하도록 대화의 맥락을 바꾸어 나아가기 위해서는 이들이 누구인지 찾아야 한다. 중요한 영향을 준 어떤 사람에게서 삶의 지혜를 배웠기 때문에 내담자가 이 사실을 아는 것은 중요하다.

"우리 삶에 대해 발전시켜 온 지식은 사실 우리가 가치를 주는 것과 관계가 있다"(ibid., 29). 우리가 가치를 두는 것은 우리 삶의 목적이나 의미, 인생을 어떻게 살아갈지에 대한 감각을 우리에게 제공한다. 이러한 가치들은 우리에게 영향을 끼친 중요한 주변 인물들로부터 얻은 것이다. 좁게는 우리의 가족, 친척, 친구들에게서, 더 넓게는 지역사회, 조직, 혹은 문화로부터 우리는 가치를 얻어내는 것이다. 한 사람의 개인적 역사를 거슬러 올라가면서 이런 경험들을 이야기로 만들어가는 것은 삶에 대한 풍부한 서술을 하도록 이끌어준다. 이런 풍부한 이야기를 가지게 되면 사람들은 현재 겪는 문제를 해결할 지식과 기술에 스스로 접속할 수 있게 된다.

상담자는 일단 사람들의 반응에 대한 어떤 힌트를 얻게 되면 이것들로부터 이야기를 조금씩 쌓아 나가 이야기가 두터워지고 여러 층이 되도록 대화의 맥락을 조성해 간다. 단 한 번의 반응이 아니라 여러 층으로 겹겹이 쌓이는 반응들을 내담자가 인식하고 인정하는 것이 중요하다. 이 반응들은 내담자의 삶의 지식이며 기술이 되어 새로운 이야기를 형성하는 데 기여하게 된다. 이 경우에 이야기는 단선이 아니라 이중으로 서술된다. 첫 번째 서술은 문제에 관한 이야기이며 두 번째 서술은 그 문제에 대한 내담자의 반응으로 엮어진 이야기이다. 이 두 번째 서술에 그 사람의 삶에 대한 지식과 기술들을 풍부히 담게 된다. 물론 이 두 번째 서술은 내담자가 아니라 상담자의 도전과 자극으로부터 시작된다. 만일 상담자가 두 번째 서술에 대해 인식하지 못하고 질문을 던지지 않는다면 내담자는 결코 이 주제에 대해 생각하거나 말하지 않게 될 것이다. 이 두 번째 서술은 매우 미미하여 내담자에게 거의 잊혀져 버렸거나 아니면 그 존재조차 인식되지 못하는 내용이다. 상담자는 바로 이런 사장된 지식을 발굴하여 그것에 대해 이야기를 하도록 하는 역할을 해야 한다. 상담자의 질문은 사람들이 무엇에 가치를 두고 있는가를 포착하는 데에 초점이 있다. 이중 경청의 핵심은 사람들이 수많은 문제를 겪으면서도 아직까지 계속 가치를 주고 있는 것에 대한 관심과 추구이다.

2) 재저작 대화

이야기치료에서 재저작이라는 용어는 자주 사용되지만 정의하기 어려운 용어이다. 재저작 대화는 여러 방면에서 해석될 수 있다. 기본적으로 재저작 대화는 새로운 이야기를 만들어내는 과정을 의미한다. 내담자는 이야기 안에서 자신의 세계를 보여주고 문제에 대한 이해나 자신의 가치관, 지식, 기술을 알려준다. 이야기는 삶에 일어난 사건들이 시간과 공간의 변화를 따라 어떻게 전개되어 왔는지를 화자의 입장에서 알리는 것이다. 이때 말하는 사람은 여러 사건들을 무질서하게 나열하는 것이 아니다. 이 사건들은 말하는 사람의 의도에 따라 묶이며, 의미를 띠는 구상에 따라 순차적으로 서술된다. 또한 이야기는 사건들 안에 등장하는 인물들에 대한 결론과 함께 그것을 말하는 이유 등을 담고 있다.

사람들이 실제로 하는 이야기는 그들이 할 수 있는 많은 다른 이야기들 중의 하나일 뿐이다. 사람들은 그들의 삶에서 일어난 모든 사건들을 다 이야기로 만들어내지 못한다. 다만 현재 그들의 삶에 지대한 영향을 주는 사건들을 선택하여 이야기할 뿐이다(White & Epston, 1990). 어떤 이야기는 한 사람을 대변하거나 그의 삶에 가장 큰 영향을 미치는 지배적 이야기로 남게 된다. 사람들 안에는 아직 하지 못하고 빠뜨린 이야깃거리가 무수히 많다. 현재 떠올리지 못한 경험들을 찾아내어 지금까지 하지 않았던 다른 이야기를 시작하도록 하는 것이 재저작 과정이다.

재저작 과정은 일상적 흐름에서 이탈되어 있는 독특한 사건들에 주목함으로써 시작될 수 있다. 이 사건들은 지배적 이야기 안에 들어가지 않는 사건들이다. 따라서 이 사건들은 사람들의 기억에서 지워지거나 묻혀 버린 것으로 거의 주목을 받지 못해 온 사건들이다. 이러한 사건들은 처음에는 너무 미미하거나 하찮게 느껴져서 희미한 흔적만이 남겨진 것이다. 그러나 이러한 사건들은 지배적 이야기의 틈새에서 새로운 이야기를 시작하게 하는 재료가 될 수 있다.

재저작 대화는 희미하지만 자극을 받으면 다시 떠올리게 되는 사건들을 중심으로 이야기를 발전시켜 간다. 질문은 주로 사람들의 삶에 일어난 사건들과 그 의미를 생각하는 데 맞추어진다. 사람들이 직접 경험한 사건들을 기반으로 하고 있지만 거기에만 머무르지 않는다. 상담자는 사람들이 상상력을 발휘하여 그에게 일어났던 사건들에 대해 새롭게 반응하도록 자극한다. 따라서 재저작 대화는 이야기를 하면서 의미를 부여해 가는 작업이기도 하다.

재저작 대화에서 사용하는 두 가지 종류의 질문은 다음과 같다.

재저작 대화 질문

행위의 조망

실제로 일어난 일들에 대한 질문으로 사건 자체를 기술하도록 해 준다.

'그때 어떤 일이 있었습니까?'

'이것과 비슷한 일이 있었던 것을 기억하십니까?'

의식의 조망

일어난 사건들의 의미나 정체성에 대해 내리는 결론을 찾도록 질문한다.

'그 일은 당신에 대해 무엇을 알려줍니까?'

'이 일에 대해 당신은 어떤 결론을 내릴 수 있습니까?'

이 두 질문 사이를 자연스럽게 교차하면서 결국 새로운 이야기는 모양새를 갖추어 간다.

재저작 대화는 두 질문을 적절히 섞어 던져서 내담자들이 답을 하는 가운데 새로운 이야기를 하게 되는 것이다. 이야기 만들기를 밥 짓는 과정에 비유하자면 내용물인 쌀은 행위의 조망으로 물은 의식의 조망으로 볼 수 있다. 그 내용물을 끓이는 불은 상담자의 질문이다. 맛있게 밥을 지어내기 위해서는 적절히 쌀과 물을 섞어야 하고 적절한 온도의 불로 끓여내야 한다. 사건이 그 사건 자체로 있을 때는 맛이 없지만 불이라는 자극에 달구어지면서 의미를 띠고 맛있는 이야기로 변형될 수 있다. 맛있는 밥을 짓는 데 불이 필수적이듯이 새로운 이야기를 만들어내는 데에 상담자가 던진 질문들이 반드시 필요하다. 이 질문으로 상담자와 내담자는 기본 재료가 되는 내담자들이 경험한 사건들을 찾고, 그 사건들이 가지는 의미를 찾아서 이를 적절히 섞어서 이야기를 만들어간다.

재저작 대화는 궁극적으로 사람들에게 그들의 삶을 성찰하는 기회를 제공하는 것이다. 즉 재저작 대화는 사람들에게 어떠한 일이 일어났는지, 어떻게 그 일이 일어났으며 그 일은 무엇을 의미하는지, 그리고 현재 어떠한 일에 영향을 미치고 있는지 등을 생각해 보고 말하는 가운데 새로운 이야기를 생산하도록 하는 것이다. 이러한 대화는 내담자에게 과거의 삶에 극적으로 다시 관여하여 이전과는 다르게 해석할 기회를 준다.

재저작 대화에서 사람들이 어떤 정체성에 대한 결론을 내릴 때 예전에 해 오던 방식을 그대로 사용하지 않도록 주의해야 한다. 지금까지는 정체성을 정의할 때 주로 욕구, 동기, 특성, 자질, 강점과 약점, 자원, 성격 등과 같은 범주를 사용해 왔다. 그러나 이러한 정체성의 결론은 삶의 방식을 일정하게 고정시키고 한계를 설정한다. 재저작 대화에서 주목하고자 하는 정체성의 범주들은 주로 의도, 목적, 가치, 신념, 희망, 꿈과 비전, 헌신 등이다. 이런 종류의 정체성은 삶을 앞으로 진행시켜 가는 데에 더 관심을 두도록 하는 것이다. 이것은 내담자가 삶에 극적으로 관여하여 자신이 선호하는 이야기 안에 자리를 잡아가도록 부추겨 준다.

재저작 대화가 진행되면 사람들은 가까운 미래에 일어날 수 있는 사건들에 대해서도 '행위의 조망'을 밝혀볼 수 있다. 예를 들면 새로 취하고자 하는 행동이나 그런 행동이 일어날 수 있는 상황에 대한 설명, 이러한 계획의 결과 등에 대한 질문이 바로 가까운 미래의 '행위의 조망'을 이끌어낼 수 있다. 먼저 현재나 과거에 대한 재저작 대화를 실시하여 내담자의 풍부한 정체성에 대한 결론을 얻은 후에 이런 미래에 대한 행위의 조망을 시작할 수 있을 것이다.

3) 비계 질문

질문하는 기술은 상담자가 가진 모든 기술 중에 가장 으뜸 기술이다. 질문은 대화를 진행하는 가장 좋은 방식이며 대화 참여를 독려하여 상대방을 동반자로 끌어들인다. 이야기치료에는 비계 질문(scaffolding question) 이라 명명된 질문 양식이 있다. 비계는 건물을 세우려 할 때 먼저 옆에 엉성하게 만들어 놓는 보조들을 의미한다. 비계는 현재 새로 짓는 건물 안으로 자재를 들여보낼 수 있도록 만들어진 건축을 돕는 도구이다. 질문도 바로 비계와 같은 역할을 한다. 즉 새로운 이야기라는 건물을 짓기 위한 보조적 도구로서 질문이 사용된다는 뜻이다. 비계 질문은 이제까지 알지 못했거나 생각해보지 못했던 이야기를 새롭게 조성하도록 자극하는 질문의 일종이다.

비계 질문은 미리 준비된 질문이 아니라 이야기의 문맥에 따라 그때그때 만들어지는 것이다. 그러나 비계 질문이 지향하는 바는 뚜렷하다. 이 질문은 순차적으로 진행되는 것이 특징이다. 이런 비계 질문으로 내담자들은 새로운 자극을 받고, 새로운 시각을 생각해 보게 된다.

비계 질문을 시작할 때 중요한 것은 답을 알지 못한 채 시작한다는 것이다. 따라서 이야기의 방향은 먼저 익숙하고 잘 알려진 이야기로부터 앞으로 우리가 찾아서 알아가는 이야기, 아직 알려지지는 않았지만 노력하다 보면 알게 될 이야기로 나아가는 것이다. 질문자는 어떤 이야기가 나올지 모른 채 방향만을 잡고 처음 시작한 이야기로부터 한 층씩 쌓아올려 가도록 질문을 던진다. 이 방식은 새로운 이야기의 실마리를 이미 하고 있는 이야기로부터 끄집어내는 것이다. 알지 못하는 이야기(위에서는 두 번째 서술이라고 명명했다—저층 이야기라는 표현을 쓰기도 한다)는 매우 미미하게 시작된다. 그러나 알지 못하는 이야기는 그 이야기가 진행되면서 점점 더 또렷해지며 두터워지게 되어 나중에는 원래 시작한 이야기보다 더 잘 드러나게 된다. 다음은 비계 질문의 한 예를 보여준다.

비계 질문

단계 1. 문제에 대한 사람들의 반응, 행동

사람들이 문제를 겪으면서 나타내는 반응을 찾는다.

◆'그때 무엇을 하셨나요?'

◆'어떻게 반응하셨지요?'

단계 2. 반응을 내담자의 지식/기술/가치와 연결

이러한 반응을 내담자가 삶에 대해 지닌 지식이나 기술로 연결시킨다. 이런 시도는 점차 그들의 개인적 힘을 회복하거나 그런 감각이 생기도록 돕는 것이다.

◆'어떻게 그렇게 하셨지요?'

◆'이 기술에 어떤 이름을 붙이고 싶나요?'

◆'어떤 지식을 갖고 있었나요?'

◆'이 기술에 대해 어떻게 느끼시나요?'

단계 3. 선호하는 삶과 지식/기술/가치를 연결

이러한 반응을 자신이 원하는 삶의 지식과 기술로 연결시킨다. 즉 선호하는 가치나 의도, 신념, 목적, 꿈 등으로 연결시킨다.

- ◆'이 기술에 나타난 것 중에 당신에게 중요한 것은 무엇이지요?'
- ◆'이것은 당신이 누구라고 말하지요?'

단계 4. 기술과 지식 가치를 보여주는 반응에 대한 보다 풍부한 서술

내담자의 개인적 역사를 추적하여 중요한 영향을 준 다른 사람과 연결시킨다.

- ◆'이 기술과 가치의 역사는 무엇이지요?'
- ◆'누가 당신에게 이 기술을 소개해 주었거나 가르쳐 주었나요?'
- ◆'어디에서 이런 기술을 배웠나요?'
- ◆'언제 이 기술이 처음으로 당신에게 중요해졌나요?'
- ◆'어떻게 이 기술/지식/가치를 유지해 올 수 있었나요?'

(출처: Narrative Therapy Centre of Toronto—www.narrativetherapycentre.com)

위에서 보여준 예는 이야기를 차곡차곡 쌓아 나아가는 단계별 비계 질문이다. 이 질문의 특징은 매우 조금씩 그리고 서서히 이야기를 발전시켜 가는 것이다. 따라서 이야기가 진행될수록 좀 더 그 의미가 뚜렷해지고 커져가도록 하는 것이다.

4) 외재화 대화

이야기치료에서 가장 많이 사용되는 기법은 외재화 대화라고 볼 수 있다(다른 곳에서는 표출대화로 번역됨). 이 대화는 의인화 기법을 사용한 것으로 문제를 살아 있는 존재로, 즉 외부적 실체로 다루는 방법이다. 외재화 대화는 "사람들이 살아가는 삶의 양식과 생각을 해체시키는 데에 유용한 기법"으로 알려져 있다(White, 1993:

129). 외재화 대화는 문제를 살아 있는 것으로 다루어서 문제와 대화하고 문제와의 관계를 조정하는 것을 목표로 삼는다.

외재화 대화는 문제를 겪는 사람을 비난하지 않으려는 의도를 지니고 있다. 현재 문제를 겪는 사람은 그의 인격이 문제와 혼합되어 마치 처음부터 문제를 타고난 사람처럼 취급당할 때가 있다. 술 중독자, 마약 중독자 등과 같이 그 사람이 문제인 것처럼 여겨진다. 이것은 문제를 그 사람 안에 두는 내재화된 대화이다. 내재화 대화는 외재화 대화와는 정반대의 입장을 취하는 것으로, 문제와 그것을 겪는 사람과 동일시하거나 그 사람을 문제로 삼는 방식이다. 내재화 대화는 내담자의 개인적 삶의 맥락을 생략하거나 무시한다. 또한 그의 경험에서 보다 넓은 정치적인 맥락을 분리시켜서 문제가 내담자 개인만의 것이 되도록 한다. 따라서 내재화 대화는 "문제의 생산에 관여한 보다 넓은 맥락적 이슈들을 피하게 한다"(Parton & O'Byrne, 2000: 84). 이런 방식은 내담자의 삶과 관계를 병리적 관점으로 다루게 하거나 획일적 기준으로 판단하게 한다.

이에 반해 외재화 대화는 맥락이 드러나도록 하며, 내담자의 경험을 객관화하고 지배하려는 관행에 도전한다. 외재화 대화는 내담자의 삶을 지배하는 부당한 문제 세력을 노출시킨다. 예를 들면 외재화 대화는 술 중독을 조장하는 부당한 사회와 문화적 요인들을 노출시켜 그 부당함을 깨달을 수 있도록 해 준다. 사람들을 부당하게 지배하는 세력을 문제로 삼고, 그 문제를 사람들로부터 떼어내 이름을 붙이는 기법이 외재화 기법이다. 특정한 이름으로 존재하는 문제는 그 스스로의 의도와 책략, 속임수를 행사하는 실체로 활동한다. 이는 문제와 내담자를 대립시키는 방식이기도 하면서 문제를 내담자로부터 떼어내어 그의 인격 안에 두지 않으려는 의도를 실행하는 것이다.

외재화 대화에서 문제는 타고난 것이 아니다. 상담자는 언제든지 문제를 내담자로부터 떨어질 수 있는 존재로 가정한다. 따라서 내담자와 문제의 관계를 바꾸어서 더 이상 문제가 그 사람의 삶을 지배하지 못하도록 하는 것이 중요하다. 이는 문제의 구성과 소멸을 외부적인 영역에서 다루지 않고 인식과 언어의 영역에서 다루고자 하는 구성주의적 관점을 보여준다. 이러한 관점은 해결중심 모델에서도 사용된다. 해결중심 모델은 문제에 대해 생각하는 것은 오히려 문제를 더 키우는 것이라고 주장한다. 구성주의적 관점은 사람들의 삶이 자신들의 경험에 부여된 의미들로 구성된다고 주장하고 있다. 따라서 구성주의적 관점에서 문제는 객관적 지표로 측정되는 것이 아니라 그 문제가 행사하는 삶에 대한 지배력에서 의미를 띠게 되는 것이다. 상담자는 어떤 사람 안에 존재하는 문제의 지배력을 알아보거나 그 문제가 장악하고 있는 삶의 여러 영역들에 대해 관심을 가진다. 한 사람의 삶에서 경험되는 문제는 모든 삶의 영역이 아니라 특정한 영역에 제한되어 있다고 가정한다. 따라서 문제는 100% 내담자를 지배하지 못한다.

이야기치료에서 외재화 대화는 자유롭게 사용되지만 입장 지도라는 형식과 결합하여 사용될 수도 있다. 입장 지도라는 틀은 쉽게 외재화 대화를 쓰도록 고안되어 있어서 다음에 소개하도록 한다.

5) 입장 지도(Position Map)

이야기치료에는 특정한 틀에 따라 사용되는 질문 양식이 몇 가지 있다. 이러한 틀은 지도라는 비유로 표현된다. 상담에서 지도란 상담자가 대화를 하면서 마음속으로 따라갈 수 있는 길이나 방향을 의미한다. 지도의 비유는 대화 도중에 길을 잃지 않고 어떤 방향으로 나아가면 좋을지를 알려주기 때문에 자주 사용된다. 지도는 때로 길을 잃었을 때 다시 되돌아올 수 있는 방향잡이가 되어주기도 한다.

입장 지도는 목적을 가진 질문 형식이다. 입장 지도를 사용하는 가장 큰 목적은 내담자들이 문제에 대해 자신의 입장을 취하도록 하는 데 있다. 즉 문제와의 관계를 수정하여 문제에 대해 지금까지와는 다른 입장을 취하도록 하는 것이다. 입장 지도는 네 가지 항목으로 구분되어 있고 내용은 문제와의 관계에 대한 외재화 대화로 채워진다.

입장 지도

제1항: 문제에 이름 지어주기

현재 경험하는 문제가 무엇인지 정의를 내리고 정의된 문제에 이름을 지어준다.

◆'우리가 이 문제를 어떤 식으로 부를까요?'

제2항: 문제의 영향력 찾기

문제가 내담자의 삶의 각 영역에 미치는 영향을 자세히 알아본다. 학교, 가정, 친구관계, 꿈과 목적, 바램과 가치관, 삶의 지평 등 여러 맥락 안에서 문제의 활약상을 찾아낸다.

◆'울화는 친구를 만나는 데 어떤 식으로 방해해 왔습니까?'

(*울화는 우울증에 붙여진 이름)

제3항: 문제의 영향력에 대한 평가

문제가 지배해 온 삶의 영역에서 내담자가 느끼는 것은 무엇인지, 내담자의 의견이나 감정에 대해 질문한다.

◆'울화가 이토록 훼방하는 것에 대해 어떻게 느끼십니까?'

◆ '이것은 당신에게 괜찮습니까?'
◆ '당신의 입장은 무엇이지요?'
◆ '이것은 긍정적 발전인가요 아니면 부정적인 건가요?'

제4항: 평가에 대한 정당화

앞(3항)에서 내린 결론, 내담자가 한 답에 대한 근거를 묻는다.

◆ '왜 이것이 괜찮지 않습니까?'
◆ '이렇게 된 것이 왜 부당하다고 느끼십니까?'
◆ '당신은 어째서 이런 입장을 취하셨나요?'
◆ '이런 입장을 갖게 된 삶의 배경은 무엇입니까?'

(출처: Michael White Workshop Notes-www.dulwichcentre.com)

위의 네 가지 항목의 질문은 순서대로 진행되는 것이다. 2항의 질문에서 상담자는 내담자의 삶의 모든 영역을 다룰 필요는 없으며 현재 가장 어려움을 겪고 있고 중요한 영역만을 다루도록 한다. 4항에 대한 대답으로 내담자들은 결국 자신이 가치 있게 여기는 것에 대한 결론들을 제시하고 자신의 입장을 가지게 된다. 즉 자신의 신념, 맹세, 희망, 꿈, 헌신 등에 대한 의미를 찾아내는데 이는 문제를 경험하면서 얻는 부정적인 결론과는 대조적인 것이다. 따라서 문제를 경험할 때 미처 생각하지 못했던 다른 가치에 도달하게 되고 이런 결론은 문제에 대해 어떤 행동을 취할 수 있도록 내담자를 이끌어간다.

지금까지 소개한 이야기치료의 질문 형태는 요리의 조리법처럼 그대로 따라해야 할 공식은 아니다. 상담자는 각 내담자의 사정과 대화의 문맥에 맞게 질문을 사용해야 한다. 어떤 질문은 상담자가 자유롭게 변형시켜서 사용할 수 있다. 중요한 것은 이런 질문들의 저변에 깔려 있는 가정이다. 이야기치료는 개인의 삶을 제한하고 억압하는 이야기를 떠나 새로운 이야기로 나아가도록 인도하는 것이며 모든 사람들은 새로운 이야기를 할 수 있다고 가정한다. 또한 이야기가 달라질 때 그 이야기에 의해 개인의 삶이 새롭게 구성된다는 것을 믿는다.

➘ 주요 용어

자아, 정체성, 이중 경청, 재저작, 독특한 사건

➘ 주요 개념

이야기적 정체성, 행위의 조망, 의식의 조망, 비계 질문, 입장 지도

➘ 생각해 볼 점

1. 이야기적 정체성은 어떤 면에서 구성주의 시각을 반영하고 있는가?
2. 비계 질문은 어떤 단계를 거쳐서 완성되어 가는가?
3. 입장 지도를 사용하여 해결에 대한 내담자 입장을 찾아볼 수 있는가?

제 11 장

가족을 위한 구성주의 실천

1. 현대 가족의 변화
2. 가족 실천의 기본 틀
3. 가족 실천의 사례

제 11 장 가족을 위한 구성주의 실천[1)]

현대의 가족들은 가장 빠르게 변화되어 가는 사회복지 실천의 영역이라 볼 수 있다. 급격히 변화하는 사회 속에서 가족은 다양한 형태와 모습으로 바뀌어 왔다. 따라서 가족에 대한 현대인들의 가치관과 인식이 크게 바뀌고 있다. 어떤 면에서 가족은 다양하고 복잡한 사회 변화에 가장 빠르게 대응해 가는 집단 중의 하나이다. 또한 가족은 아직까지 전통사회와의 연대를 지속하며 사회를 지탱하고 있는 유일한 기초 집단이다.

현대 사회 대다수 구성원들은 가족에 대한 위기감을 느끼고 있다. 왜 현대인들은 가족이 위기에 빠져 있으며 가족 기능이 와해되었다고 진단하는 것일까? 이러한 위기의식은 어디에서 발생하는 것일까? 근대 사회의 사고로 거슬러 올라가면 그 답을 찾을 수 있다. 지금 현재 우리가 지닌 가족에 대한 사고들은 근대 사회로부터 온 것이다. 근대 사회에서 가족은 삭막한 노동과 차가운 외부 세상으로부터 가족원들을 보호하고 돌보는 유일한 보금자리로서 인식되어 왔다. 또한 가족은 변함없는 애정과 친밀성으로 묶인 낭만적인 사랑의 보금

1) 이 장은 "가족복지 서비스를 위한 새로운 실천 패러다임에 관한 연구", 2004, 『가족치료학회지』 12(2): 53-75에서 재구성함.

자리로서 비현실적으로 이상화되어 왔다. 그러나 이러한 이상 가족은 실제로 역사상 어느 때에도 존재하지 않았다고 한다(이재경, 2003). 다만 이러한 이상을 보존하고자 하는 정치적 · 사회적 노력들이 있어 왔을 따름이다. 이제는 이런 정치적 · 시대적 이상의 허구를 넘어서서 실제 가족을 다양한 관점으로 바라보아야 한다. 이 장에서는 이런 다양한 관점을 가지고 가족을 위해 어떤 실천을 할 수 있을지를 살펴보도록 하겠다.

1. 현대 가족의 변화

1) 근대 가족의 이상

현대 가족이 처한 맥락을 이해하기 위해서 가족이라는 이념이 주목받기 시작한 근대 시대를 살펴볼 필요가 있다. "근대 가족의 특징으로 자애로운 모성과 가족을 단위로 하는 사생활권의 보장, 가정중심성"을 들 수 있다(이재경, 2003: 31). 근대는 가족에 대한 관념을 어느 때보다 이상화시킨 시대였다. 즉 우애적 가족에 대한 환상을 증폭시켜서 가족에 대한 결속을 다지고 완벽한 가족 이미지를 출현시켰다. 이러한 가족에 대한 이상화 작업은 산업화로 인해 분열되고 피폐화된 사회적 분위기를 따뜻한 가족의 이미지로 무마하려 했던 당시의 정치적 · 사회적 분위기로 인해 대두된 것이다. 그러나 실제 가족들의 삶에서 이러한 이상은 실현되지 못했으며, 가족이라는 집단은 산업화로 시작된 변화의 물결 속에서 흔들리기 시작하였다.

가족에 대한 이상화와는 정반대로 실제로 사회적 근대화에서 가장 핵심적인 발전은 개인화에 있다(Beck, 1992). 후기 산업사회에 들어와서 급격히 발전해 가는 사회가 야기하는 혼란 속에서 가족에 대한 근대적 이상은 급속히 와해되기 시작했다. 그러나 가족을 보존하고 그 이상을 구현하기 위한 일반 사회의 노력은 지속되었고 그 와중에 가족을 위한 서비스들이 발전되기 시작했다. 따라서 가족을 위한 전문가들의 등장은 개인화와 사회적 근대화가 진행되는 시기를 배경으로 이루어졌다(Luhmann, 1989). 전문가들은 두말할 나위도 없이 가족을 보존하고자 한 사회의 이상을 구현하려는 입장에서 가족을 돕기 시작했다. 가족을 돕는 전문가 집단은 매우 빠르게 성장하였고 전문화의 추세는 지속되었다. 전문가에 의존하게 된 가족 서비스는 근대 가족에 대한 이데올로기를 강화시키는 통로로 작용하였다.

전문화는 전문가의 양산과 전문적 지식을 생산하는 방향으로 진행된다. 전문가들은 역기능적 가족을 건전한 가족으로 변화시키는 임무를 사회로부터 위임받았다. 따라서 주류 사회에서 이탈된 가족에 대한 선별과 보수 작업이 주를 이루는 전문성이 발전되었다. 전문가들은 비정상 가족들을 분류하고 돕는 데에서 병리학적 관점을 도입하였고, 이러한 흐름은 현존하는 가족 치료 형태에까지 이어져 왔다. 다수의 가족 치료 이론들은 역기능 가족들을 분류하고 그 가족들의 기능을 회복시키는 데에 초점이 맞추어져 있다. 대다수의 이론들은 가족의 문제를 주변 맥락과는 무관하게 개별 가족의 문제로만 다루는 경향을 따르고 있다.

2) 가족의 정의의 변천

Parsons(1949)는 가족을 결혼으로 결합된 남녀 한 쌍의 부부와 그 자녀로 정의했다. 이 정의는 가족에 대한 가장 고전적인 정의로 지금까지 사용되고 있다. 가족은 주어진 성에 따라 구분된 역할을 수행하는 사회의 기본 단위이다. 이러한 가족을 뒷받침하는 정서는 낭만적 사랑이다. 가족을 구성하고 유지하는 원동력은 두 남녀의 낭만적 사랑이며 이 사랑은 평생 변함없이 유지되는 것으로 생각된다. Parsons의 가족에 대한 정의는 성에 따른 역할의 구분을 강조하고 있다. 아내는 가정 안에서 가족원들을 돌보며 양육하는 정서적 지원자로, 남편은 바깥에서 일하며 생계를 책임지는 물질적 지원자로 서로 보완적인 역할을 담당하는 것을 바람직한 가족으로 보았다.

가족은 사회를 유지하는 기본 단위로서 가족이 지닌 기본 의무를 다할 책임이 있다. 가족의 기본적 의무를 수행하지 못하는 가족은 그 사회의 부담이 된다. 이때 사회는 전체 사회의 존립을 위해 이탈된 가족을 주류 사회로 다시 불러올 필요를 느낀다. 가족의 정상적인 기능을 다하지 못하는 가족들은 사회의 보호와 지원이 필요한 서비스 대상으로 전락한다. 여기에는 빈곤 가족, 독거노인 가족이나 이혼, 사별 등으로 와해된 가족과 같이 스스로 돌보고 생산하는 기능을 상실한 가족들이 포함된다. 이 가족들은 장애나 결함을 가진 가족으로 낙인찍히며 서비스를 필요로 하게 된다.

사실 현대 가족은 근대적 이상과 멀어진 가족이 많다. 현대 사회에서 다양한 형태의 가족이 전면에 나타난 계기는 개별화된 개인적인 목적이 사회적이며 공동의 선을 앞서게 된 데에 있다(Stepthenson, 1996). 특히 가족에 대한 일반인의 가치와 기대 수준은 상당히 변화하고 있다. 결혼이나 가족 영역에서 규범적 행위에 대한 규제가 감소되어 혼전 성관계, 사실혼, 미혼모, 이혼과 재혼과 같이 다양한 선택적 행위들이 가능해졌다(이진숙, 2003). 결혼과 가족제도는 정서적 욕구를 충족시키는 독점기능을 다른 생활 형태들에게 내주었고 이러한 경쟁은 가속화되어 간다.

또 다른 가족의 변화 요인은 임금 노동과 직업을 중심으로 조직되어 있는 현대 사회의 삶의 구조이다. 1960년대에 시작된 여성 해방과 근대화의 기류는 여성들을 노동시장으로 진출시켰다. 또한 교육과 직업의 기회가 확대되면서 맞벌이 부부와 같은 핵가족 형태의 가족이 등장하였다. 여성들의 가정에서의 지위는 이전과 달라졌고 때로는 이 달라진 역할이 가족의 갈등을 유발하였다. 여성들이 더 이상 담당하지 못하는 가족의 양육과 돌봄의 기능을 전문적 기관에서 담당하기 시작했다. 가족을 위한 서비스에 대한 욕구는 크게 증가되면서 이를 담당하는 사회적 기관들이 양산되기 시작했다. 가족은 더욱 이러한 기관들을 의지하게 되었다. 이제 맞벌이나 한부모 가족과 같은 핵가족 형태는 사회적인 가족 서비스의 뒷받침이 없이는 기능할 수 없는 가족이 되었다(Seikkula, et al., 2003). 가족은 각종 기관과 전문가들에게 보육, 교육, 노인수발 등의 과제를 의탁하게 되었으며 온전한 체계로서 존재하던 가족의 삶은 조각이 나게 된다. 이런 변화는 가족의 고전적인 기능과 구조를 수정할 수밖에 없는 상황을 만들어내었다.

3) 한국 가족의 변화

한국 가족은 전반적으로는 서구적 추세를 따르면서도 그 나름대로 독특한 형태로 진화되어 왔다. 전통적으로 한국 가족은 부계 혈연 중심의 가부장적 가족 형태를 유지해 왔다. 원래 한국 사회에서 가족은 종족 보존과 전통 가계를 존중하고 유지하는 데 큰 의미를 두었다. 이는 가족이 다른 가족과 분리되는 씨족 혹은 부족의 발달된 형태로 친족이 우선시되는 가족 중심적 삶을 오랫동안 유지해 왔기 때문이다(이재경, 2003). 이런 친족 공동체로서의 가족은 급격한 근대화 과정에서 그 기능과 구조가 상당히 변질되었고, 서구적 개별화의 영향을 받았다. 여성들의 교육과 취업의 기회가 개선되어 사회적 진출이 확대되면서 전통적 가족의 구조와 기능이 크게 바뀌었다. 부계 중심에서 모계를 포함하는 양계 모두의 실제적 도움을 받는 쪽으로 방향을 틀었고, 남아선호 사상도 눈에 띄게 퇴락하는 등 여성의 지위 향상과 욕구 충족이 실현될 가능성이 높아졌다. 따라서 한국 가족은 "가족 경계의 유동성과 불안정한 부부 중심성, 양계화 경향을 보이면서 재구성되어 가고 있다"(이재경, 2003: 132).

한국 여성들은 교육과 취업에서 큰 약진을 보이면서 빠른 사회적 변화를 따라가고 있다. 그러나 아직 사회·경제적으로 여성에게 상당히 불리한 상황을 완전히 벗어나지 못하였다. 여성들은 여성에 대한 차별과 저임금, 열악한 노동환경, 불안정한 경제적 상황과 더불어 가정에서의 과도한 가사 부담 등을 겪으면서 힘겨워하고 있다. 이는 한국 사회가 서서히 변화하면서도 아직 가부장적인 사고나 전통적인 편견에서 완전히 벗어나지 못하는 데에서 오는 어려움이다. 따라서 결혼이나 자녀 출산을 회피하는 경향이 한국 가족의 새로운 문제로 등장하였고 늘어나는 노인 인구 부양이 부담이 되고 있다. 취약한 보육, 교육체계나 사회적 안전망에 대한 개선이 시급하지만 아직 해결되지 못한 채 사회구성원들의 불만이 가중되고 있다. 현 사회의 다양한 문제들은 가족의 삶을 위협하고 위기감을 고조시키고 있다.

현재 한국 정부는 사회 안에서 드러난 가족의 문제를 개별 가족의 사적 영역으로 간주하며 개입을 회피하고, 잔여적 가족 복지정책을 유지하려 한다. 기혼 여성이 노동시장에 재취업하기는 매우 어려우며 이들을 대신하여 가족원을 돌볼 수 있는 체계는 미흡하다. 빈곤이나 고용 불안정, 재해나 질병, IMF 이후에 급격히 증가한 저소득층에 대한 정책의 혼란과 부재 등 한국 사회는 아직까지 구조적으로 발생하는 가족 문제에 대해 적절히 대처해 나가지 못하고 있다. 이러한 가운데 가족에 대한 가치관은 매우 급속히 변화되어 개인주의 사고의 확산으로 이혼이 급증하였고, 다양한 형태의 가족이 출현하고 있다. 아동, 배우자, 노인 학대 등 가족 내의 폭력의 문제들이 심화되었고, 외국인과 결합하는 다문화 가족들에 대한 대책이 미비한 등 가족 내외의 갈등이 고조되어 가는 실정이다. 그러나 이러한 혼란을 거두고 갈등을 해결하는 정책적・사회적 통로들이 미흡한 것이 현재 한국 가족이 당면한 실정이다.

4) 투과성이 높은 가족

현대 가족을 투과성이 높은 가족이라고 정의하고 있다. 이런 정의는 현대 가족이 근대적 이상이 빚어낸 가족과는 다른점이 분명히 드러나기 때문에 만들어진 것이다. 가족에 대한 투과성은 근대가족에서 내세운 사생활 보호와 가족 중심성과 대립되는 개념으로 만들어졌다. 이때 투과성이란 외부 세력이나 영향이 가족생활 안으로 들어오는 것을 의미한다. 가족은 원래 법적으로 보호되는 남녀의 결합이라는 확실한 경계를 세움으로써 형성되었다. 이제 이런 경계는 점점 희미해지거나 와해되고 있다. 법적으로 묶이지 않아도 남녀 쌍방의 합의로 가족을 형성할 수 있기 때문이다. 이러한 새로운 가족 형태는 또한 쌍방의 합의로 쉽게 와해되기도 한다. 따라서 가족은 이제 법적 근거와 혈연관계의 구조에 의해 경계를 나누지 않는다. 실제적인 가족의 형성은 상호 동의에 의한 정서적인 결합과 당사자들의 의사결정에 달려 있다. 이런 가족을 투과성이 높은 가족이라 부른다(Elkind, 1995).

투과성은 혈연이나 법으로 경계를 유지해 온 전통적인 가족 구성의 개념을 무너뜨렸다. 이 새로운 유형의 가족은 외부의 영향에 무한히 노출된 가족이다. 구성 면에서 다양한 형태를 띤 핵가족, 맞벌이 가족, 한부모 가족, 혼합 가족, 입양 가족, 동성애 가족 등이 이런 가족에 속한다. 가족에 대한 관념도 정서나 인식, 가치관 등에서 전통적 가족과는 구분될 수 있다.

투과성이 높은 가족은 후기 산업사회를 대표하는 가족 형태라 볼 수 있다. 이 가족의 특징은 가족 관계 안에서 서로에 대해 가지는 의미의 변화에 있다. 가정 안에서 가족들을 위해 구심적 역할을 하던 주부나 어머니의 역할은 점차 약화되고, 대신 양 부모 모두 밖에서의 독립된 사회생활을 유지한다. 또한 가족에 대한 결속력이 현저히 떨어져 이혼이나 재혼 등이 보다 쉽게 이루어진다. 사생활 보호의 막이 얇아져서 개인적 생활들이 외부 기계문명의 침투를 받고 있다. TV나 인터넷과 같은 대중매체의 영향은 가족에 대한 투과성을 한층 높였다. 청소년들이나 아동들은 부모나 친지보다 대중매체들로부터 더 많은 지식과 정보를 얻고 있다. 따라서 삶의 모델이나 인도자로서의 부모 역할은 급속도로 줄어든 반면 이를 대체하는 각종 대중매체들의 영향은 급격히 증가하고 있다. 이들 매체들이 쏟아내는 수많은 정보와 다양한 삶의 형태는 이전과 다른 가족에 대한 관념을 생산하고 있다.

또한 투과성이 높은 가족은 외부 지원과 전문가의 도움이 없이는 그 기능이 유지되기 어렵다. 결국 가족보다는 개인적 삶의 성취가 더 중요한 가치로 떠오르면서 이전에는 가족이 담당했던 가족원을 위한 과제들이 외부인들에게로 이전된다. 보육과 교육, 노인 수발이나 가사와 같은 기본 과제들만 타인에게 맡겨지는 것이 아니라, 심리 정서적·경제적 지원과 보호에서도 외부 전문가의 도움을 받게 되었다.

가족은 이제 사회의 한 기본 단위로보다는 가족 안의 구성원들이 가진 인식과 관념 안에서 그 존재를 파악해야 한다. 자신을 가족의 한 성원으로 인식하는 관념 속에서만 가족은 의미를 지닐 수 있다. 즉 가족은 "가족으로서의 의미를 느끼고 함께 가족의 일에 참여하는 구성원들"을 말한다(서병숙, 2002: 19). 따라서 가족은 혈연에 의해 결정된 변할 수 없는 실재가 아니다. 가족은 사람들이 삶을 살아가면서 가지는 하나의 사고방식으로 사람들이 살아가는 현실에서 끊임없이 구성되고 해체되고 재구성된다(구부리움 외, 1997). 가족에 대한 정의는 그 가족이 속한 사회적 맥락에 의해 다양하게 변형되어 온다. 현대 가족은 전통적인 결속보다는 정서적·경제적 기본 욕구에 충실한 형태로 발전되고 있다. 이런 형태의 가족의 결합은 불안정하며 상황 가변적이다. 배우자 관계는 영속적인 것이 아니며 어느 한쪽이 만족을 얻지 못하면 그 관계를 떠날 수 있다. 가족의 존재 자체보다는 가족으로부터 얻는 개인적 보상과 욕구의 충족이 가족원으로서의 정체성을 가지는 데에 더 큰 의미를 지닌다.

2. 가족 실천의 기본 틀

현대 가족을 위한 가족의 실천은 새로운 패러다임으로 전개되어야 한다. 가족을 병리적인 관점에서 혹은 보수할 대상으로 보는 근대적 패러다임은 이미 낡고 효용성이 떨어지는 패러다임이다. 가족은 현재 상황에 맞게 변화하고 적응해 가는 살아 있는 공동체이다. 가족은 전문가들이 객관적 잣대로 정의할 수 있는 고정된 실재가 아니다. 그보다 전문가들은 가족 안에 있는 사람들이 스스로를 정의하고 의미를 주는 방식을 존중해야 한다. 가족은 또한 주류 사회가 원하는 대로 교정해 가야 할 대상이 아니다. 따라서 지금까지의 가족 서비스를 보완할 수 있는 구성주의적 관점을 적용한 대안적 실천 패러다임이 필요한 시점이다. 이제는 전문가들이 가족을 새로운 지식과 의미를 생산하는 공동체로 바라보고 이러한 맥락 안에서 가족을 위한 실천을 계획해야 한다.

1) 전문가 독주에서 가족과의 협력으로

가족을 정의하는 것이 외부인이나 전문가가 아니라 가족 구성원 자신들이라고 한다면, 지금까지 시도된 가족을 위한 실천들은 매우 제한적이었음을 알 수 있다. Foucault(1977)가 말한 '규범적 응시'(normalizing gaze)는 지금까지의 가족을 위한 서비스를 한마디로 압축하는 용어이다. '규범적 응시'는 사회가 지정한 규범으로부터 벗어나는 것을 감독하는 전체 체계를 의미한다. 사회의 규범에서 벗어나는 가족은 규범적 응시의 대상으로서 전문가들에게 맡겨진다. 전문가들은 이런 가족을 문제 가족으로 분류하고 그들의 감독 아래에 놓는다(Imber-Black, 1988). 문제 가족들에게 전문가들은 상호작용 패턴을 바꾸거나 의사소통을 바꾸라고 권고하는 방식으로 개입한다.

그러나 이런 전문가들의 개입은 가족을 정의하고 문제를 해결하는 방식에 철저히 객관주의적 지식이 적용된다. 객관주의적 지식은 실제로는 복잡하고 다양한 양상들을 축소하고 지나치게 단순화시킨 공식에 가족을 끼워 넣어 가족을 다룬다. 때문에 가족들의 경험의 중요한 요소들이 삭제되어 버린다. 따라서 이러한 일방적인 가족 서비스에 대한 효용성은 의문시되어 오고 있다.

이제 가족을 위한 실천은 전문가의 독주에서 가족과의 협의와 공동 의미 구성으로 초점을 바꾸어야 한다. 가족이 선호하는 삶은 가족이 놓인 맥락과 경험을 중심으로 구성되어야 한다. 가족에 대한 사정이나 개입방식에서 전문가들의 재귀성(reflexity)의 문제를 고려해야 한다. 재귀성은 전문가가 보기 원하는 것을 보도록 하고 그들이 지닌 지식 안에서 답을 찾으려 하는 것이다. 가족을 볼 때에 전문가들은 자신이 지닌 단편적인 지식과 정보를 활용할 수밖에 없다. 가족은 계속 변화하는 역동적인 삶을 겪고 있지만 전문가들은 이러한 경험과는 무관한 객관적인 지식에 근거한 서비스를 주려고 한다. 전문가들이 기존 지식을 근거로 제공하는 서비스는 한계가 있다. 특히 가족을 문제 해결로부터 소외시키고 부정적으로 낙인찍는 결과를 낳을 수 있다.

가족을 통제나 소외가 아닌 협력의 대상으로 바라보고 일하는 방식이 매우 필요하다. 구성주의적 실천은 가족이 지나온 경험과 삶의 맥락 안에서 어떤 다양한 관계 양식과 새로운 해석을 하고 있는지를 함께 탐구해 가는 것이다. 이때 가족들은 그들이 과거의 경험과 의미

체계 혹은 가치 등에 대해 가지는 주관적 관점이나 입장을 드러내고 전망할 기회를 얻는다. 전문가들이 가족들을 협력자로 끌어들이지 않는 한 가족의 입장에서 그들의 관점을 이해하기란 불가능하다.

2) 이론적 지식에서 언어 공동체로

근대 시대에는 직관과 감성에 의해 생산되는 지식이 배제되었다. 근대는 확실한 객관성을 확보하기 위해 논리적이며 이론적인 지식을 선호해 왔다. 따라서 이때의 서비스 패러다임은 전략이나 규칙, 방법을 통해 세부적인 지식과 기술에 의존하는 양상을 보인다. 또한 전문가들은 확실성과 이분론적인 사고로 가족들을 만나고 판단을 내려왔다. 그러나 구성주의적 실천에서는 가족과의 역동적인 상호작용을 통해 새로운 의미와 현실의 창조를 구축하려 한다.

구성주의적 실천가는 어떻게 가족들이 이야기를 풍부하게 만들어 가도록 도울 수 있는가? 답은 언어체계를 사용하는 실질적인 상호작용 안에서 찾을 수 있다. 언어는 이 세상을 만들어가는 매개체이다. 가족의 정체성과 병리적 성격 혹은 주관성들을 창조하는 것은 모두 언어적 영역에서 이루어진다. 또한 실천가와 내담자는 언어를 통해 새로운 공동의 현실을 구성해 갈 수 있다. 언어 공동체는 개연성에 근거하여 보다 다양한 사고와 탐구의 가능성을 끌어들이는 상호작용의 공동체를 말한다. 언어 공동체는 현실에 대한 가정들을 공유하고 이를 정당하다고 인정해 줄 수 있는 공동체이다. 언어 공동체의 영역에서는 어떤 현실 자체보다 그 현실에 부여하는 의미를 중요시한다. 이렇게 "언어적으로 발달된 현실은 매우 미약하지만 사람들을 연합시키는 중요한 장으로서 역할을 한다"(Pardeck, Murphy, &

Choi, 1994: 345).

가족과의 만남에서 이러한 언어 공동체의 구성은 핵심적 실천요소이다. 실천가와의 만남은 가족의 삶과 목적에 맞는 의미를 창출하는 장이 되어야 한다. 실천가가 어떤 언어를 사용하고 어떤 가정을 가지는지에 따라 어떤 가능성을 불러올지를 결정하게 된다. 실천가 자신의 의미를 가족들에게 강요하는 방식은 가족들을 언어 공동체에서 소외시킨다. 언어 공동체 안에서 가족들은 자신의 경험과 지식을 배경으로 반응하도록 하며 서로의 의미를 나누는 것이 중요하다. 이런 관점에서 볼 때 가족을 하나의 체계로 축약시켜 비인간화시키는 것은 무리한 비약이다(Nichols, 1987). 가족 역동, 의사소통, 가족 구조 등의 이론들은 가족을 단순한 체계로 객관화시키고 복잡하고 혼란한 인간의 상호작용을 축소하는 오류를 범했다. 지금까지 이와 같은 개념들이 가족을 보는 눈을 제공해 왔고 이 관점에서 가족들은 분해되고 기계적으로 다루어져 왔다.

이제 가족을 위한 실천은 가족들과의 대화를 통해 목적에 접근하는 해석적 맥락을 구성해야 한다. 가족은 규칙, 신화, 관습, 구조 등의 지표로 객관화될 수 있는 실체가 아니라 언어와 상호작용에 의해 역동적으로 변화하는 공동체이다. 언어는 가족에 대해 사고하고 가족의 현실을 구성하며 해석하는 매개체이다. "해석을 통해 만들어지는 의미는 우리 삶을 구성하고 우리가 택할 단계를 결정하는 데 가장 강력한 영향을 미친다"(Parton & O'Byrne, 2000: 50). 그렇다면 "가족 역시 이러한 언어의 영향하에, 해석적 현실 아래 놓여 있는 임시적으로 구성된 의미들에 의해 유지된다. 이러한 의미들은 매 세대에서 구축되고 또 새로운 이미지로 변형·발전되어 간다"(Stone, 1988: 4). 가족을 위한 언어 공동체도 이러한 의미들의 교환을 통해 점점 더 구체화되어 갈 것이다.

3) 구조에서 열린 대화로

구성주의적 실천에서 문제는 사람들의 안에 있는 것이 아니다. 오히려 문제는 역사, 문화, 담론의 결과물이라고 가정한다. 지금까지 가족은 하나의 체계 혹은 구조를 갖춘 개별적인 기본 단위로 이해되었다. 따라서 문제는 가족 기능이 제대로 수행되지 못하는 데 있으며 이것은 개별 가족 안에 있는 것으로 여겨져 왔다.

구성주의에서는 가족을 하나의 구조로 보지 않고 이념의 구성단위로 보려고 한다. 이러한 관점으로 가족을 위한 실천에서는 가족 문제의 배경이 되는 사회적 맥락과 역사·문화를 고려할 필요가 대두되었다. 가족은 그 시대를 지배하는 특정 집단의 이데올로기를 반영하는 인식, 사고방식 혹은 관념이기 때문이다. 가족은 주변 문화와 사회로부터 영향을 받는 끊임없이 변형되고 새롭게 구성되는 인식의 결정체이다. 따라서 가족과의 만남에서 이러한 이데올로기의 영향을 살펴보는 것이 가족을 이해하는 하나의 방식이 될 수 있다. 가족을 어떤 개념으로 고정시키거나, 외부적으로 정의해서는 안 된다. 그보다 가족은 가족들이 스스로를 정의하고 해결의 실마리를 찾아가도록 해야 한다.

이처럼 가족을 구조 대신에 이념적 구성단위로 보는 것은 관점의 큰 차이를 불러온다. 가족을 구조로 보지 않는다면 가족은 더 이상 기능을 회복하거나 보수를 필요로 하는 대상이 아니다. 가족은 각기 다른 사회·문화, 경제, 정치, 관습의 맥락 속에서 자신들의 생활 형태를 구성해 온 지속적으로 변화하는 실체이다. 이런 변화를 구성하는 매체는 언어와 대화의 맥락이다. 언어적 맥락 안에서 가족들은 새로 부상하는 이념이나 상이한 입장에 적응하고 합의에 이를 필요가 있다. 최근에는 가족의 문제를 병리적 현상으로 보는 대신 시대와 사회의 요구에 대한 적응과 부적응의 문제로 이해하려는 경향이 짙어진다. 열린 대화는 상호협력을 끌어내고 가족이 겪는 경험들을 새로운 구성과 해석으로 인도하는 통로이다.

전문가들은 언제나 새로운 해석의 가능성을 열어놓고 가족들이 자신들의 방식에 맞게 현실을 구성할 수 있는 맥락을 창출해 간다. 맥락은 언제나 "빈약하고 불확실하고 협상의 여지가 많은" 것이다 (Mumby, 1993: 5). 따라서 가족들은 어떤 주제에 대해서도 다양한 목소리를 낼 수 있으며, 서로 모순되는 견해도 논의할 수 있어야 한다. 서로의 신뢰를 바탕으로 가족과 실천가는 가정과 이해를 바꿀 수 있는 대화를 진행하면서 서로에게 영향을 끼친다. 무엇보다도 가족은 누구에 의해 바뀌는 것이 아니라 스스로 선택하고 참여하여 새로운 이해나 결정에 도달해야 한다.

3. 가족 실천의 사례

구성주의적인 가족 실천이 어떻게 일반 가족 치료와 다른지를 설명하기 위해 한 사례를 소개하고자 한다. 이것은 "고립에서 공동체로: 위기에 처한 아동과 가족의 협력"이라는 제목으로 Buckley와 Decter(2006: 3-12)가 발표한 사례이다. 이 사례는 자살을 시도한 아동을 저지하려는 가족을 다룬 것이다. 이 사례를 소개하는 이유는 위기에 처한 가족을 돕는 사회복지사들의 실제 행동들이 일반적 가족 치료 사례와 어떻게 다른지를 보여주기 위함이다.

일반적으로 위기를 맞은 가족들이 밟는 경로와 이 사례에서 상담자들이 다룬 경로를 다음의 표에서 대조시켜서 볼 수 있다.

일반적 개입	vs	구성주의적 개입
1) 위협 감지		투명한 소개
2) 위기의 확산		선호하는 청중의 영입
3) 치료		외재화 대화
4) 재정비와 회복		인정 예식/공동체 축하

이 사례에서 상담자들은 위기에 처한 가족을 위해 위기의 순간에 아동과 가족의 창조성을 움직이는 외재화 대화를 구사하는 데 집중하였다. 또한 가족들이 어떤 정체성에 대한 결론 혹은 자기 이해를 끌어내고, 행동을 위한 선택이나 기회는 무엇이며 그것을 어떻게 실행할 수 있을지를 질문하였다(Buckley & Decter, 2006: 5-6). 이 질문들은 사회복지사들의 개입행위가 가족에게 심각한 영향을 미치고 있다는 인식에서 나온 것이다. 사회복지사의 개입이 의도된 바는 아니지만 내담자들에게 부정적인 영향을 남길 수 있다. 사람들이 스스로 회복하려는 기술을 위축시키거나 희망과 가치를 잃게 되는 것은 전문가들이 지닌 병리적 관점이 낳은 부정적 결과이다.

1) 위협 감지 vs 투명한 소개

가족이 위기에 빠졌다면 일반적으로 사회복지사는 안전을 위한 조치를 신속히 취해야 한다. 만일 가족들이 상담소를 찾아 도움을 요청한다면 가족에게 투명한 오리엔테이션이 주어져야 한다. 위기의 순간에 가족들은 앞으로 일어날 일을 명백히 이해하는 것이 필요하기 때문이다. 사회복지사는 병원이나 기관에서 어떤 평가나 절차를 밟게 될 것인지, 누구와 함께 대화할 것인지에 대해 설명할 필요가 있다. 위기 안에서 낯선 환경에 접한 가족에게 어떤 선택이 가능하고 무엇을 기대할 수 있을지를 명확히 하는 과정 하나하나가 사회복지사의 첫 번째 임무이다.

2) 위기의 확산 vs 선호하는 청중의 영입

가족이 위기 상황에서 도움을 요청하면 외부인들이 상황을 수습하기 위해 관여하기 시작한다. 외부인의 개입으로 위기에 대한 의식은 점점 더 심각해지며 이 상황을 다루는 책임이 가족들로부터 외부인인 전문가에게로 넘어간다. 이러한 상황에서 가족들의 경험이나 지식, 기술은 점점 더 위축되고 전문가들의 책임이 커지면서 가족은 전문가를 의지하게 된다.

구성주의적 가족 실천은 전문가 대신에 가족들이 원하는 사람들과 함께 있도록 하는 방안을 제안한다. 가족이 함께 있기를 원하고 가족을 도울 수 있는 사람들은 직접적으로 협력적인 평가(Madsen, 1999)에 참여하거나, 간접적으로 가족들의 기억을 통해 그 자리에 함께 있어줄 수 있다(White, 1997). 가족들이 원하는 사람들을 초청하는 것은 가족들의 해결 노력을 증진시킨다. 이 노력 안에는 가족이 지닌 지식이나 경험, 아이디어, 지혜 혹은 해결을 위해 쓸 수 있는 기술 등이 포함된다.

3) 치료 vs 외재화 대화

구성주의적 실천에서는 고립된 치료가 아니라 가족들과의 외재화 대화를 시도한다. 이러한 외재화 대화에서는 다음과 같은 점을 탐구한다(ibid., 7).

> **외재화 대화 주제**
>
> ◆가족이 위기 행동에서 희망하고 있었던 긍정적인 의도
> ◆위험한 행동을 취한 순간에 가졌을 법한 가치와 헌신
> ◆가족이 새로 찾은 부정적인 영향

이러한 주제들은 아무리 위험한 행동조차 그 안에 가치, 헌신, 의도, 희망이나 목적 등을 담고 있다는 가정을 보여준다. 이러한 대화의 보기를 다음과 같이 발췌하였다(ibid., 7-8).

> S(사회복지사): *이 약을 한꺼번에 먹으면서 바랐던 거는 뭐였지?*
> C(아동): *당연히 죽기를 바랐죠* (매우 이상한 듯이 바라보면서)
> S: *그 일로 어떤 좋은 결과가 있으리라고 믿었지?*
> C: *그러면 더 이상 엄마와 싸울 일이 없겠지요* (울기 시작함)

이 장면에 어머니가 함께 동석한다면 대화의 효과는 매우 클 것이다. 이런 방식은 인정 예식이라는 이야기치료의 대화 형식을 사용하였다. 가족들이 함께 상담에 참여하여 아동과 치료자가 나누는 대화를 듣고 그 대화의 청중이 되는 것이다. 이것은 평소에는 듣지 못한 아동의 고통을 들을 수 있도록 하는 장치이다. 대화의 청중으로는

가족뿐만 아니라 그 아동과 관련된 누구라도 초청될 수 있다. 먼저 아동이 상담자와 대화하는 동안에 가족들은 말하지 않고 현재 진행되는 대화를 듣기만 한다. 그 이유는 청중의 위치에서 새로운 성찰과 반응을 할 수 있기 때문이다. 그 이후에 가족들은 방금 들었던 내용에 대해 소감을 밝히도록 한다. 이런 방식으로 가족과의 대화는 점점 더 풍부해진다.

4) 재정비와 회복 vs 인정 예식/공동체 축하

위기 상황이 수습되면서 가족은 변화를 겪는다. 가족은 자살을 시도한 아동을 걱정하고 불안한 눈으로 감시하게 된다. 이런 낙인과 고립, 무기력으로 떨어지는 내신 구성주의적 실천에서는 인정 예식(White, 1995)으로 마지막 만남을 마무리할 수 있다. 이 대화는 청중들을 상담 대화에 초청하여 서로 번갈아가며 대화를 듣고, 느낌, 생각을 나누는 등 청중이 대화를 듣고 반응해 주는 양식으로 이루어진다. 먼저 아동이나 가족들의 대화를 듣고 반응해 줄 수 있는 사람들(친척, 이웃, 친구 등)을 초청하도록 한다. 청중은 아동을 알거나 또는 관심을 보여주는 사람이면 누구라도 될 수 있다.

일단 청중들이 선택되면 그들은 아동이나 가족이 그동안 있었던 일에 대해 대화하는 것을 조용히 듣는다. 대화 내용은 가족들이 이 경험으로 새롭게 배우고 깨달은 것, 혹은 미래의 희망이나 꿈에 대한 것들이다. 이 대화가 끝난 후에 청중으로 참여한 사람들이 아동이나 가족에게 자신들의 생각을 말할 기회를 얻는다. 이들은 가족에게서 어떤 변화나 가능성을 보았는지, 또는 이런 변화에 자신들이 기여할 수 있는 것이 무엇인지에 대해 말한다. 혹시 청중을 찾기 어려운 가족은 가족 중에서 청중으로서의 역할을 할 수 있다. 특히 평소 서로 비난에 익숙하고 상대방의 말을 잘 듣지 않는 가족에게 이런 방식은 매우 적절하다.

5) 결 론

사회복지 현장에서 내담자에 대한 낙인과 고립 혹은 전문가에의 의존 등 의도하지 않았던 일들이 일어난다. 사람들은 한 번 낙인이 찍히면 그 낙인에서 쉽게 벗어나지 못하며 그 이야기로 삶을 살아가게 된다. 이와 같은 부정적인 낙인의 영향을 피하기 위해 구성주의적 가족 실천에서는 가족들과 협력하는 새로운 대화 양식을 시도한다.

소개된 가족 사례에서는 기관의 절차나 개입을 투명하게 하여 가족들로 하여금 명확한 이해를 가지도록 하는 것을 시작으로 가족이 모든 대화 과정에서 주도적 역할을 하도록 하였다. 사회복지사들이 전문가 자리에서 내려와 가족들과 정보를 함께 나누고 가족들 스스로가 통제하며 자신들의 지식을 활용해 나갈 수 있도록 하였다. 가족의 삶에 대한 전문가는 바로 가족이며 그들이 지닌 기술과 지식은 결코 전문가들의 지식이나 기술보다 떨어지지 않는다는 점을 강조한다. 이러한 협력을 구하는 태도는 모든 구성주의 실천의 초석이다.

➘ 주요 용어

가정 중심성, 개인화, 양계화, 규범적 응시, 재귀성

주요 개념

우애적 가족, 투과성이 높은 가족, 해석적 현실, 열린 대화, 인정 예식

생각해 볼 점

1. 앞의 사례에서 전통적 위기 개입 방식과 구성주의적 가족 개입은 어떤 차이점을 보이는가?
2. 인정 예식이 왜 가족들을 위한 구성주의적 실천에 적합한 방식이라고 보는가?
3. 인정 예식에서 청중들은 어떤 역할을 해 주는가?

제 12 장

집단을 위한 구성주의적 실천

1. 집단을 위한 구성주의적 사고
2. 집단 발달에 대한 구성주의적 모델
3. 집단을 위한 구성주의적 틀에 관한 지침
4. 집단 실천의 사례

제 12 장 집단을 위한 구성주의적 실천

집단에 대한 구성주의적 이론은 사회적 구성주의 이론에 명백히 밝혀져 있다. 사회적 구성주의 이론은 서로 상호작용하는 소수의 사람들이 함께 지식을 구성하고 삶에 관한 의미를 만들어가는 것에 대해 서술하고 있다. 집단은 사회적으로 구성되는 규칙이나 역할, 규범, 공유된 지각이 나타나는 "사회적 실험실"(Kelly, 1955b: 1156)이다. 소집단은 구성주의적 사고를 적용하기에 매우 적절한 환경을 가지고 있다. 이 장에서는 집단에 적용할 수 있는 구성주의적 사고를 고찰하면서 특히 상담과 치료를 위한 집단에서 어떻게 구성주의적 사고들을 이용할 수 있을지 탐구하고자 한다.

집단 상담은 상담자들이 한정된 시간 안에 보다 높은 효과와 이윤을 얻을 수 있는 방법의 하나로 선호되는 상담 방식이다. 집단 상담 양식은 여러 치료 모델에서 사용해 오고 있지만 최근에는 구성주의적 모델이라 할 수 있는 해결중심 치료(Metcalf, 1998)와 이야기치료(Cousen, 1999; McPhie & Chaffey, 1999; Trudinger, 1999) 모델에서 집단을 이용하는 치료 사례들이 발표되고 있다. 집단 상담은 그 어떤 다른 상담 양식에서보다도 참여자들의 공유된 이해를 발전시키도록 요구하는 상담치료의 양식이기 때문에 구성주의적 사고들이 적용될 수 있다(Llewelyn & Dunnet, 1987). 집단에 참여하는 모든 사람들은 처음에 집단 안에서의 자신의 역할이나 집단에 대한 개념들을 발달시켜서 이를 집단 과정 중에 적용시켜야 한다. 따라서 집단이 새로 형성되거나 처음 만나는 경우에는 항상 구성주의적인 이론을 적용할 수 있는 상황이 벌어지게 된다.

1. 집단을 위한 구성주의적 사고

1) 집단 응집력

전통적인 집단 치료에서는 가장 중요한 치료적 요소로 무엇보다도 집단의 응집력을 꼽아 왔다. 집단을 연구해 온 여러 학자들은 집단 안에서의 치료적 관계를 가장 잘 정의하고 있는 개념으로 집단 응집력을 들고 있다(Burlingame, Earnshaw et al., 2002; Yalom & Leszcz, 2005). 치료적 관계는 치료 기제로서 가장 큰 영향을 미치는 요소로 간주되었고(Martin, Garske, & Davis, 2000), 내담자의 발전이나 회복에 도움을 주는 가장 중요한 요인으로 알려져 있다(Norcross & Goldfried, 2001). 따라서 전통적으로 집단 치료의 효과는 집단 응집력의 발달과 비례되는 것이며, 집단의 효과를 측정하는 데에 집단 응집력 개념이 사용되어 왔다. 집단 응집력은 치료적 관계로 이해되어 왔다. 그러나 구성주의적 사고에서는 집단 응집력을 다른 각도에서 이해할 수 있다. 집단은 여러 다양한 지각과 개념을 지닌 개인들의 느슨한 모임이다. 각 사람들은 자신의 고유한 지각이나 개념들을 지닌 상태로 집단에 참여하게 된다. 이때 개인적인 지각과 개념들이 다른 구성원들에게 잘 전달되고 이해되며 서로 잘 섞여서 조화를 이루게 될 때에 집단은 응집력을 형성해 나아갈 수 있게 된다. 응집력은 구성원들 사이에 서로 달랐던 지각과 의미를 서로 보다 가깝게 접근시켜 가며 상호 협상과 양보를 통해 조화로운 개념을 발전시켜 나아갈 때 구성될 수 있는 것이다. 따라서 집단 응집력을 치료적 관계로 정의하기보다는 집단에서 새롭게 일치시키고 협상해서 구성해 나아가야 하는 의미로 정의를 할 수 있을 것이다. 함께 일치된 의미를 구성해야 하는 것들은 구성원들의 집단에서의 역할이나 집단 구성원으로서의 정체성, 집단 안에서의 행동에 대한 규범들과 집단 구조에 대한 이해 등이 있다.

2) 동맹 관계

집단이 제공할 수 있는 독특한 치료 기제의 하나로 꼽히는 구성원들 간의 관계적 요인에 대해 생각해 보자. 전통적으로 집단 안에서 개인 대 개인의 관계는 변화를 위한 가장 큰 원동력의 하나로 간주되어 온다. 따라서 대인 간의 관계 발전과 건전한 유지를 위해서 집단 지도자들은 많은 노력을 기울이게 된다. 특히 건설적인 관계의 형성은 집단 분위기를 생산적으로 이끌어 나가는 데에 치명적이다. 만일 집단 구성원들 간에 혹은 구성원과 집단 지도자와의 관계에서 문제가 생긴다면 집단의 분위기가 흐려질 뿐만 아니라 집단이 조기에 종결하게 될 경우도 발생한다. 구성주의 맥락에서 사람과 사람 간의 관계는 서로 다른 구성을 가진 사람들 간의 연결이며 상호 의미를 보충해 주는 지지와 협력을 바탕으로 이루어지는 것이다. 이러한 구성주의적 가정을 집단 안에 있는 구성원들 간의 관계에 적용해 보면 사람들이 왜 관계에서 도움을 받는지를 알 수 있게 된다.

집단 안에서 사람들 간의 관계를 맺는 방식에 대해 가장 좋은 모델을 보여주는 사람은 집단 지도자이다(Fuhriman & Barlow, 1983). 집단 지도자는 구성원들을 문제를 지닌 대상이 아니라 자원을 가지고 있는 개인으로서 보아야 한다. 또한 집단 구성원들이 자신의 자원에 접근하여 활용할 수 있다는 신념으로 집단 지도자는 그들을 대해야 한다. 문제 중심적으로 접근하는 지도자는 구성원들과의 관계에서 우위에 있으며, 문제의 근원을 찾아내어 고치려 하는 데에 그의 관심을 집중하기 때문에 그 구성원과의 관계가 건설적이기보다는 교정적이 되기 쉽다. 그러나 구성주의적으로 접근하는 지도자는 구성원들과의 협력적인 관계를 통해 그들이 자신의 자원에 접속하여 그것을 활용할 수 있도록 돕는 역할을 하게 된다(Metcalf, 1998). 이로써 집단 안에서 개인과 개인의 관계는 자동적으로 변화를 위한 치료의 기제가 되는 것이 아니다. 이것은 어느 한 개인이 어떤 가정과 개념을 가지고 다른 개인에게 접근했고, 어떻게 상대방의 자원을 발견하려 하고 그러한 발견을 자극하는지에 달린 것이라는 것을 알 수 있다. 한 개인이 가지고 있는 가정은 앞으로 그가 다른 사람들과 어떻게 관계를 맺어가고, 또한 어떤 새로운 지식을 형성해 갈 수 있는지를 결정하는 요인이 된다. 구성주의적 가정을 가진 집단 지도자는 다른 구성원들 역시 그와 비슷한 가정을 지니도록 인도해 나아갈 수 있다.

집단 구성원들 사이의 치료적 동맹의 성립은 집단에서 얼마나 긍정적인 결과를 얻을 수 있을지를 가늠하는 가장 좋은 예측 자료로 사용되어 왔다. 치료적 동맹은 몇 가지 요소들로 평가해 볼 수 있다. 가장 첫 번째 요소로는 얼마나 집단의 목적에 지도자와 구성원들이

동의하는가의 정도이다. 집단 구성원들의 개인적 목적이 전체 집단의 목적과 가까울수록 치료적 동맹은 더욱 강화될 수 있다. 또한 집단에서 주어지는 과제에 대해 집단 구성원들이 이해하고 동의할 수 있을 때에 치료적 동맹은 강화된다. 마지막으로 집단 구성원들 간의 유대관계가 돈독할수록 치료적 동맹은 힘을 얻게 된다. 구성주의적 사고로 본 치료적 동맹의 의미는 집단에 대해 참여자들이 가지는 가설을 집단 안에서 실험해 본 결과라고 볼 수 있다. 집단은 구성원들이 자신들이 참여하고 있는 집단을 이해하고 그 집단 안에서 자신들을 다른 사람들에게 이해시킬 수 있도록 어떻게 다른 구성 과정을 밟아가는지를 비교해 볼 수 있는 가장 이상적인 맥락이다(Brower, 1996).

집단에 참여할 개인이 가지고 있는 변화에 대한 긍정적인 기대나 가설이 집단 과정을 통해 확인될 때 그는 집단을 통해 많은 것을 얻을 수 있을 것이다. 그러나 이러한 기대가 무너지거나 자신의 가설이 전체 집단의 흐름과 맞지 않을 때에 그 구성원은 위기에 봉착하고 탈출구를 모색하게 될 것이다. 이러한 사람은 집단을 긍정적으로 이용하거나 그 안에서 자신의 목표를 제대로 성취하는 구성을 하지 못하게 된다. 결국 치료적 동맹이라는 개념은 사람들이 지니고 있는 개인적 가설과 개념을 집단 안에서 얼마나 유용하게 쓸 수 있는지를 보여주는 지표라고 볼 수 있다. 어떤 사람들의 가설은 집단을 이용하는 데에 적절하게 맞아떨어질 것이며, 또 어떤 사람들의 가설은 집단에서 전혀 소용이 없을 뿐만 아니라 부정되는 경우도 발생할 것이다. 이때 집단을 성공적으로 이용하는 사람은 자신들의 가설을 집단의 성격과 맞추어 가거나 자신의 가설에 대해 확신할 수 있는 경우가 될 것이다.

2. 집단 발달에 대한 구성주의적 모델

모든 집단은 발달의 단계를 거친다. 집단 발달에 대한 지식은 집단을 상담 양식으로 택하는 모든 사회복지사들에게 필요한 지식이다. 집단 발달의 단계에 따라 적절히 개입할 쟁점들을 아는 것은 집단 구성원들이 효과적으로 집단을 이용하는 데에 큰 도움을 줄 수 있을 것이다. Brower(1996: 337-340)는 집단 발달을 단계별로 다섯 단계로 구분하여 여기에 구성주의적 사고를 적용한 구성주의적 모델을 제시하였다. 이 모델과 전통적인 집단 발달 모델을 비교해 볼 수 있다.

첫 번째 발달의 단계는 아노미 즉 뚜렷이 드러나는 의미나 규범이 없는 단계이다. 전통적으로는 이 단계를 집단 '형성의 단계'(Tuckman, 1965), 혹은 '가입 이전 단계'(Garland et al., 1973)라고 불렀다. 이 단계에서는 의존과 소속이 가장 중요한 쟁점인 것으로 보았다(Wheelan et al., 2003). 이 단계에서 집단 구성원들은 어렴풋이 집단에 참여하게 된 동기와 개인적인 목적만을 가지고 있을 뿐 그 목적을 성취할 수 있는 수단을 알지 못하기 때문에 혼란과 불안을 겪는다. 처음 집단에 온 사람들은 지금 막 시작하는 집단에 대해 아는 것이 없으므로 모든 게 불확실한 가운데 혼란에 빠질 수밖에 없다. 이들에게는 가령 어떤 방식으로 집단 안에서 행동하고 말해야 하며 다른 사람들과 관계를 맺어야 하는지, 혹은 어떤 역할을 수행해야 하는지에 대한 정보가 없다. 따라서 이때에는 구성원들이 자신을 위한 목적을 명확히 알지 못하거나 집단의 목적이 무엇인지 잘 모르는 경우가 있다. 이때 사람들은 자신에게 또렷이 드러나는 특징적인 단서들에 주목하여 이 단서들을 이해하고자 애쓰게 된다(Brower, 1989).

아노미 현상을 구성주의적으로 정의하자면 어떤 상황에서 중요한 것은 그 상황 속에 있는 참여자가 무엇에 주목하는가 하는 것이지 무엇이 객관적으로 제시되었는가가 아니라는 점이다. 이 가정은 급진적 구성주의자들이 주장하는 바와 같은 것이다. 즉 "상황 그 자체로는 아무런 의미도 주지 못한다. 그보다는 참여자들이 그 상황에서 그들이 찾아내 반응하게 된 단서를 통해, 혹은 그 상황으로부터 해석해 낸 메시지를 통해 의미를 불어넣는 것이다"(Brower, 1996: 338). 인간은 어떠한 상황 속에서도 이해를 얻으려는 강박적 경향이 있다. 첫 단계에서 집단 구성원들은 될수록 빨리 이 불안한 상황을 벗어나려고 노력하게 될 것이고, 집단은 다음의 단계로 자연스럽게 넘어가게 된다.

두 번째 발달의 단계는 전통적으로 '저항과 비약의 단계'(Wheelan et al., 2003), 혹은 '격정의 단계'(Tuckman, 1965)로 불리면서 권력과 통제의 쟁점이 떠오르는 단계이다. 이때에는 구성원들 사이에 경쟁과 갈등이 생겨나고 집단의 안전이나 지도자에 대한 불안감이 드러나는 단계이다. 이것을 구성주의적인 틀에서 해석하면 집단 구성원들은 자신의 초기 도식을 그대로 지닌 채 집단에 대해 새로운 도식을 만들어가는 단계라고 볼 수 있다. 이때 구성원들은 집단에 대해 나름대로 이해해 보려고 노력한다. 각 구성원은 자신이 알고 있는 이 집단과 유사한 이전 집단에서의 경험들을 떠올리게 된다. 사람들은 인지 도식이라 불리는 조직화된 구조 속에 이전 기억들을 저장하고 체계화시켜 놓고 있다(Brower & Nurius, 1993).

집단을 위한 도식 안에는 사람들이 규칙이나 행동 양식, 역할, 기대 등에 대해 가지고 있었던 이전 생각들이 담겨 있다. 사람들은 이전 것들을 현재 집단을 이해하기 위해 기억의 창고로부터 불러온다. 이때는 바로 구성주의자들이 주장한 대로 우리는 자신이 한 경험의 역사들을 기초로 상황을 이해해 간다는 것을 보여주는 단계이다. 단지 이 단계에서는 각자의 고유한 시각으로 얻은 이해만 있을 뿐이지 그 이해가 검증되거나 다른 사람들과 아직 공유되지는 못했으므로 개인적인 이해로 그칠 수 있다. 따라서 구성원들은 각각 집단에 대한 다른 이해들을 가지고 있을 수 있다. 이것이 갈등의 소지를 만들고 또는 사람들 간에 권력 다툼으로 이어질 수 있을 것이다. 구성원들이 집단으로부터 각자 다른 단서에 주목하고 그것에 반응하게 되었을 때에는 같은 현상에 대해서도 다른 의미들을 가지고 반응하게 될 것이다. 그 결과 구성원들은 집단에 대한 각자 다른 기대들을 가지고 집단 과정에 참여하게 된다.

세 번째 단계는 '규범화' 단계(Tuckman, 1965) 혹은 '친밀감'(Garland et al., 1973)의 단계로 충실히 집단에 참여하는 작업단계이다. 전통적으로 이 단계에서는 구성원들 간에 신뢰와 집단 구조화가 뚜렷해지며 응집력과 개방적인 태도가 나타나는 것으로 보았다. 그러나 구성주의적 틀에서 본 집단은 이 단계에서 전통적으로 집단 발달을 구분한 학자들과 견해의 차이를 보인다. 어느 면에서 보면 이 단계와 이전 단계를 통틀어 구성주의 사고에서는 구성원들이 첫 번째 현실 위기감을 느끼는 단계로 해석한다. 첫 번째 현실 위기를 겪는 단계에서 구성원들은 다른 사람들의 집단에 대한 인지 도식을 침범하거나 그 인지 도식과 충돌하게 되는 것을 피할 수 없다. 이러한 위기감은 집단에 대한 다른 지각과 신념을 가진 사람들끼리 상호작용하는 가운데 일어나는 것이다. 결국 초기 단계의 위기감을 극복하기 위해서 집단 구성원들은 지도자의 도움을 요청하게 된다. 이때 집단 지도자가 얼마나 명확히 집단에 대한 지침을 밝히고 집단 구조화를 잘 하는가에 따라서 구성원들의 위기감의 수위가 조절되며 집단의 생명력이 결정될 것이다. 집단 지도자는 구성원들의 혼란이 점차로 줄어가도록 집단의 목적이나 규칙들, 행동 규범과 비전을 일치시켜 가야 한다. 이것은 다른 의미에서 집단에 대한 공유된 인지 도식을 새롭게 작성해 가야한다는 뜻이다. 집단 지도자의 안내와 지도력이 집단 구성원들에게 잘 수용될수록 처음에 느낀 아노미 현상은 점점 더 줄어들어갈 것이다(Nye & Forsyth, 1991).

네 번째 단계는 두 번째 현실 위기감을 느끼는 단계로 이때는 자신에게로 돌이키는 단계라고 한다. 전통적인 집단 발달의 모델에서는 이 단계를 '실행의 단계'(Tuckman, 1965), '분화의 단계'(Galland et al., 1973), 혹은 '작업 단계'(Wheelan et al., 2003)라고 명명하였다.

이 단계는 보다 성숙하고 생산적인 집단 과정이 진행되는 단계로서 개인적 차이가 드러나는 단계이다. 구성주의적 틀에서는 이 단계를 두 번째 현실 위기감을 느끼는 단계로 본다. 이때에는 어느 정도 집단 구성원들이 집단 환경에 익숙해지고 지도자의 인도를 무조건 따르기보다는 자신의 고유한 관점과 생각을 형성하고 주장할 수 있게 된다. 구성원들이 가진 집단의 목적과 집단에 대한 기대는 집단 지도자가 제시할 수 있는 것보다는 더 구체적이고 실용적인 성격을 띤다. 따라서 이 단계에서 구성원들의 인지 도식은 자신의 목적에 맞게 발전되기 시작한다. 따라서 구성원들은 지도자에게 도전하거나 구성원들 서로의 관점에 도전하는 일이 일어난다.

이 단계에서는 구성원들이 독립적이 되며 각자의 성숙을 바탕으로 다른 사람에게 도전과 도움을 동시에 줄 수 있게 된다. 따라서 이 시점이 이 집단에 진짜 구성원으로 남아 있을지의 여부를 결정하는 때이다. 만일 자신의 인지 도식을 포기할 수 없는 구성원이라면 더 이상 집단에 남을 이유가 없다. 자신의 도식을 고집하는 구성원은 집단을 떠나게 될 것이다. 어떤 구성원은 자신의 인지 도식이 다른 구성원들의 도식과 충돌할 때 완전히 자기의 것을 포기하는 경우도 발생한다. 따라서 집단을 떠나거나 비생산적인 구성원으로 남아 있게 될 것이다. 또 다른 구성원은 유연한 대처 양식으로 이러한 충돌을 조정해 간다. 즉 자신의 도식과 타인들의 것을 서로 조화롭게 구성하여 보다 창의적으로 도식을 수정하려는 노력을 기울인다. 이 경우에 가끔씩은 현실 위기감을 느끼고 혼란과 불안에 빠지기도 하지만 그 위기감을 회복할 힘을 자신으로부터 발견하여 스스로 일어서게 된다. 결국 이들은 다른 사람들의 인지 도식에 압도되지 않으면서도 자신의 것을 어느 정도 수정해 가는 협상의 전략을 취한다. 세 가지 다른 반응 중에서 집단이 가장 도움이 되는 구성원은 마지막 전략을 택한 집단 구성원이다. 결국 그는 집단으로부터 얻을 것이 있음을 깨닫고, 자신의 발전을 위하여 집단 안에서의 작업과 희생을 감수하게 된다. 이 두 번째 현실 위기감을 극복하는 구성원은 자신에게서 자원을 찾는 사람이다. 그는 자신을 모든 것의 중심에 놓으면서도 집단이 요구하는 인지 도식의 수정을 받아들여서 집단을 가장 효과적으로 이용하게 된다.

마지막 집단 발달 단계는 집단 종결을 의식하면서 집단 구성원들이 '종결과 이별'의 쟁점을 다루는 단계이다. 전통적 모델에서 종결 의식은 집단 구성원들이 슬픔, 상실감, 불안, 화와 같은 정서적 반응을 다루는 데 집중하고 있다. 그러나 구성주의적 틀에서 본 집단 발달의 마지막 단계는 이런 부정적인 함의를 떠나서 구성원들이 도달한 새로운 인지 도식에 대한 확신을 강조한다.

이 마지막 단계에서 집단 구성원들은 집단의 규범, 규칙, 역할, 행동과 상호작용의 의미 등을 잘 이해할 수 있는 집단에 대한 공유된 도식을 갖게 된다. 이때에는 집단 구성원들이 자신이나 집단의 목적을 성취하기 위해서 기반을 다진 상태로 서로에 대한 신뢰와 집단 구조화가 안정되게 이루어진 상태에 이르게 된다. 이 단계는 성취와 발전을 위한 토대를 마련한 단계이다. 구성원들은 집단의 과정을 거치면서 자신의 고유한 도식을 다른 사람들의 도식과 협상하고 새롭게 구성하는 성장을 이루게 된다. 따라서 집단을 위한 공유된 도식을 얻기 위해서 여러 양상에 대해 협상하고 이를 발전시키는 경험을 하게 되며 이런 경험은 구성원의 자산이 된다. 이때부터 구성원들은 공유되는 집단 도식과 자신의 도식을 잘 조정하면서 집단 안에서 그들의 행동을 위한 일관된 패턴을 마련하게 된다. 또한 집단 안에서 안정적으로 자신을 발전시켜 나아가고 자신만이 아니라 다른 사람들의 발전에도 기여할 수 있게 된다. 집단 안에서의 기본적인 규칙이나 규범들에 대한 공유된 이해를 협상하고 구성원 서로에 대한 경계를 설정해 나아가면서 집단은 안정되게 집단 목적을 성취해 나아가게 된다.

집단 발달의 과정 중에서 이 단계를 경험한 구성원은 타인의 행위를 이해하게 되고 자신의 행위를 다른 사람들에게 이해시키는 도식을 발달시킴으로써 집단 이전에 비해 한층 성숙한 도식 구성을 하게 될 가능성이 있다. 이것은 집단이 종결된 이후에도 계속 남아 있게 되는 경험으로 자기 발전에 진정으로 도움이 될 것이다. 그는 이제 자신의 수정된 인지 도식을 바탕으로 집단의 고유한 목적에도 집중하면서 다른 사람들에게 도움을 주게 될 것이다.

3. 집단을 위한 구성주의적 틀에 관한 지침

앞에서 제시한 집단 발달의 구성주의적인 틀을 집단 운영에 적용하고자 할 때 유용한 지침은 다음과 같다. 집단 구성원들의 "집단에 대한 진정한 참여를 결정하는 지점은 바로 두 번의 위기감이 나타나는 시점이다"(Brower, 1996: 341). 집단 지도자는 이 위기감을 느끼는 시점에서 집단 구성원들을 잘 안내할 필요가 있다. 특히 첫 번째 현실 위기감에서 집단 구성원들은 지도자에게서 어떤 안내나 지침을 받기를 바라게 되므로 지도자는 이 시기를 적절히 이용할 수 있어야 한다. 이때 집단 지도자는 출석이나 말하는 순서, 또는 발표 방식 등에 관한 구성원들의 혼란을 종식시키기 위해 명확한 집단 구조화 작업을 진행하고, 집단 구성원들의 기대에 대해 적절히 피드백을 줄 필요가 있다.

두 번째 현실 위기감의 시점에서 지도자는 전보다는 약한 수준으로 개입하는 것이 적절하다. 이 시점에서는 집단의 권력이 분산되어서 구성원들 역시 어느 정도 집단에 대해서 말할 수 있는 권리를 갖게 된다. 또한 구성원들이 자신의 의견을 주장할 수 있을 만큼 집단에 익숙해지는 때이다. 이때에는 일단 지도자가 제시했던 집단의 규범에 대해 재협상을 시도하게 되고 집단의 일정, 안건 등에 대한 구성원들의 발언권이 강해진다. 따라서 구성원들은 집단에 대한 공유된 도식을 발달시키는 데에 보다 적극적으로 참여하게 된다. 집단 발달의 초기에 집단의 구조화나 지도자의 도움이 적절히 주어지면 구성원들은 자신의 초기 도식을 집단 환경에 맞게 재조정하는 데에서 큰 어려움을 겪지 않을 것이다. 그러나 만일 초기의 집단 구조화가 미흡하거나 적절한 안내를 받지 못하면 구성원들은 자신의 도식을 집단 환경에 맞추는 데에서 혼란을 겪게 되고 결국 집단을 탈퇴하게 될 것이다. 따라서 이러한 구성원들에게는 집단의 목적이나 전체적 구성에 적절한 도식에 접속할 수 있도록 도움을 주어야 할 것이다. 이러한 도움 중의 몇 가지는 집단 사전 모임이나 집단 규범이나 규칙에 대한 명확한 안내 등이 포함될 수 있다.

구성주의적 틀을 집단에 적용할 때 고려해야 할 점은 아노미 현상을 적절히 다루어주는 것이다. 아노미 현상은 모든 집단을 시작할 때에 피할 수 없는 현상이다. 그러나 이 아노미 현상은 오히려 삶에서의 진정한 변화를 일으킬 수 있는 계기가 될 수 있다(Merton, 1957). 집단 지도자는 집단의 목적에 따라 아노미 현상을 다양한 방식으로 다룰 수 있다. 어떤 경우에 집단 지도자는 구성원들의 목적을 강조하면서 대안적인 행동양식을 새로 터득하게 해 줄 수도 있고, 또 다른 경우에는 구성원들의 목적 자체를 새롭게 수정하는 데에 관여할 수도 있을 것이다. 집단 지도자는 상황에 적절히 맞추어 구성원들이 아노미 현상을 어떻게 성장에 도움이 되도록 처리해 갈 수 있을지를 살펴보면서 집단 운영을 해 가야 한다.

한 가지 유용한 방식은 이야기 저널을 써나가는 방식이다. 이 방식은 이야기가 사람들이 상황을 이해하고 어떠한 선택을 하거나 의미를 찾는 데에 유용함을 이용하는 것이다. 집단에 참여하는 구성원들은 집단에 대한 자신들의 느낌과 생각들을 저널에 표현하고 이를 발표하면서 함께 피드백을 나눌 수 있다. 이야기는 집단 경험에 대한 일치, 역사, 규칙, 신화와 의미를 담아낼 수 있고, 집단이 진행될수록 통찰과 상호 이해를 더 심화시켜 가는 수단이 될 수 있다. 각 구성원들의 이야기를 집단이 함께 공유하는 이야기로 발전시킬 수 있을 때 집단의 응집력은 한층 강화될 수 있다.

또 다른 집단 기술은 역할극을 이용하는 것이다. 집단은 사회적 실험실과 같다. 집단 안에서는 실제 사회생활에서 일어날 수 있는 모든 일들이 실제로 혹은 가상적으로 일어날 수 있다. Dunnett & Llewelyn(1988)은 다음 세 가지 단계로 역할극을 집단에서 이용하도록 제안하였다.

첫 번째 단계는 자아 성찰과 피드백을 통해 집단 구성원들이 평소에 사회적 상호작용에서 담당하는 역할과 그에 대한 개념을 인지하도록 한다. 이 목적을 달성하기 위해서 집단 안에서 평소와 같은 다양한 상호작용의 역할극을 해 본다. 이때 어떤 역할이 어떤 결과나 감정, 반응들을 불러오는지를 실험하고 경험해 본다.

두 번째 단계는 구성원들이 보다 넓은 범위의 역할과 개념을 집단 안에서 실험해 보도록 한다. 이때 구성원들은 집단 안에서 자신이 수행하는 역할과 다른 사람들이 수행하는 역할에 대해 배울 수 있도록 한다. 그 후에 어느 한 구성원을 선택하여 여러 상황 속에서 그들이 수행해 보고 싶은 역할을 택한 구성원과 역할극으로 표현해 보도록 한다.

마지막 단계는 구성원들이 이 실험을 그들의 삶의 현장으로 확대해 보도록 과제를 내준다. 이 단계에서도 구성원들이 역할극을 해 보고 싶은 상황을 설정하고, 자신이 새로운 역할을 연습하는 동안 상대해 줄 집단 구성원을 골라 실제 상황과 비슷한 역할극을 실시해 본다. 또한 이 상황을 집단 밖에서도 실행해 본 후에 집단에 와서 그 결과를 보고하도록 한다. 이 세 단계의 역할극 연습을 통해 집단 구성원들은 적극적으로 자신들이 실험해 본 역할에서 얻은 감정, 경험, 행동들에 대해 지각해 보고 이를 집단 구성원들과 나눔으로써 성장을 경험하게 된다.

4. 집단 실천의 사례

이 사례는 Ashley Couzens(1996: 23-30)가 오스트레일리아 원주민 청소년들과 함께 진행한 집단 사례이다. 이 사례에서 주목할 만한 점은 집단 지도자 역시 오스트레일리아 원주민으로서 남부 오스트레일리아에 세워진 원주민을 위한 정신건강센터에서 일하고 있다는 것이다. 집단 지도자는 오스트레일리아 원주민 청소년들이 직면한 인종 차별을 비롯한 각종 다양한 정신건강 문제들과 원주민의 문화를 잘 알고 있었으므로 집단 상담이 원주민 청소년들에게 가장 좋은 도움이 되리라는 확신을 가지고 있었다. 이 집단을 시작한 지도자는 원래 오스트레일리아 원주민들이 전통적으로 오랜 시간 함께 모여 앉아 긴 이야기를 나누는 문화를 가지고 있음을 알고 있었다. 따라서 원주민 청년들은 개인 상담을 받는 것에 익숙하지 않으며, 집단 상담이 원주민 청소년들을 위한 가장 좋은 도움이 되리라고 확신하였다.

1) 준비 단계

오스트레일리아 원주민 청소년들이 경험하는 여러 정신건강의 어려움은 주로 그들이 처한 환경과 지역사회로부터 오는 것이다. 원주민 청소년들의 집단을 시작하기 위한 사전 준비로 집단 지도자는 학교와 지역사회에 있는 청소년 관련 워커들과의 만남을 가졌다. 이 만남에서 교사나 지역관리들의 태도는 한결같았다. 그들이 문제 삼은 청소년들의 정신건강에 대한 쟁점들은 거의 동일했다. 원주민 청소년의 마약과 술 남용, 자살, 인종차별과 폭력과 관련된 문제들은 언제나 그들의 주변에 넘쳐나고 있었기 때문이다.

이런 상황에서 집단 지도자는 우선 학교에서 원주민 청소년들을 위한 집단을 시작하기로 했다. 집단의 목표는 '짐을 나누어지기'로 정했다. 이처럼 집단에 모여 함께 말하는 기회를 가지는 것은 처음이었다. 하지만 원주민 청소년들에게는 그다지 낯선 만남이 아니었다.

준비 단계에서 지도자는 미식축구의 개념을 도입하여 청소년들이 집단에 흥미와 호기심을 갖도록 유도했다. 그는 '벤치 체계'라 이름붙인 집단 규율을 정했는데, 이것은 청소년들을 흥분시키는 미식축구에서 따온 비유이다. 집단 구성원은 집단이 잘 진행되도록 미식축구의 벤치 체계를 도입하자고 제안해 왔다. 벤치 체계는 선수들이 경기 중에 반칙을 했을 때 벤치로 불러들여 지정된 몇 분간 그 자리를 지키도록 하는 미식축구의 규칙이다. 지도자와 집단 구성원들은 이 규칙을 따라 집단 규율을 어긴 구성원을 처리하기로 협약을 맺었다. 매 주마다 심판을 집단 구성원 중의 한 사람에게 맡기고, 그 심판은 집단의 기본 규칙을 깨는 집단 구성원에게 경고를 내린다. 경고를 받은 후에 다시 규칙을 지키지 않은 집단 구성원에게는 벤치로 보내 10분간 그곳에 앉아 있게 한다. 세 번째 집단 규칙의 위반은 집단 지도자와 학교 교장 선생님과의 개별 면담을 하도록 정했지만 이런 사태는 벌어지지 않았다. 이러한 벤치 체계는 집단 구성원들에게 분노나 공격성을 자제하는 방식을 가르치고, 건전하게 이야기를 통해 분노를 풀어 가도록 하는 데 효과적이었다.

2) 집단 작업

· 역할극의 사용

이 집단 상담에서 가장 또렷이 드러난 기술은 역할극의 이용이다. 이 집단에서 역할극을 많이 사용한 이유는 인종차별이나 폭력과 같이 원주민 청소년들이 겪는 일상생활의 문제를 다루는 데 역할극이 유용했기 때문이다. 역할극을 하면서 청소년들은 실제 상황과 유사하게 역할을 수행하였고 자신들의 감정과 생각들을 나눌 수 있었다. 여러 구성원들은 대안적 행동 방식에 대해 제안하였고 그러한 모델을 보여주기도 했다. 때로는 자신의 생각대로 역할을 수행하면서 실수하거나 전혀 엉뚱한 결과를 낳기도 했지만 이런 실수도 청소년들에게는 재미있게 받아들여졌다. 학교의 환경 속에서 청소년들이 이렇게 자유로웠던 때는 없었으며, 가끔 큰소리로 욕을 하거나 싸움을 걸어도 역할극이기 때문에 넘어가게 되는 특수한 경험을 하였다.

역할극을 진행하면서 가장 큰 성과를 얻은 것은 청소년들이 분노를 폭발하기 전에 어떤 신체적·정신적 단서를 얻어낼 수 있는지에 대해 대화를 나눈 것이었다. 그들은 자신들의 신체나 정신적인 특성들을 인지하는 방식을 알게 되었고, 어떤 행동을 할지 선택하는 방법을 모색하게 되었다. 사실 청소년들은 이러한 상황에서 자신들이 어떤 권리를 행사할 수 있다는 생각을 못하고 있었다. 가령 인종차별적인 모욕을 받았을 때에 청소년들은 그것을 고발할 수 있는 권리가 있다. 그러나 이런 건전한 행동을 선택하지 못하는 이유는 그들이 당면한 상황 속에서 너무나 무기력하게 느끼기 때문에 분노 외에 아무런 선택권을 찾지 못하기 때문이다. 집단에서 역할극을 진행하면서 나눈 대화는 그들이 겪고 있는 것에 대해 다른 이해와 다른 행동을 생각해 볼 수 있는 공간을 창조해 주었다. 그 공간 안에서 그들은 짐을 서로 나누어지게 되었고 서로를 돌아볼 수 있게 되었다.

· 언 어

언어와 삶은 함께 가는 것이다. 자신의 고유한 언어를 갖지 못하면 사람은 정체성을 잃어버리게 된다. 이 집단에서는 지역 원주민의 고유한 언어를 함께 배우는 시간을 가졌다. 원주민어를 배우고자 한 이유는 바로 언어가 가져다주는 소속감과 정체성을 깨우쳐 주기 위함이었다.

집단 구성원들은 지역사회의 원로들을 찾아가서 원주민어에 대해 배우는 기회를 가졌다. 원주민 원로들이 낭독해 준 원주민어를 녹음기에 담아 와서 집단에서 함께 배우는 시간을 가졌다. 이것은 청소년들이 자신의 전통과 연결되는 정체성을 회복하고 자부심을 가지도록 하는 데 유용하였을 것으로 보인다. 지도자와 청소년들은 원주민어에 매혹되었으며 함께 발음하고 간단히 회화를 하면서 즐거운 시간을 가졌다. 집단은 원주민어를 함께 배움으로써 집단 응집력을 높이는 효과도 얻을 수 있었다.

· 문화에 대한 민감성

오스트레일리아 원주민들의 문화는 주변의 주류 사회 문화와 매우 다르다. 문화의 차이를 이해하지 못해서 오는 주류 사회의 편견과 원주민에 대한 경시는 매우 심각한 상황을 빚어내었다. 오스트레일리아 원주민의 자살은 주변 백인 사회 주민들의 300배에 이르고 있다. 그 원인은 단순하지 않지만 원주민들은 자신들의 땅을 잃었고, 고유한 언어를 잃어버렸으며, 가족들이 해체되는 아픔을 겪었다. 원주민 청소년들을 위한 집단을 진행할 때 원주민의 역사와 문화를 이해하는 것이 매우 중요하다. 또한 원주민 청소년들이 겪는 문제들에 민감하게 대응하고 그들의 반응을 이해하는 데에서 반드시 문화를 적절히 사용할 필요가 있다.

예를 들면 원주민들의 가족에 대한 개념은 비원주민 지역 사람들과 매우 다르다. 원주민 사회에서는 반드시 혈육이 아니어도 가족이라 여겨지는 사람들이 있다. 만일 이런 사람들이 죽게 되면 원주민들은 집단적인 애도의 감정이 생기고 깊은 슬픔에 잠기게 된다. 원주민 문화를 이해하지 못하는 사람들은 이런 가족의 죽음이 가져오는 원주민 청소년의 애도를 적절히 다룰 수 없다.

이 집단을 진행하는 가운데 가족이나 친족의 죽음을 경험하지 않은 구성원이 없을 정도로 죽음이나 자살에 대한 소식은 끊이지 않았다. 죽음과 애도, 자살에 대해 대화를 나누는 것은 몹시 어려웠다. 지도자 자신도 구성원들이 경험한 죽음에 관한 이야기를 듣고 이를 다루기 어렵다고 고백하였다. 그러나 적어도 청소년들이 죽음과 슬픔에 대해 이야기를 함으로써 그들이 겪는 어려움을 나눌 수 있는 기회를 가지는 것과, 어려운 상황에서 가족들에게 도움이 되는 작은 일들에 대해 생각해 본 것은 그들에게 유용했다.

애도와 마찬가지로 술과 마약의 문제 역시 원주민들의 문화를 이해함으로써 좀 더 민감하게 다룰 수 있다. 원주민들은 술과 마약으로부터 벗어나지 못한다는 편견이 일반 주류 사회에 만연되어 있다. 그러나 실제로 원주민들이 술과 마약으로 인해 겪는 문제는 원주민이 아닌 사람들이 겪는 문제와 다를 바 없다.

술이나 마약이 지닌 부정적인 함의로 인하여 이 주제를 논하는 것 자체가 집단의 분위기를 가라앉히기에 충분하였다. 하지만 집단 지도자는 집단 구성원들이 좀 더 밝은 면에서 이 문제에 접근하도록 유도하였다. 원주민들은 술을 공공연히 마시며 이것을 숨기려 하지 않는다. 따라서 집단 구성원들이 술이나 마약 문제를 겪는 친구들을 어떻게 위로할 수 있으며 그들에게 부드럽게 그 문제를 다루어갈 방법들을 생각해 보도록 요청하였다. 이런 노력은 원주민 문화에 민감하게 반응하면서 새로운 생각들을 찾아내도록 청소년들을 이끌어갔고 그들의 대화는 긍정적인 맥락에서 아름답게 진행될 수 있었다.

3) 결 론

집단은 사람들이 처한 상황에 대해 색다른 인식을 하거나 지금까지와 다른 사고방식을 습득할 수 있게 해 준다. 원주민 청소년들을 위한 집단에서 사회의 주변으로 밀려났던 젊은이들이 스스로의 역량을 키우고 자신감을 되찾는 변화를 겪게 되었다. 집단은 고립된 개인들을 서로 연합해 주었고 혼자서 무거운 짐을 지고 가던 사람들이 짐을 나누어질 수 있는 환경을 마련해 주었다. 집단에 참여한 원주민 청소년들의 주변 환경은 그대로 변하지 않았지만 청소년들은 자신의 목소리를 가질 수 있게 되었다. 인종차별이나 문화적 차이로부터 생겨나는 압박은 여전히 강하게 원주민 청소년들을 위협할 것이다. 그러나 집단을 통해서 함께 이러한 역경을 헤쳐 나아갈 지혜를 모으고 대처 방식을 배우고 논의한 경험은 그들의 자산으로 남게 될 것이다.

그러나 구성주의적 틀에서 본 집단은 구성원들이 단순히 사회적 기술을 습득하고 어려운 점에 대해 털어놓는 것으로 집단의 역할을 다했다고 보지 않는다. 집단은 새로운 개념을 습득하고 실험할 수 있는 사회적 실험실이다. 구성주의 이론은 집단 구성원들이 집단 경험을 통해 어떻게 새로운 인지 도식을 공유할 수 있도록 구성해 나아가는지를 보여준다. 이 과정은 자신의 인지 도식을 집단 과정에서 조금씩 수정해 나아가며 집단을 이해하고 다른 사람들과의 관계를 조정해 나아가는 발전의 단계를 밟는 것이다. 구성주의적 시각으로 본 집단 발달 단계를 이해한다면 각 발달 단계에서 지도자로서 감당해야 할 역할이 무엇인지를 알 수 있을 것이다. 결국 집단 지도자의 역할은 집단 구성원들이 집단 작업을 하는 가운데 새로운 인지 도식을 구성해 갈 수 있도록 그들을 올바른 자리에 놓아 주는 것이다. 집단 지도자는 이야기 기법이나 역할극 등을 통해 구성원들이 인지 작업을 할 수 있는 공간을 마련할 수 있다. 집단에 참여하는 구성원들은 새로운 가정을 실험하는 경험에 마음을 열고, 집단 안에서 그들의 개념을 세련화시켜 가는 언어를 찾아가게 될 것이다. 구성주의적 언어와 사고는 집단에 참여하는 구성원들이 교정의 대상이 아니라 스스로 창조하고 건설해 가는 주역임을 강조하고 있다. 구성주의적 집단의 실천에서는 구성원들의 인지 도식이 언제나 수정과 새로운 구성을 위해 열려 있으며, 집단은 이러한 작업을 자극하는 환경을 조성하여 구성원들의 성장을 촉진하리라는 확신을 가지고 있다.

➘ 주요 용어

집단 응집력, 동맹 관계, 집단 발달, 인지 도식, 아노미

➘ 주요 개념

치료적 기제, 구성주의적 집단 발달 단계, 현실 위기감

➘ 생각해 볼 점

1. 전통적인 집단응집력 개념을 구성주의적으로 어떻게 변형시켜 이해할 수 있는가?
2. 구성주의적 집단 발달의 단계는 전통적인 집단 발달 단계와 어떤 점에서 비슷하고 또 어떤 점에서 차이가 있는가?
3. 집단 구성원들이 집단에 적절한 인지 도식을 구성하는 데에 도움이 되는 집단 지도자의 역할과 과제는 무엇인가?

제 13 장

지역사회에서의 구성주의 실천

1. 맥락에 맞는 실천
2. 연계하는 기술
3. 지역사회 실천 방식
4. 지역사회에서의 실천 사례

제 13 장 지역사회에서의 구성주의 실천

전통적으로 사회복지에서는 개인, 가족, 집단과 지역사회를 실천의 개입 단위로 분류해 왔다. 대상자별로는 아동, 청소년, 노인, 장애인 등과 같은 구분이 사용되었다. 그러나 이러한 구분은 점차 의미가 없다. 구성주의 실천에서 사회복지사는 다양한 맥락에 다양한 수준으로 참여하여 그 상황에 맞는 실천을 한다. 사회복지 실천은 "비슷한 지향점과 기술들을 여러 다른 배경과 다른 수준의 맥락에 맞추어 전체적이며 생산적인 방식으로 수행할 수 있어야 한다"(Fook, 2002: 142).

구성주의적 사회복지 실천은 실천의 지식과 기술이 각 대상에 따라 혹은 배경에 따라 차이가 있어야 한다고 보지 않는다. 구성주의 실천의 관심은 실천 기술이나 사고를 어떻게 맥락에 맞게 적절히 구성할 것인가와 주어진 맥락을 어떻게 전체적 안목으로 이해할 것인지에 있다. 이러한 사고의 전환을 도와주는 몇 가지 주요 개념들을 먼저 소개하도록 한다.

1. 맥락에 맞는 실천

사회복지는 맥락 안에서 실천되는 전문직이다. 사회복지는 처음부터 상황 속의 개인이라는 관점을 사용해 왔다. 이때 배경이나 실천의 맥락에 대한 이해는 물론 현재 구성주의적 이해와는 다르지만 상황 즉 실천의 맥락을 중요시한다는 점은 분명하다. 사회복지는 어느 한 대상만을 골라서 또는 어느 한 배경에서만 실천될 수 없다.

사회복지 실천은 여러 복합적 요소들이 서로 맞물려 있는 혼란스럽고 다원화된 양상들에 관여해야 한다. 개별 내담자 혹은 한 가족을 대상으로 해도 실제로 실천은 그들과 관련되어 있는 다수의 사람들과 사적 집단들, 공적 기관들을 배경으로 이루어진다. 사회복지 전문직에 내포된 복합성과 다수의 참여자들을 고려할 때 사실 실천은 "맥락 안에서뿐만 아니라 맥락과 함께 이루어지는 것이다"(Fook, 2002: 143). 따라서 맥락은 우리가 접한 상황을 실제로 구성하고 있는 틀이다.

맥락에 맞는 실천을 하기 위해서 사회복지사는 배경에 대한 이해를 최우선의 과제로 삼아야 한다. 이때 "맥락은 늘 불확정적이며 애매모호하고 우발적인 성질의 환경 속에 자율적인 존재들이 처한 상황 혹은 장으로 정의할 수 있다"(Leonard, 1997: 107). 그렇다면 이러한 상황은 결코 다루기 쉽지 않고 명확히 이해하기도 어렵다. 포스트모던 시대의 특징은 예측하기 어렵고 변동이 심한 맥락을 강조한다는 점이다. 즉 맥락은 "다차원적이며 복잡성의 정도도 다양하다"(Fook, 2002: 143). 이는 "여러 다른 요소들을 하나로 조직하는 획일적인 하나의 단일 힘이나 통일시키는 매개자가 없기 때문이다"(Bauman, 1992: 192). 사회복지사들이 이런 애매한 상황을 받아들이고 인내하면서 실천하는 것이 맥락과 함께 가는 실천이다.

사회복지사가 접하는 거시적인 맥락은 역사, 정치, 문화, 국가, 혹은 지구 환경 전체를 포함하는 사람들을 둘러싼 배경이나 상황들이다. 보다 근접한 맥락은 사회복지 실천이 수행되는 지역사회, 소집단과 기관들, 이웃과 친구 및 친지들이다. 사회복지 기관은 조직 수준의 맥락이며 이는 실천 상황에 많은 영향을 주고 또한 영향을 받는다.

Leonard(1997)는 포스트모던 시대의 조직 수준에서 맥락의 특성은 근대주의에서 서로 다른 요소들을 통합하고 통제하려는 경향을 벗어나 각기 분화하고 나름대로의 특성을 인정받으려는 것이라고 보았다. 그러나 이러한 분화가 오히려 전문직을 수행하는 데에 장애가 될 수 있다. 각종 전문 직종과 분야가 점점 더 세분화되어 비슷한 영역들이 증가하면서 그들 사이에 지식과 전문성을 인정받기 위한 경쟁과 폐쇄적 경향이 짙어지기 때문이다.

이러한 가운데 사람들은 서로 근접해 있거나 다른 맥락들에 동시다발적으로 관여하게 된다. 따라서 사회복지사들도 역시 다양하고 성격이 다른 맥락들과 함께 경쟁 혹은 상호 협력을 하게 된다. 이것은 사람들이 가질 수 있는 다른 입장들을 이해함과 동시에 우리 자신도 한 번에 여러 입장을 취할 수 있음을 의미한다. "다수의 입장은 다수의 관점을 가지도록 허용하고 일상의 맥락 안과 밖에서 상대적인 입장을 취할 수 있도록 한다"(Fook, 2002: 144). 이토록 유연한 자세는 근본주의적 사고를 떠나야 가능하다.

한 맥락 안에 자리 잡는 동시에 그 맥락에만 묶이지 않을 수 있는 능력은 어떤 상황 속에서 변화를 야기시킬 수 있는 특권을 제공한다(ibid.). 우리의 상대적이며 유동적인 입장은 그것이 불러오는 다수의 관점으로 하여금 우리가 재귀성을 인식하며 우리의 맥락 안에서 충실히 일하도록 해 준다.

2. 연계하는 기술

맥락 안에서 그리고 맥락과 함께 일하기 위해서는 사회복지사의 기술을 재구성하는 것이 필요하다. 이제부터는 사회복지사의 주요 기술이 개인 내적인 혹은 대인 관계에 도움을 주는 기술로 여겨져 온 풍토를 버려야 한다. 사회복지사의 기술은 이제 사람들 사이에 또한 지역들 간의 연계를 맺어주는 기술로 확장되어야 한다. 이것은 획기적인 변화가 아니라 지금까지 수행해 온 기술에 대한 인식의 폭을 넓히는 것이다.

이야기치료는 사람들 간의 연계를 촉진하여 변화를 일으키는 사례들을 지역사회 차원에서 활발히 전개해 왔다. 인정 의식과 같은 대화 기술은 지역 안과 밖을 넘나들면서 사람들의 이야기를 연결하고 지역 문제에 대한 대안을 찾는 데에 유용하게 사용되어 왔다. 인정 의식에서는 대화자와 청중이 함께 이야기를 덧붙여가는 특별한 대화 양식이 사용된다. 인정 의식은 청중을 초청하여 현재 상담자와 내담자가 진행하는 대화를 먼저 듣도록 한다. 청중들은 그들이 들은 이야기를 인정해 주고 확장시키는 증인으로서, 또한 이야기를 덧붙여하게 되는 당사자로서 이야기의 발전에 기여한다. 결과적으로 하나의 이야기로 출발하였지만 다수의 청중들이 덧붙인 이야기가 더해지면서 처음 이야기는 점점 더 풍부하게 발전되어 간다.

모두 한자리에 함께할 수 없는 지역사회에서의 인정 의식은 문서와 병행하여 대화를 연결해 갈 수 있다. 먼저 처음 모여서 이야기를 나눈 사람들의 이야기를 요약하고 정서하여 문서로 만든다. 이 문서는 다른 지역으로 보내져서 새로운 청중들에게 공개되고 그들의 반응을 이끌어낸다. 누구나 청중으로 참여할 수 있도록 이야기하는 공간을 개방한다. 개별적으로 아는 가족이나 친구 등이 청중이 될 수도 있고, 전혀 알지 못하는 전문가 혹은 비슷한 경험을 한 집단이나 지역 주민들이 청중으로 참여할 수도 있다. 청중들이 해 준 응답은 다시 처음 대화를 한 지역으로 전달되어 이 지역사람들의 반응을 끌어낸다. 이런 방식으로 지역을 옮겨 다니면서 청중들을 끌어들이고, 그 청중들이 덧붙여준 이야기로 말미암아 대화의 내용과 폭은 점점 넓어지게 된다.

소규모 가족이나 개인을 위한 인정 의식에서 청중은 직접 내담자가 있는 자리에 함께하는 것이 바람직하다. 청중은 내담자가 새로 찾은 정체성에 대해 말하는 것을 듣고 그 자리에서 선포된 이야기의 증인이 되어 준다. 인정 의식의 중요한 부분은 "선포된 말의 실현에 청중들이 기여하도록 하는 것이다"(White, 1995: 178). 이러한 양식의 이야기 연결을 명확히 이해할 수 있도록 지역사회에서 실천된 실제 사례를 다음에 소개한다.

3. 지역사회 실천 방식: 이야기 이어가기

이야기치료의 발원지인 오스트레일리아 덜윅 센터(Dulwich Center)는 2000년대 초반부터 혁신적인 방식으로 지역사회에 관여하기 시작했다. 지역사회 실천은 그 지역의 문화와 역사적 배경에 맞추어 주민들과 함께 문제를 해결하는 양식을 찾는 것이다. 이야기치료자들은 지역에서 겪는 심각한 문제들에 관여하기 위해 주민들과 함께 이야기를 나누는 공개적인 장소를 마련하였다. 이런 예는 호주 원주민을 대상으로 실시한 지역모임(White, 2003), 스리랑카 쓰나미 피해지역(Arulampalam et al., 2005)과 방글라데시의 빈민지역(Chakraborty et al., 2005), 팔레스타인 점령 지역(Sehwail, 2005; Rasras, 2005)에서의 지역모임 등이 있다. 지역사회 모임은 지역사회에 맞는 인정 의식을 발전시킨 것이다.

지역사회 모임에서 중요한 것은 그 지역의 고유한 문화적 전통과 역사를 존중하는 것이다. 이 모임에서는 각 지역마다 독특한 문제해결의 전통과 양식들이 대화 중에 자유롭게 드러날 수 있게 한다. 지금까지는 이런 대중적이며 토속적인 해결 지식은 전문적 지식에 비해 비중 있게 다루어지지 못했다. 또한 그 자체로는 현재 지역사회가 부딪힌 문제들을 해결하지 못할 수도 있다. 그러나 이 지역모임으로 주민들이 지혜를 모아 함께 이야기함으로써 지금까지와 다르게 인식되는 이야기를 생산하는 계기가 마련되었다. "토속적 지식과 기술이 자신의 문화와 어떻게 연결되어 있는지의 역사를 추적하여 이해할 때 미래를 위한 대안으로 더욱 강화될 수 있다"(Denborough, et al., 2006: 20).

이러한 지역모임이 이루어지는 단계는 다음과 같다.

1) 이야기하기(telling)

지역 안에서 주민들이 겪는 문제를 해결하기 위해 공개적인 이야기의 장을 마련한다. 이때 논쟁이나 개인적 주장을 피하고 다만 서로 이야기를 나누는 데에 초점을 둔다.

2) 다시 이야기하기(re-telling)

첫 번째 지역모임에서 나온 이야기에 공감하거나 응답해 줄 수 있는 청중을 발굴한다. 이때 비슷한 문제를 겪는 다른 지역의 주민들이 청중이 될 수 있다. 처음 나온 이야기를 문서로 만들어 다른 지역으로 보낸 후 이 문서를 청중들 앞에서 낭독하고 반응을 부탁한다. 이러한 형태의 의사소통은 서로에게 지지가 되며 유익하다. 이 이야기 속에는 어려운 때를 경험하면서 얻은 지식, 기술, 가치, 꿈 등이 풍부히 서술되어 있기 때문이다.

3) 이야기 덧붙여가기(re-telling of re-telling)

청중들이 해 준 반응을 다시 원래 대화를 시작했던 지역으로 정서하여 보내준다. 이것은 이야기를 릴레이식으로 이어가는 것으로 각기 다른 지역에서 나온 이야기와 반응들을 서로 교환하는 것이다. 이번에는 처음 이야기를 시작했던 지역 주민들이 자신들의 이야기를 들어준 지역 사람들의 응답에 대한 청중으로 활약한다. 즉 이야기는 자꾸 새로운 반응이 덧붙여지면서 점점 더 풍부해진다. 처음 이야기한 지역 사람들은 다른 지역 사람들의 응답을 통해 자신들의 지식과 기술이 그들에게 도움이 되었음을 깨닫는다. 따라서 자신들이 했던 이야기에 대한 자부심과 긍지를 느낄 수 있고 그들이 택했던 대안에 대해 인정을 받게 된다. 또한 각 지역의 독특한 문화의 공통점과 차이점들이 드러나면서 서로 자신의 문화에 대한 가치를 폭넓게 이해하게 된다.

지역사회 모임에서 사람들은 자신의 고유한 경험에 대해 표현할 기회를 가져야 한다. 특히 사회복지사들은 다른 사람의 입장을 대변하지 않는다. 다만 서로 나눈 이야기의 결과를 정리하고 문서로 만들어 둔다. 이 문서는 다른 지역으로 보내기 전에 처음 모임에 참여한 사람들에게 다시 검토할 수 있는 기회를 준다. 성이나, 계급, 인종, 성적 선호, 문화, 연령 등과 관련하여 어떤 정치적 목적으로 그들의 입장이 대변되지 않도록 주의를 기울인다. 이런 구성 양식을 보여주는 실제 사례를 다음에서 살펴보도록 하겠다.

4. 지역사회에서의 실천 사례

이 사례는 오스트레일리아 원주민들의 두 지역사회에서 진행된 인정 의식의 사례로 덜윅 센터 치료자들과 각 지역의 건강센터 직원들이 함께 진행한 것이다(Denborough et al., 2006). 이 작업이 처음 시작된 곳은 오스트레일리아 남부 지역인 Port Augusta로 최근 몇 년간 이 지역은 급증하는 청소년 사망 사고를 경험했다. 상자 속에 담은 내용과 이탤릭체로 표기된 내용은 원문을 그대로 인용한 것이며 독자들의 이해를 돕기 위해 편집되었다.

1) 이야기하기(telling)

첫 번째 지역모임은 주민들이 부딪힌 문제를 정의하고 주민들이 가지고 있는 고유한 기술과 지식을 찾기 위한 것이다. 주민들과 이야기를 나눌 때 가장 중요한 것은 그들의 이야기를 충분히 인정하는 것이다. 주민들이 말한 그대로의 단어와 문구들을 모임이 끝난 후에 문서로 남기도록 노력한다. 물론 모든 문서 작업은 사전에 주민들의 동의를 구해야 한다. 또한 이 문서가 작성된 후 주민들에게 공개하여 문서의 내용이 정확히 그들의 이야기를 담고 있는지를 확인하고 수정하는 과정을 거쳐야 한다. 이 문서의 소유자는 주민들이며 그 문서는 주민들의 뜻에 따라 사용될 것임을 확인시켜 준다.

말로 표현된 이야기들을 글로 바꾸어 문서에 남기는 것은 이야기에 대한 색다른 효과와 관점을 불러올 수 있다. 주민들이 다시 모여서 문서를 낭독하는 모임에 참여할 때에 주민들은 자신의 말에 대한 청중이 될 수 있다. 이것은 re-telling의 성격을 띠게 된다. 즉 한 번 말한 것에 대해 다시 말할 수 있는 기회를 얻는 것이다. 특히 이 문서에 주민들이 말한 단어와 문구를 정확히 적어 넣는다면 더욱 그러한 효과를 불러일으킨다.

이러한 re-telling은 사람들의 경험에 대한 이중 서술의 기회를 제공하게 된다. 여기에서 이중 서술이란 한 번 경험을 서술하는 것으로만 그치는 것이 아니라 그 경험에 덧붙여 설명을 하도록 하는 두 번째 서술을 허용하는 것이다. 이 두 번째 서술에서는 사람들이 힘든 경험을 한 후 그 어려움에 대처해 온 방식에 대해 말하게 된다. 이러한 이중 서술은 주민들의 가치, 역사와 그들이 어려운 시기를 넘어온 방식들에 대하여 더 자세히 말할 수 있는 기회를 주는 것이다.

사실 가장 중요한 이야기의 핵심은 어려운 시기를 극복해 온 주민들의 기술과 지식을 찾아내는 것이다. 이렇게 해서 작성된 문서는 이후에 다른 지역 주민들에게 전달되는 첫 번째 이야기(telling)가 된다. 첫 번째 지역모임에서 나온 문서를 '문서 1'로 명명하고 그 실제 내용의 일부를 다음과 같이 제시하였다. 편의상 모든 기록을 보고하지 않았고 내용에 대해 이해할 수 있도록 축약하여 개요만을 소개하도록 한다.

· 문서 1

상실에 대한 반응: Port Augusta 원주민 지역의 특별한 기술

최근 우리 지역은 자살과 폭력에 의한 사망이 급격히 증가하여 많은 가족이 청소년들을 잃는 슬픔을 겪었다. 이 문서는 소중한 가족을 잃은 슬픔에 대해 이야기를 나눈 결과 슬픔에 대해 대처한 방식들에 대한 기록이다.

질문하기, 꿈, 영성, 함께 애도함, 지역유지들의 공헌을 존중함, 사망한 사람들과 지속적으로 접촉함, 젊은이들의 추모와 연결에 대한 기술, 연합, 음악, 가족, 좋은 시절을 기억함, 여러 다른 방식으로 사람들이 애도함을 인정함, 눈물과 웃음, 청년들이 우리를 돌보아줌, 그들은 우리와 영원히 함께 있음을 깨달음

2) 다시 이야기하기(re-telling)

두 번째 단계는 오스트레일리아 북쪽 Yirrkala와 Gunyangara 원주민 지역(Yolngu 지역)의 요청으로 진행되었다. 이 지역 역시 청소년의 자살로 많은 가족들이 어려움을 겪었다. 때문에 팀워커들은

Port Augusta 지역모임에서 나온 문서를 이 지역에 보내기로 결정했다. Yirrkala와 Gunyangara 주민들을 만난 자리에서 치료자와 이 지역 정신건강 센터 직원들로 구성된 팀은 Port Augusta로부터 가져온 문서를 읽고 그것에 응답하도록 부탁했다. 북쪽 지역 주민들은 문서가 낭독되는 동안 경청했으며 큰 공감을 나타냈다.

이 지역 주민들은 Port Augusta로 이 지역 주민들의 반응을 문서로 작성하여 보냈다. 따라서 이야기를 서로 주고받는 과정이 이 두 지역 사이에 시작되었다. '문서 2'는 Yirrkala와 Gunyangara 지역 사람들이 보낸 문서의 일부이다.

· **문서** 2

> *Port Augusta* ***사람들에게 보내는*** *Yolngu* ***여인들의 반응***
>
> *그들이 바로 우리의 대변자인 것처럼 그들의 이야기는 우리가 경험한 것과 너무나 비슷했다. 그 이유는 아마 우리가 같은 문제를 겪었기 때문이며, 이것은 단지 우리 지역뿐만 아니라 여러 지역에서 똑같이 겪는 문제인 것 같다. 우리도 그들의 이야기를 들려준 것같이 우리의 이야기를 해 주고 싶다. 우리의 경험을 그들의 경험과 연결하며 우리가 가진 지식과 이야기를 서로 나누게 될 것이다.*

여러 차례 지역모임을 통해 북쪽 지역 주민들은 청소년 자살 문제에 대해 대화를 계속했다. Post Augusta 사람들과 비슷한 방식으로 이 지역 주민들은 그들의 이야기를 모아 문서로 만들었다. 이 문서에 북쪽 주민들의 고유한 스토리와 기술, 지식이 담겨졌다. 이 문서는 다시 Port Augusta 지역 주민들에게 보내졌다. 다음은 이러한 모임에서 나온 문서들의 간략한 보기들을 '문서 3'에 담은 것이다.

· 문서 3

Yolngu 여인들의 이야기: 슬픔을 다루는 우리의 특별한 방식들

최근에 우리는 큰 상실로 인해 슬픔에 빠져 있다. 우리는 우리의 특별한 방식대로 슬픔을 이겨가고 있다.

그해의 첫 번째 천둥—그 해의 첫 번째 천둥은 자녀를 잃은 어머니의 마음을 흔들어 놓는다. 아들을 잃은 어머니에게 천둥은 이번 크리스마스에는 그가 없으리라는 것을 상기시킨다. 그해의 첫 번째 천둥소리는 이러한 어머니들의 마음의 메아리이다.

어머니들의 울음—가족을 잃은 어머니의 울음은 여러 해 동안 그치지 않는다. 해가 뜰 때 어머니의 울음이 있으며 해가 지는 것은 바로 어머니의 울음이다. 애도의 울음소리는 지평을 넘어서 메아리친다. 어머니의 울음은 여러 해 동안 그치지 않는다.

깊은 상처—수많은 어머니들이 깊은 상처와 고통을 겪었다. 젊은이들을 잃었기 때문이다. 젊은이가 노인을 위해 애도하지 못하고 노인들이 젊은이의 죽음을 애도해야 한다. 거꾸로 된 것이다. 우리의 젊은이는 너무나 소중하다. 어떻게 해야 이들을 지킬 수 있을지 알지 못할 때가 많다.

꿈—꿈속에 가끔 우리가 잃은 이들이 방문한다. 그들은 괜찮다고 우리에게 말한다. 그들의 목소리와 온기는 우리에게 위로를 준다. 그들이 우리를 걱정하고 있음을 안다. 어떤 때는 그들이 우리에게 사과한다. 이러한 꿈은 큰 위안이 된다. 우리가 깨어 있는 시간에도 그들이 우리와 함께 있음을 느낀다. 어떤 냄새, 소리가 이런 것을 깨우쳐 주어 그들이 우리와 함께 있고 우리와 함께 걷고 있음을 알게 해 준다.

젊은이를 염려함—우리는 밤새 자지 못하고 젊은이들이 집으로 돌아오기를 기다린다. 어떤 때는 밤을 새워 울기도 한다. 그런 때 조상들

이 살았던 삶을 보여주는 은빛 길이란 시를 떠올린다. 이 시를 읊으면서 계속 은빛 길을 내려다보곤 한다.

행복이 우리 안에 깃들었던 때—*아무리 슬픔이 깊어도 아직 우리 안에 행복한 때는 있다. 어떤 일이 있어도 우리가 어떤 일을 당해도 아직 우리에게 행복이 빛나고 있는 때가 있으며 그때 우리는 '그래, 차를 타고 떠나는 거야' 하고 캠핑을 하고 이야기를 나누며 함께 노래한다. 어려운 때에도 우리 안에 행복이 깃들 수 있도록 길을 찾아볼 수 있다.*

특별한 징표로 삶을 기림—*어떤 이가 죽으면 특별한 막대기가 그를 기념하기 위해 만들어져 부모에게 건네진다. 이 징표는 여러 세대에 걸쳐 전수된다. 이 징표는 죽은 이를 기억하고 기념하는 방식으로 이 징표를 보면 그에게서 배운 모든 것을 기억하며 우리 자신의 삶에 대해 반성한다.*

'문서 3'이 작성된 후에 북쪽 지역 어머니들은 순찰대를 구성하였다. 어머니 지역 순찰대는 마약과 자살, 폭력 등 문제가 있는 곳마다 찾아가서 도움을 주었고 청소년들을 가정으로 돌려보냈다. 지역모임의 영향으로 이 지역에는 변화가 계속 일어났다.

3) 이야기 덧붙여가기(re-telling of re-telling)

Yirrkala와 Gunyangara 주민들의 이야기들은 다시 Port Augusta와 Adelaide로 전해졌고 다시 청중들이 모여 그 이야기들을 듣고 난 후에 이야기를 계속해 갔다. 이때의 청중들은 두 종류로 나뉜다. 원래 이야기를 시작했던 Port Augusta 지역 주민들이 청중이 되었고, 이 지역과는 관련 없으나 외부에서 초청받아 이야기를 듣게 된 청중들이 있다. 이들을 외부 증인(outsider witness)이라고 부르는데 외부 증인이란 대화에 초청된 외부인들, 전문가들, 혹은 동료들을 말한다. 외부 증인들은 대화를 시작한 처음 지역주민들을 알지 못한다. 그러나 이 외부 증인들은 그들의 이야기를 듣고 그 지역 주민들에게 공감해 주고 그들의 이야기에 반응해 줄 수 있다. 이때 워커들은 외부 청중들에게 그들의 소감을 묻는 다음과 같은 질문을 던졌다(Den borough et al., 2006: 35-36).

1. *들은 이야기의 어느 부분이 흥미를 끌었으며 의미 있었나?*
2. *이야기를 들으면서 이야기 작성자에 대한 어떤 이미지가 떠올랐는가?*
3. *왜 어떤 부분의 이야기에 특별히 개인적으로 공감되었는가?*
4. *이 이야기를 들음으로 인해서 이전과 달라진 점은 무엇인가? 이 이야기를 들었기 때문에 일어나게 된 변화는 무엇인가?*

다음은 외부 증인들의 증언을 문서로 작성한 사례들이다.

· 문서 4

Port Augusta와 다른 지역에서 Yolngu 사람들에게 보내는 메시지 – Yirrkala와 Gunyangara로부터 온 이야기에 대한 반응

미풍과 공감—우리는 여러분들이 이야기를 들려준 것에 대해 너무나 감사한다. 당신들의 이야기를 들으면서 나는 결단과 힘을 담은 미풍을 떠올렸다. 이 바람은 다른 지역에서도 우리와 너무나 비슷한 일들이 있음을 말해 준다. 우리도 상실의 슬픔에 잠겨 있다. 긴 여행을

시작하면서 당신들이 한 말을 담은 미풍은 점점 더 강해질 것이다. 이 미풍은 점점 더 많은 지역에 불게 되어 우리의 희망과 꿈을 지탱해 갈 것이다.

-Adelaide의 원주민 여인

원주민 여인들의 힘과 사랑을 보여준 기념비**—***북쪽 원주민 여인들의 이야기를 들었을 때 나는 그들 옆에 서서 그 어깨를 감싸주고 싶은 마음이 들었다. 지역의 많은 문제에도 불구하고 여인들이 함께 뭉쳐 그 일을 해결할 방도를 찾은 것을 보았다. 내가 그들의 이야기를 생각할 때 나는 큰 흑인 여인의 동상을 어딘가에서 보고 있는 듯했다. 정말로 강한 원주민 여인들의 사랑을 보여주는 큰 동상을 말이다!*

-Port Lincoln의 원주민 여인

특별한 막대기**—***나는 죽은 사람들을 기념하는 특별한 막대기에 매혹되었다. 이러한 막대기들이 사랑하는 사람들을 기억하기 위해 여러 세대에 걸쳐 전수되는 것은 참 아름다운 생각이다. 최근에 많은 가족들이 상실을 경험하면서 감정을 주체할 수 없게 되었다. 누군가를 이런 식으로 기억한다면 그것은 정말 아름다운 일이 될 것이다. 우리도 이와 같은 방식으로 다음 세대에 전수해 줄 것이 있을지 생각해 본다.*

-Port Augusta의 원주민 여인

이 문서는 다시 Yolngu 지역으로 보내졌다. 이제 독자들은 어느 한 지역의 모임에서 나온 이야기가 어떤 식으로 연결되며 어떤 과정을 거치면서 그 자체의 생명력을 지니게 되는가를 대강 이해할 수 있을 것이다. 이야기의 증식은 이런 식으로 끝없이 계속될 수 있다.

4) 결론: 연계의 기술

한 지역모임에서 나온 이야기들은 다른 지역에서 반응을 일으키고

크고 작은 형태의 인정 의식을 통해 점점 더 풍부해질 수 있다. 이러한 일이 일어날 수 있게 하는 것이 바로 연계의 기술이다. 연계 기술은 여러 형태로 사람들의 이야기를 이어주고 반응을 통해 새로운 깨달음에 도달하게 해 주는 특별한 기술이다. 이때 중요한 것은 자신들이 한 말에 대한 반응을 듣는 것이다. 서로의 이야기와 그에 대한 반응을 주고받는 것은 여러 장점이 있다. 우선 고립되었다고 생각했던 사람들이 연결되고 단합되는 느낌을 받는 것과 동시에 서로의 이야기 속에 나타난 기술, 지식과 가치 등에 대한 강한 지지와 인정을 받는 것이다. 특히 이야기를 이어가는 과정에서 사람들은 그들이 겪은 문제를 극복하는 실제 치료를 경험할 뿐만 아니라 고난에 대한 의미와 가치를 찾는 역량 강화의 계기도 얻는다. 따라서 연계를 통해 일어날 수 있는 이야기의 증식은 모두에게 큰 도움이 될 수 있다.

이 사례를 비롯하여 구성주의적 사고에서 영향을 받은 실천 양식들은 언어 사용의 기술을 가장 핵심으로 삼는다. 사회복지사들은 행동이 아닌 의미 구성에 관심을 가져야 한다. 사회복지사들은 전문가의 입장에서 주도하는 것이 아니라 이야기가 새롭게 되어가는 현실에 함께 참여하며 새로 발생한 이야기의 증인이 되어줄 수 있다. 이러한 실천은 전문가 중심에서 벗어나서 지지자의 역할을 하면서도 내담자들에게 영향을 미치는 것이다. 이야기의 증인으로서 또한 이야기의 지지자로서의 사회복지사의 영향은 지대하다. 사회복지사는 그가 던지는 질문이나 이야기를 존중해 주는 방식들에서, 또는 사람들의 기술과 지혜를 더 많이 찾아내도록 자극하고 이를 연결해 주는 데에서 큰 영향력을 발휘할 수 있다.

구성주의 실천에서 맥락의 중요성은 계속 강조되어 왔다. 내담자의 현실이 구성되는 맥락 속에서의 이야기는 사회복지사의 모든 활동의 핵심이 되어야 한다. 이 맥락 안에서 내담자의 이야기가 더 풍부해지도록 함께 노력하는 것이 중요하다. 특히 사회복지사는 사람들이 하는 이야기의 중요성을 인식하며 그 이야기에 반응하여 새로운 지식을 창출하는 데에 전적으로 투자를 해야 한다. 이를 위해서 사회복지사는 사람들이 스스로 반성하고 스스로 조직하는 구성자임을 분명히 인식할 필요가 있다. 사람들이 한 말과 행동이 다른 사람에게 어떠한 반향을 불러내는지를 알도록 해 주는 것은 큰 도움이 될 것이다.

지금까지 기술해 온 구성주의 실천은 사회복지사들에게 새로운 지평을 열어주는 길이 될 것이다. 현장에서 실천하는 사회복지사들은 무엇이 현장에 적절한지를 새롭게 발견하고 이를 창의적 방식으로 행동에 옮겨야 한다. 구성주의적 방식에서 강조하는 것은 언어 사용에 대한 민감한 인식과 세계에 대한 다양성을 수용하는 것이다. 사회복지사들이 보다 유연하고 여유로운 실천을 할 수 있기를 기원하면서 이 장을 맺고자 한다.

주요 용어

맥락, 연계, 청중, 지역사회, 이야기

주요 개념

이야기 이어가기, 이야기하기(telling), 다시 이야기하기(re-telling), 이야기 덧붙여가기(re-telling of re-telling)

➘ 생각해 볼 점

1. 다수의 입장과 다수의 관점을 허용하고 일상의 맥락 안과 밖에서 상대적인 입장을 취할 수 있다고 보는가?
2. 다른 지역 사이에 이야기 이어가기는 가능하다고 보는가?
3. 구성주의 실천에서 맥락은 무엇인가?
4. 구성주의 사고를 이끌어가는 핵심 개념들은 무엇이라고 생각하는가?

참고문헌

강인애(2003). 『우리시대의 구성주의』. 문음사.

고미영(2005). 『이야기치료와 이야기의 세계』. 청목출판사.

김은희(2002). "사회적 구성주의 패러다임의 적용을 통한 유아교육 현장의 변화". 레지오 에밀리아. 국제학술대회 익숙한 것을 새롭게 보기(pp. 9－0140). 서울: 한국어린이 육영회 장지동 교육관.

김은희(2004). "사회적 구성주의 패러다임과 학습 공동체 실천을 위한 기관 수준의 유아교육 과정 변형에 관한 연구". 『유아교육연구』, 24(4): 161-198.

구부리움 · 제이버 · 제임스 홀스타인(1997). 『가족이란 무엇인가. 사회 구성주의적 관점에서 본 가족담론』. 최연실 · 조은숙 · 성미애 역. 도서출판 하우.

김기덕(2001). 『사회복지 윤리학』. 나눔의 집.

김미옥(2003). "사회복지실천에서의 강점관점의 적용과 유용성". 『사회복지』, 가을호.

김인숙 · 우국희(2002). "사회복지사가 인식하는 임파워먼트의 의미에 관한 질적 연구: 한국에서 임파워먼트 실천은 가능한가?". 『한국사회복지학』, 49(5): 34-61.

McNamee, S. & Gergen, K. J.(1992). *Therapy as social construction*. London: Sage. 김유숙 역(2004). 『심리치료와 사회구성주의』. 학지사.

Metcalf, L.(1998). *Solution focused group therapy*. New York: Free Press. 김성천 역(2002). 『해결중심 집단치료』. 청목출판사.

서병숙(2002). 『현대가족과 복지』. 교문사.

Sheafor, B. W., Horejsi, C. R., & Horejsi, G. A.(1997). *Techniques and guidelines for social work practice*. Allyn & Bacon. 서울대 사

회복지실천연구회 역(1998). 『사회복지실천 기법과 지침』. 나남.
Schmidt, S. J.(1987). *Der Diskurs des radikalen konstrucktivismu.* 박여성 역(1995). 『구성주의』. 까치.
우지용(2004). "사회과 수업개선을 위한 구성주의 함의". 『사회과교육』, 43(3): 5-34.
이명숙(1999). "구성주의와 지식의 기제". 『대구교육대학교 초등교육연구 논총』, 13: 19-40.
이재경(2003). 『가족의 이름으로』. 또 하나의 문화.
이종원(1999). "급진적 구성주의와 Piaget의 재발견". 『대구교육대학교 초등교육연구 논총』, 13: 41-52.
이종일(1999). "사회적 구성주의". 『대구교육대학교 초등교육연구 논총』, 13: 1-18.
이진숙(2003). "가족복지정책의 패러다임 검토". 『한국가족사회복지학회 자료집』. pp. 21-46.
최종혁(1990). "사회사업실천에 있어서 구성주의 접근법에 관한 고찰". 『한국사회복지』, 4: 177-206.
최호창(1999). "21세기를 대비한 구성주의 패러다임". 『교육연구』, 19(2): 96-99.
Kramsch, C.(1996). *Langugae and culture.* Oxford University Press. 장복명 · 강혜순 · 김정희 역(2001). 『언어와 문화』. 박이정.
Palmer, J.(1983). *To know as we are known.* 이종태 역(2000). 『가르침과 배움의 영성』. 한국기독학생회 출판부.
Payne, M. S.(1997). *Modern social work theory.* 서진환 · 이선혜 · 정수경 역(2001). 『현대 사회복지실천이론』. 나남.

Agger, B.(1991). Critical theory, poststructuralism, postmodernism: their sociological relevance. *Annual Review of Sociology,* 17: 105-131.
Anderson, H. & Goolishian, H.(1992). The client is the expert: a not–knowing approach to therapy. In McNamee, S. & K. J. Gergen. *Therapy as social construction.* London: Sage.
Anderson, H.(1997). *Conversation, language, and possibilities: A post-*

modern approach to therapy. New York: Basic Books.

Anderson, T.(1992). Reflections on reflecting with families. In McNamee, S. & K. J. Gergen. *Therapy as social construction.* London: Sage.

Anderson, W. T.(1990). *Reality isn't What it Used to be.* New York: Harper & Row.

Arulampalam, S., Perera, L., de Mel, S., White, C. & Denborough, D.(2005). Stories from Sri Lanka—responding to the tsunami. *International Journal of Narrative Therapy and Community Work,* 2: 3-10.

Bauman, Z.(1992). *Intimations of postmodernity.* London: Routledge.

Beck, U.(1992). *Risk society: Toward a new modernity.* London: Sage.

Berlin, S. B.(1996). Constructivism and the environment: A cognitive—integrative perspective for social work practice. *Families in Society,* 77(6): 325-335.

Bertrando, P.(2000). Text and context: narrative, postmodernism and cybernetics. *Journal of Family Therapy,* 22: 83-103.

Botella, L. & Herrero, O.(2000). A relational constructivist approach to narrative therapy. *European Journal of Psychotherapy & Health,* 3(3): 407-418.

Bricker-Jenkins, M.(1990). Another approach to practice and training: Clients must be considered the primary experts. *Public Welfare,* Spring: 11-16.

Bronowski, J.(1978). *The origins of knowledge and imagination.* New heven/London: Yale University Press.

Brower, A. M.(1986). Behavior changes in psychotherapy groups: A study using an empirically tested statistical model. *Small Group Behavior,* 17: 164-185.

Brower, A. M.(1989). Group development as constructed social reality: A social—cognitive understanding of group formation. *Social Work with Groups,* 12(2): 23-41.

Brower, A. M.(1996). Group Development as Constructed Social Reality Revisited: The Constructivism of Small Groups. *Families in Society,* 77(6): 336-344.

Brower, A. M., & Nurius, P. S.(1993). *Social cognition and individual change.* Newbury Park, CA: Sage Publications.

Browne, C. V.(1995). Empowerment in social work practice with older women. *Social Work,* 40: 358-364.

Buckley, E. & Decter, P.(2006). From isoloation to community: Collaborating with children and families in times of crisis. *The International Journal of Narrative Therapy and Community Work,* 2: 3-12.

Burlingame, G. M., Earnshaw, D., Hoag, M., Barlow, S. Hl, Rich－ardson, E. J., Dunnell, I., et al.(2002). A systematic program to enhance clinician group skills in an inpatient psychiatric hospital. *International Journal of Group Psychotherapy,* 52: 555-587.

Chakraborty, G., Maleque, M. & Khursheed Erfan, A.(2005). Responding to the working children of Bangladesh: The work of Ain o Salish Kendra, An interview(Denborough, D. & White, C. interviewers). *International Journal of Narrative Therapy and Community Work,* 2: 58-61.

Chambon, A., Irving, A., & Epstein, L.(1999). *Reading Foucault for social work.* New York: Columbia University Press.

Chiari G. & Nuzzo, M. L.(1996). Psychological constructivisms: a metatheoretical differentiation. *Journal of Constructivist Psychology*, 9: 163-184.

Clarke, J.(1993). *A Crisis in care? Challenges to social work*(ed.). London: Sage.

Compton, B., & Galaway, B.(1979/1980). *Social work process*(3rd & 4th ed.). Pacific Grove, CA: Brooks/Cole.

Cooper, B.(2001). Constructivism in social work: Towards a participative practice viability. *British Journal of Social Work*, 31: 721-738.

Cousen, A.(1999). Sharing the load: Group conversations with young Indigenous men. In *Extending narrative therapy: A collection of practice－based papers*(pp. 23-29). Adelaide: Dulwich Centre Publications.

Cowley, G. & Springen, K.(1995). Rewriting life stories. *Newsweek,* 125(16): 70-74.

De Jong, P. & Miller, S. D.(1995). How to interview for client strengths. *Social Work*, 40(6): 729-736.

de Shazer, S.(1982). *Patterns of brief family therapy.* New York: Guilford.

de Shazer, S.(1991). *Putting difference to work.* New York and London: Norton.

de Shazer, S.(1993). Vive la Difference. in S. Gilligan and R. Price (eds.), *Therapeutic Conversations.* New York and London: Norton.

Denborough, D., Koolmatrie, C., Mununggirritj, D., Marika, D., Dhurrkay, W., & Yunupingu, M.(2006). Linking stories and initiatives: A narrative approach to working with the skills and knowledge of communities. *The International Journal of Narrative Therapy and Community Work,* 2: 19-51.

Dewey, J.(1958), *Art as experience.* New York: Capricorn Books.

Drewery, W. & Winslade, J.(1997). The theoretical story of narrative therapy. In Monk, G., Winslade, J., Crocket, K. & Epston, D. (eds.), *Narrative therapy in practice: The archaeology of Hope.* San Francisco: Jossey Bass.

Duffy, T. M., & Jonassen, D. H.(1992). *Constructivism and the technology of instruction: A conversation.* New Jersey: Lawrence Erlbaum Associates Publishers.

Dunnett, G. N., & Llewelyn, S. P.(1988). Elaborating personal construct theory in a group setting. In G. N. Dunnett(Ed.), *Personal construct psychology in clinical settings.* London, England: Routledge and Kagan Paul.

Efran, J. S., Lukens, M. D., & Lukens, R. J.(1988). Constructivism: What's in it for you? *Family Therapy Networker,* 12: 26-35.

Efran, J. S., Lukens, M. D., & Lukens, R. J.(1990). *Language, structure, and change: Frameworks of meaning in psychotherapy.* New York: W. W. Norton.

Elkind, D.(1995). The family in the postmodern world. *National Forum,* 75(3): 24-27.

Epston, D. & White, M.(1992). *Experience contradiction: narrative & imagination.* Adeleide: Dulwich Centre Publications.

Farber, D. A., & Sherry, S.(1997). *Beyond all reason: The radical assault on truth in American law.* New York: Oxford University Press.

Ferrara, K. W.(1994). *Therapeutic ways with words.* New York: Oxford University Press.

Flexner, A.(1915). Is social work a profession? In Proceedings of the National Conference of Charities and Correction(pp. 576-590). Chicago: Hildman.

Fook, J.(2002). *Social Work: Critical theory and practice.* London: Sage.

Foucault, M.(1977). *Discipline and punish: The birth of the prison.* London: Allen Lane.

Foucault, M.(1980). *Power(Knowledge).* New York: Pantheon.

Franklin, C.(1995). Expanding the vision of the social constructionist debates: creating relevance for practitioners. *Families in Society: The Journal of Contemporary Human Sciences,* 76(7): 395-406.

Freire, P.(1985). *The politics of education.* London: Beigin & Garvey.

Fuhriman, A., & Barlow, S. H.(1983). Cohesion: Relationship in group therapy. In M. J. Lambert(Ed.), *Psychotherapy and patient relationships.* Homewood. IL: Dorsey Press.

Garland, J. A., Jones, H. A., & Kolodney, R. L.(1973). A model for stages of development in social work groups. In S. Bernstein (Ed.), *Explorations in group work*(pp. 17-71). Boston: Milford House.

Gergen, K. J.(1982). *Toward transformation in social knowledge.* New York: Springer-Verlag.

Gergen, K. J.(1989). Warranting voice and the elaboration of the self. In J. Shotter & K. J. Gergen(eds.), *Texts of identity.* London: Sage.

Gergen, K. L.(1999). *An invitation to social construction.* Thousand Oaks, CA: Sage.

Giroux, H.(1997). *Pedagogy and the politics of hope: Theory, culture, and schooling.* Boulder, CO: Westview.

Goldstein, H.(1990). The knowledge base of social work practice: Theory, wisdom, analogy or art? *Families in Society,* 72(1): 32-43.

Granvold, D. K.(1996). Constructivist psychotherapy. *Families in Society,*

77(6): 345-359.

Greene, G. J., & Lee, M. Y. & Haffpausir, S.(2005). The language of empowerment and strengths in clinical social work: A constructive perspective. *Families in Society,* 86(2): 267-277.

Hasenfeld, Y.(1987). Power in social work practice, *Social Service Review,* 61: 469-483.

Hastings, M.(2000). User involvement in education and training. In Pierce, R. and Weinstein, J.(eds.), *Innovative education and training for care professionals.* London: Jessica Kingsley(pp. 97-110).

Haworth, G.(1991). My paradigm can beat your paradigm. *Journal of Sociology and Social Welfare,* 18(4): 35-50.

Healy, K.(2000). *Social work practices.* London: Sage.

Hoffman, L.(1985). Beyond power and control: Towards a 'second-order' family systems therapy. *Family Systems Medicine*, 3: 381-396.

Howe, D.(1993). *On being a client: Understanding the process of counselling & psychotherapy.* London: Sage.

Imber-Black, E. (1988). *Families and larger systems: A family therapist's guide through the labyrinth.* New York: Guilford.

Irving, A. & Young, T.(2002). Paradigm for pluralism: Mikhail Bakhtin and social work practice. *Social Work,* 47(1): 19-29.

Jonnassen, D.(1992). Evaluating constructivist learning. In T. Duffy & D. Jonassen(Eds.), *Constructivism and the technology of instruction: A conversation*(pp. 125-138). New York: Springer Verlag.

Jordan, W.(1978). A comment on 'theory and practice in social work'. *British Journal of Social Work*, 8(11): 23-25.

Jorgenson, J.(1991). Co-construction the interviewer/ Co-constructing 'family'. in F. Steier(ed.), *Research and reflexivity.* London: Sage(pp. 210-225).

Kaminsky, M.(1985). Daily bread: Or the marriage of art and social work. *Social Work with Groups,* 8(1): 22-34.

Kelly, G. A.(1955a). *The Psychology of personal constructs.* New York: Norton.

Kelly, G. A.(1955b). *A theory of personality: The psychology of personal constructs.* New York: W. W. Norton.

Kelly, G. A.(1963). *A theory of personality.* New York: Norton.

Kuhn, T.(1970). *The structure of scientific revolution.* Chicago: The University of Chicago Press.

Leonard, P.(1997). *Postmodern welfare: Reconstructing an emancipatory project.* London: Sage.

Llewelyn, S., & Dunnet, G.(1987). The use of personal construct theory in groups. In R. A. Neimeyer & G. J. Neimeyer(Eds.), *Personal construct therapy casebook*(pp. 245-258). New York: Springer.

Luhmann, N.(1989). *Ecological communication.* Padstow: Polity Press.

Lynch, M.(1998). Towards a constructivist genealogy of social constructionism. in I. Velody and R. Williams(eds.), *The politics of constructionism*. London: Sage.

Madsen, W. C.(1999). *Collaborative therapy with multi-stressed families: From old problems to new futures.* New York: Guilford Press.

Martin, D., Garske, J., & Davis, M.(2000). Relation of the therapeutic alliance with outcome and other variables: A meta-analytic review. *Journal of Consulting and Clinial Psychology,* 68: 438-450.

Mahoney, M. J.(1988). Constructive metatheory: Basic features and historical foundations. *International Journal of Personal Conduct Psychology,* 1: 1-35.

Matto, H. C.(1998). Cognitive-constructivist art therapy model: A pragmatic approach for social work practice. *Families in Society,* 79(6): 631-639.

McPhie, L., & Chaffey, C.(1999). Group work with young women who have experienced sexual assault. In *Extending narrative therapy: A collection of practice-based papers*(pp. 31-61). Adelaide: Dulwich Centre Publications.

Merrill(1992). Constructivism and instructional design. in T. M. Duffy & D. H. Jonassen(eds.), *Constructivism and the technology of instruction: A conversation*(pp. 99-110). New Jersey: Lawrence Erlbaum Associates Publications.

Merton, R. K.(1957). *Social theory and social structure.* Glencoe, IL: Free Press.

Milner, J., & O'Byrne, P.(1998). *Assessment in social work.* Basingstoke and London: MacMillan.

Morris, D.(1998). *Illness and culture in the postmodern age.* Berkeley: University of California Press.

Mumby, D. K.(1993). Introduction. In D. K. Mumby(ed.), *Narrative and social control.* London: Newbury Park.

Murphy, J. W., & Pardeck, J. T.(1998). Renewing social work through a postmodern perspective. *Social Thought,* 18(3): 5.

Neimeyer, R. A.(1993). An appraisal of constructivist psychotherapies. *Journal of Consulting and Clinical Psychology,* 61(2): 221-234.

Nichols, M.(1987). *The self and the system.* New York: Brunner/Mazel.

Norcross, J., & Goldfried, M.(2001). *Handbook of psychotherapy integration.* New York: Oxford University Press.

Nye, J., & Forsyth, D. R.(1991). The effects of prototype-based biases on leadership appraisals: A test of leadership categorization theory. *Small Group Research*, 22: 360-379.

O'Hanlon, B. & Weiner–Davis, M.(1989). *In search of solutions.* New York: Norton.

Pardeck, J. T., Murphy, J. W., & Choi, J. M.(1994). Some implications of postmodernism for social work practice. *Social Work,* 39(4): 343-346.

Parry, A. & Doan, R. E.(1994). *Story revisions: Narrative therapy in the postmodern world.* New York: Guilford.

Parsons, T.(1949). Me kinship system of contemporary United States. In T. Parsons(ed.), *Essays in society.* New York: Free Press.

Parton, N.(1994). Problematics of government, (Post) Modernity and social work. *British Journal of Social Work*, 24(1): 9-32.

Parton, N., & O'Byrne, P.(2000). *Constructive social work: Towards a new practice.* New York: MacMillan Press.

Piaget, J.(1954). *The construction of reality in the child*(M. Cook. Trans.). New York: Basic Books(original work published 1937).

Piaget, J.(1973). *Jean Piaget, the man and his ideas*(R. I. Evans. Ed.). New York: Dutton.

Poulin, J.(2005). *Strengths-based generalist practice*(2nd ed.). Canada: Brooks/Coles.

Purvis, T., & Hunt, A.(1993). Discourse, ideology, discourse, ideology, discourse, ideology.... *British Journal of Sociology,* 44(3): 473-499.

Rapp, C. A.(2002). A strengths approach to case management with clients with severe mental disabilities. In A. R. Roberts, & G. J. Greene(eds.), *Social workers' desk reference.* New York: Oxford University Press(pp. 386-491).

Rasras, K.(2005). A human rights approach to psychotherapy. *International Journal of Narrative Therapy and Community Work.* 3 & 4: 57-60.

Reid, W. J.(2002). Knowledge for direct social work practice: an analysis of trends. *Social Service Review,* 76(1): 6-33.

Robinson, T. L.(1999). The intersections of dominant discourse across race, gender, and other identities, *Journal of Counseling & Development,* 77: 73-79.

Rogoff, B.(1990). *Apprenticeship in thinking: Cognitive development in social context.* New York: Oxford University Press.

Ronbinson, T. L.(1999). The intersections of dominant discourse across race, gender, and other identities. *Journal of Counseling & Development,* 77: 73-79.

Rosaldo, R.(1993). *Culture and truth.* London: Beacon Press.

Rosen, H.(1988). Meaning-making as a meta-framework for clinical practice. In R. A. Dorfman(ed.), *Paradigm of Clinical Social Work*(vol. 2). New York: Brunner/Mazel(pp. 257-288).

Rosenfeld, J. M.(1983). The domain and expertise of social work: A conceptualization. *Social Work,* 28: 186-191.

Saleebey, D.(1994). Culture, theory, and narrative: The intersection of meanings in practice. *Social Work,* 39(4): 351-359.

Saleebey, D.(2002). *The strengths perspective in social work practice*(3rd ed.). Boston: Allyn & Bacon.

Sands, R.(1996). The elusiveness of identity in social work practice with women. *Clinical Social Work Journal,* 24(2):167-186.

Sehwail, M.(2005). When the trauma is not past or 'post':

Palestinian perspectives on responding to trauma and torture. Responding to continuing traumatic events. *International Journal of Narrative Therapy and Community Work,* 3 & 4: 54-56.

Seikkula, J. Arnkil, T. E., & Eriksson, E.(2003). Postmodern society and social networks: Open and anticipation dialogue in network meetings. *Family Process,* 42(2): 185-203.

Sheppard, M.(1998). Practice validity, reflexivity and knowledge for social work. *British Journal of Social Work*, 28: 763-781.

Shotter, J.(1993). *Conversational realities: constructing life through language.* London: Sage.

Siporin, M.(1988). Clinical social work as an art form. *Social Casework,* March: 177-183.

Smith, C., & Nylund, D.(1997). *Narrative therapies with children and adolescents.* New York: Gulford.

Smith, L & Winslade, J.(1997). Consultations with young men migrating from alcohol's regime. *Dulwich Centre Newsletter,* 2 & 3: 16-34.

Spence, D. P.(1982). *Narrative truth and historical truth: Meaning and interpretation in psychoanalysis.* New York: Norton.

Stepthenson, J. B.(1996). Changing families, changing systems: Counseling implications for the twenty-first century. *School Counselor,* 44(2): 85-92.

Stone, E.(1988). *Black sheep and kissing cousins: How our family stories shape us.* New York: Times Books.

Tapping, C.(1991). Challenging the dominant story: Behind the "worthy of discussion" group. *Dulwich Centre Newsletter*, 4: 35-39.

Thompson, N.(1997). Anti-discriminatory practice. In Davies, M.(ed.), *The Blackwell companion to social work.* Oxford, Blackwell.

Trudinger, M., Boyd, C., & Melrose, P.(1999). Questioning sexuality: A workshop in progress. In *Extending narrative therapy: A collection of practice-based papers*(pp. 63-75). Adelaide: Dulwich Centre Publications.

Tuckman, B. W.(1965). Development sequence in small groups. *Psychological Bulletin,* 63: 384-399.

Turner, F. J.(1996). *Social work treatment: Interlocking theoretical approaches*(4th ed.). New York: Free Press.

von Glasersfeld, E.(1989). Cognition, construction of knowledge and teaching. *Synthesis,* 80: 121-140.

Vygotsky, L. S.(1978). *Mind in society: The development of higher psychological processes.* New York: Harvard University Press.

Wachterhauseer, B. R.(1986). *Hermeneutic and modern philosophy.* New York: State University of New York Press.

Wertsche, J. V.(1995). Discourse and learning in the classroom. In *Constructivism in Education.* New Jersey: Lawrence Erlbaum Associates(pp. 159-174).

Wheelan, S. A., Davidson, B., & Tilin, F.(2003). Group development across time: Reality or illusion? *Small Group Research,* 34: 223-245.

White, M.(1995). *Reauthoring lives: Interviews and essays.* Adelaide, Sth Australia: Dulwich Centre Publications.

White, M.(1988/9). The externalizing of the problem and the reauthoring of lives and relationship. *Dulwich Centre Newsletter,* Summer: 3-21.

White, M.(1991). Deconstruction and therapy. *Dulwich Centre Newsletter,* No. 3: 1-21.

White, M.(1993). Deconstruction and therapy. In S. Gilligan & R. Price(eds.). *Therapeutic conversations.* New York: W. W. Norton (pp. 22-61).

White, M.(1995). *Re-authoting lives: Interviews and essays.* Adelaide: Dulwich Centre Publication.

White, M.(1997). *Narratives of therapists' lives.* Adelaide: Dulwich Centre Publication.

White, M.(2003). Narrative practice and community assignments, *International Journal of Narrative Therapy and Community Work,* 2: 17-55.

White, M.(2006). Narrative Therapy Centre. www.narrativetherapy－centre.com

White, M.(2007). Michael White Workshop Notes. www.dulwichcentre.com

White, M., & Epston, D.(1990). *Narrative means to therapeutic ends.*

New York: Norton.
Wittgenstein, L.(1953). *Philosophical investigation.* New York: MacMillan.
Yalom, I., & Leszcz, M.(2005). *The theory and practice of group psychotherapy*(5th ed.). New York: Basic Books.
Zimmerman, M. A.(1995). Psychological empowerment: Issues and illustrations. *American Journal of Community Psychology,* 23: 581-599.

찾아보기

ㄱ

가설 108
가입 이전 단계 298
가정 중심성 270
가정법 105
가치의 중립성 73
강점(strength) 200
개인 247, 248
객관성 73
객관적인 기준 113
객관주의 44, 45, 76, 128
객관주의 교육 37
객관주의 사고 30
객관주의적 26
객관화된 체계 29
거대 담론 71
격정의 단계 299
경험 78, 79, 127
경험의 패턴화 85
경험적 대상 29
경험적 실재 224
경험주의적 22
고유성 137
고유한 입장 124
공감영역 138
공감적 이해 135
공동 실재 138
공동 창조 211
공동의 현실 39
공동체 57
공동체 축하 287
과정 91, 204
관점 64
관찰 58
구성 77
구성주의 28, 31, 39, 43, 46, 47
구성주의 실천 79
구성주의 이론 38
구성주의의 전제 76
구성주의적 사회복지 실천 80
권력 228
권력주체화 197
권한부여 197
규범적 응시(normalizing gaze) 278
규범화 단계 300
규칙 77
근대 가족 270
근본주의적인 이해 73
근접 발달 이론(the zone of proximal development) 56
근접발달 영역 82, 102
급진적 구성주의(radical constructivism) 48, 49
기적 질문 179, 180
기호(sign) 53

ㄴ

내담자 중심 115
내재화 대화 262
능동성(personal agent) 200

능력 200
능력고취 197

ㄷ

다시 이야기하기(re-telling) 327
담론 122, 230, 231
담론 분석 231
담론의 해체 231
담화 150
대상화 114, 123
대안적 실천 128, 153
대안적 이야기 149
대처 능력 127
대처 질문 184
대화 92, 93
대화 학습 52
대화적 혼합체 110
도식 72
도제학습 52
독자성 124
독특한 결과 160, 161, 165, 166
독특한 사건 153
독특한 설명의 질문(Unique Account Questions) 238
독특한 재기술 질문(Unique Redescription Questions) 239
동맹 관계 295
동반자 관계 110, 126
동향 63
뒤틀림 100

ㄹ

르네상스 44

ㅁ

맥락 121, 318
메타포지션 212
모델 64
문맥 94
문제 127, 137
미래 확신 질문 185
민감성 97

ㅂ

반성적 관여 129
반영적 106
반영적 지식 227
발달 계통 54
배경적 지식 103
범주 122
변수 128
보편성 113
보편화 74
본문유비 이론 236
분화의 단계 301
불확실성 106
비결정의 원리 102
비계 질문(scaffolding question) 259
비유 105
비평이론(critical theory) 223
비평적 반성 226

ㅅ

사실 30, 36
사정 123, 124, 125, 128
사회적 공동 구성 210
사회적 과정 122
사회적 구성주의 50
사회적 맥락 77, 122

사회적 상호작용 50, 204
사회적 세계 70
사회적 역량 127
사회적 정체성 58
상대주의적 인식론 46
상징(symbol) 53, 55, 77
상징체계 51, 52
상호 관여 90
상호 보충성 111
상호 주관성 125
상호성 135
상호작용 51, 53
상호적 지식 138
새로운 해석 77
생물학적 적응 48
소피스트 45
순환적인 과정 133
습관 77
실재(reality) 29, 47, 49, 52, 77, 115, 128, 231
실천 91
실행의 단계 301

ㅇ

아노미 현상 305
알고자 하는 자세 121
양계화 경남 274
언어 86
언어 게임 86
언어의 구성력 112
언어적 문맥 68
언어적 상호 과정 110
언어적 상호작용 84
역량 강화 197
역할극 309
연계의 기술 320, 332
예외 질문 177, 179
예외(exception) 176
예측불허성 106
오리엔테이션 질문(Orientation Question) 237
외재화 대화 150, 151, 163, 164, 261, 286
우발적인 진리 71
유기체 49
유비 105
유용성 49
의미 79, 127, 133
의미 만들기 107
의미 체계 54, 91
의미 통제력 108
의미 해석 124
의미의 확장 115
의식의 조망 257
의인화된 실체 127
이론 64, 65
이야기 108, 109
이야기 덧붙여가기(re-telling of re-telling) 330
이야기적 정체성 249
이야기적 진실 131
이야기적 현실 79
이야기하기(telling) 325
이원론적 구조 251
이원론적 범주 68
이중 경청(double listening) 135, 253, 254
이해 96
인간관계 125
인과론 128
인식대상 43
인식론 44, 45

인식자 49, 50
인정 예식 287
인정 의식 320
인지 도식 76, 302
인지영역 105
인지적 구성 137
인지적 구조 135
일관성 75
임파워먼트 197
임파워먼트 실천 201
입장 지도(Position Map) 263, 264

ㅈ

자극 55
작업 단계 301
작업가설 72
잠재적 가능성 124
재구성 작업 81
재귀성 132, 133, 279
재귀적 성질 211
재귀적 성찰 156
재저작 255
재저작 과정 149, 150, 153, 256
재저작 대화 161, 167, 169, 255, 256, 258
재저작 대화 질문 257
저항과 비약의 단계 299
적응 기제 48
적정성 124
적합성(viability) 49
전문가의 위치 125
전문성 22, 25, 26, 27, 36
전문지식 108
전문직 23, 27
전문직의 실체 19
정신역동학 63
정체성 75, 127, 247
정형화된 실천 67
조망하기 163
조작 49
조작적 행위 54
주관성 58, 137
주관적 의미 123
주관주의 128
주체성 97, 113, 114, 150
주체적 입장 95, 109
중재적 기능 55
중재적 연결 55
즉각적 대응 55
지배적 담론 71, 232
지배적 이야기 148
지배적 지식 236
지식 46, 47, 48, 78, 128
직유 105
진리 44
집단 관계 127
집단 응집력 294
집단 지도자 296

ㅊ

참여적 인식론 128
척도 질문 181, 183
청중의 영입 285
초대 126
추상화 작업 81
측정 58

ㅌ

텍스트 109
통제감 82
투과성 276
투과성이 높은 가족 275

ㅍ

포스트모더니스트 66
포스트모더니즘 31, 66
포스트모던 31, 32, 319
포스트모던 시대 318
표현의 위기 85
표현의 이중성 135
풍자 105

ㅎ

한국 가족 274
해결중심 모델 175, 252
해석 79
해석적 과정 128
해석적 맥락 281
해석적 세계 115
해석학적인 입장 73
핵심 개념 80
핵심 구성 80
행위의 조망 257
현상학적 97
현실 98
현실 위기감 304
현실 지향적인 관계 111
현실의 창조 94
현실화 100
현장성(locality) 71, 72, 113
협동 학습 56
효과성 34
힘의 균형 109

Abraham Flexner 27
Anderson(1997) 98
Ashley Couzens 307
Brower 298
Buckley 284
Cobb 50
Cole 50
Compton 23
David Epston 147
Decter 284
Efran, Lekens & Lekens 205
Fook 32, 225
Foucault 228, 230, 236, 278
Galaway 23
Gergen 48, 50, 52, 85, 206
Glasersfeld 48, 49, 50
Hastings 126
In-Soo Berg 174
John Weakland 174
Jonassen 26
Kant 46
Kelly 130
Mead 53
Michael White 103, 147, 237
Milton Erickson 174
O'Hanlon 110
Parsons(1949) 272
Parton 20
Piaget 48, 50
Rogoff 52
Sheppard 134
Spence 131
Steve de Shazer 174
Thompson 134
Vygotsky 48, 50, 51, 54, 55, 101, 102
Weiner－Davis 110
Wertsch 50
Wittgenstein 86

저자 소개

고미영(高美瑛) 연세대학교 영어영문학과 졸업
The University of Georgia, 사회복지학박사
현재 서울신학대학교 사회복지학과 부교수

아산재단 연구총서 제267집
구성주의 사회복지 실천 기술론 값 14,000원

2009년 4월 30일 1판 1쇄

저 자 고 미 영
발 행 인 임 경 환
발 행 처 **집 문 당**
주 소 413-756 경기도 파주시 교하읍 문발리 514-7(본사)
110-360 서울시 종로구 와룡동 95번지(서울사무소)
등 록 1971. 3. 23. 제2-304호
영 업 부 (02)743-3192~3 팩스(02)742-4657
전자우편 sale@jipmoon.co.kr
편 집 부 (02)743-3096 팩스(02)743-3097
전자우편 edit@jipmoon.co.kr
홈페이지 www.jipmoon.co.kr

ISBN 978-89-303-1408-4

이 도서의 국립중앙도서관 출판시도서목록(CIP)은 e-CIP 홈페이지
(http://www.nl.go.kr/ecip)에서 이용하실 수 있습니다.(CIP제어번호: CIP2009000966)

아 | 산 | 재 | 단 | 연 | 구 | 총 | 서

1 전환기의 중국경제
김윤환 외 | 단국대 경제학과

2 폴란드 경제의 변천 개혁과 그 전망
김광수 | 숭실대 경제학과

3 재소한인
이광규 외 | 서울대 인류학과

4 소련산림과 임업
홍성천 외 | 경북대 임학과

5 아세안의 정치경제
김국진 외 | 외교안보연구원

6 태국의 사회변동과 경제발전
최석만 외 | 전남대 사회학과

7 중국의 사회경제 통계분석
신한풍 외 | 고려대 통계학과

8 중국의 정치와 경제
박두복 외 | 외교안보연구원

9 동유럽의 개혁과 시장경제의 도입
허만 외 | 부산대 사범대학

10 동유럽의 개혁운동
박영신 | 연세대 사회학과

11 현대 러시아 연구
기연수 외 | 한국외대 노어과

12 전략적 선택과 기업의 국제경쟁력
이장호 | 서강대 경영대학

13 협동사회의 정착과 정부의 역할
이종범 외 | 고려대 행정학과

14 한국 제조기업 생산성의 동적 분석
노부호 외 | 중앙대 경영대학

15 분배의 정의
변형윤 외 | 서울대 경제학과

16 도덕적 행동의 강화
이훈구 외 | 연세대 심리학과

17 관료부패와 통제
김해동 외 | 서울대 행정대학원

18 한국경제의 내실 있는 성장
정창영 외 | 연세대 경제학과

19 한국국민정신운동의 역사와 발전방향
박수명 외 | 부산대 사범대학

20 한국대학생의 가치성향과 상담효과
이영희 외 | 숙명여대 교육학과

21 가출청소년과 학교관리체제
안창규 외 | 부산대 교육학과

22 동북아 정세변화와 한・일관계
한승조 외 | 고려대 정치외교학과

23 언론과 부정부패
정대철 외 | 한양대 신문방송학과

24 한국의 고등학교 교육
이원호 외 | 부산대 교육학과

25 가족과 방송
김학수 외 | 서강대 신문방송학과

26 재정개혁의 전망과 재산세제의 개편 과제
오연천 | 서울대 행정대학원

27 청소년을 위한 전자게임 프로그램의 규제 및 평가체계 개발
박혜원 외 | 울산대 가정관리학과

28 정신장애자 가족의 사회심리적 특성
이근후 외 | 이화여대 의과대학

29 가족의 관계역동성과 문제인식
이광규 외 | 서울대 인류학과

30 현대인과 한국전통음식
승정자 | 숙명여대 식품영양학과

31 기업의 초고속정보통신망활용
안중호 | 서울대 경영학과

32 지역발전을 위한 교육자치제의 개선방안
김남순 | 조선대 사범대학

33 전환기의 공무원 가치관
조경호 | 울산대 행정학과

34 지방자치와 사회복지의 과제
김영모 | 중앙대 사회복지학과

35 WTO체제하의 지방중소기업 지원정책
최명주 외 | 계명대 통상학부

36 현대한국의 시민운동
이효선 | 중앙대 사회학과

37 기업 세계화의 단계 및 정도의 측정
허영도 외 | 울산대 경영학과

38 가족복지를 위한 가족주치의 시범사업의 효과
이혜리 외 | 연세대 가정의학교실

39 한국대학생의 삶의 만족도
김재은 외 | 이화여대 교육심리학과

40 지역경제와 지역산업구조의 개편방향
정기화 외 | 전남대 경제학부

41 중국기업의 소유형태별 경영특성
노철화 외 | 부산대 무역학과

42 남북한의 인성・사상교육
한승조 외 | 고려대 정치외교학과

43 연계적 뇌기능 조언을 위한 의료용 멀티미디어 시스템의 설계
유선국 | 연세대 의용공학교실

44 다민족국가의 민족문제와 한인사회
최협 외 | 전남대 인류학과

45 저소득층지역 청소년 여가문화와 소집단 활성화
박문수 외 | 서강대 사회학과

46 삶의 질의 국제비교와 지역간 비교분석
이재기 외 | 울산대 경제학과

47 21세기 지역주민의 삶의 질
양종회 외 | 성균관대 사회학과

48 삶의 질에 대한 국가간 비교
조명한 외 | 서울대 심리학과

49 외국인 노동자의 노사관계와 사회적 적응
석현호 외 | 성균관대 사회학과

50 한국의 사법제도와 발전 모델
정종섭 | 건국대 법학과

51 고령화사회와 중상층 노인의 사회활동
조성남 외 | 이화여대 사회학과

52 한국의 서비스 시장 개방정책
한홍렬 | 한양대 경제학부

53 한국과 AFTA간의 교역증진 및 경제협력방안
손일태 외 | 경희대 경제통상학부

54 물류비 절감을 위한 무역업체의 정보화전략
이영수 외 | 경북대 경제통상학부

55 사회주의 체제전환과 사회정책
오정수 외 | 충남대 사회복지학과

56 남북통일 이후 농업생산체계 개편
홍성규 외 | 건국대 농업경제학과

57 국제화와 세계화
하영선 외 | 서울대 외교학과

58 IMF 개혁정책의 평가와 한국경제의 신(新) 패러다임
조동근 | 명지대 경제학과

59 구조개혁과 실업대책
박동운 | 단국대 경제무역학부

60 21세기 신노사관계
심윤종 외 | 성균관대 사회학과

61 학교에서의 집단 따돌림
이춘재 외 | 가톨릭대 심리학과

62 한국노인의 정신건강실태와 건강증진
조맹제 외 | 서울대 의과대학

63 혁명과 개혁 속의 중국 농민
김광억 | 서울대 인류학과

64 중국의 경제환경과 한국기업의 진출전략
지용희 외 | 서강대 경영학과

65 김대중 대통령의 시스템 사고
김동환 | 중앙대 공공정책학부

66 실업과 가족해체
최일섭 외 | 서울대 사회복지학과

67 합리적 부채비율 조정방안
오상근 | 동아대 경제학과

68 한국 중산층의 생활문화
문숙재 외 | 이화여대 소비자·인간발달학과

69 계층간 갈등상태에서 최적소득세
김진욱 | 건국대 경상학부

70 글로벌 경쟁력 제고를 위한 기업전략과 조직구축
이만우 외 | 고려대 경영학과

71 의료보험과 국민연금의 관리효율화를 위한 통합방안
사공진 외 | 한양대 경제학부

72 정부개혁의 과제와 전략
박우서 외 | 연세대 행정학과

73 책임운영기관 제도에 관한 비교분석
김근세 | 가톨릭대 행정학과

74 새로운 패러다임하에서의 한국기업의 바람직한 지배구조
최운열 외 | 서강대 경영학과

75 현대 한국사회의 계층구조
양춘 외 | 고려대 사회학과

76 한국의 산업정책과 산업구조조정
강인수 | 숙명여대 경제학부

77 기업구조조정
김석진 | 경북대 경영학부

78 지식경영을 위한 인적자원 개발 및 관리체계
장영철 | 경희대 경영학부

79 뉴 비즈니스 모델
전성현 | 국민대 정보관리학부

80 중산층의 정체성과 소비문화
함인희 외 | 이화여대 사회학과

81 외국관광객 유치를 위한 마케팅 전략
박상규 | 강원대 경영학과

82 한국인의 세대별 문학의식
이동순 | 영남대 국문과

83 공공부문의 효율성 평가와 측정
김재홍 외 | 울산대 사회과학부

84 한국 청소년의 정치의식과 형성요인
김광웅 외 | 숙명여대 아동복지학과

85 한국 대학생의 정치의식
배한동 | 경북대 윤리교육과

86 산업의 정보화와 산업발전
이기동 | 계명대 통상학부

87 한국 제조업의 고용조정 분석
이종원 외 | 성균관대 경제학부

88 지식자산에 대한 경영전략적 평가모형 개발
배재학 외 | 울산대 컴퓨터·정보통신공학부

89 관광사업을 위한 한국적 이미지의 휴식복 개발
채금석 | 숙명여대 의류학과

90 한국 정치제도의 개혁
신정현 | 경희대 사회과학부

91 e비즈니스와 아웃소싱 전략
정승화 외 | 연세대 경영학과

92 집단 따돌림의 진단 및 치료방안
홍준표 | 중앙대 인간생활환경학과

93 16대 총선과 낙선운동
조기숙 | 이화여대 국제대학원

94 부동층 유권자 행태 분석
진영재 | 연세대 정치외교학과

95 사이버 공동체의 성공요인
이재관 | 숭실대 경영학부

96 온라인 소비자 행동의 이론과 실증
윤성준 | 경기대 경영학부

97 글로벌 시대 정약용 세계관의 가능성과 한계
차성환 | 한일장신대 역사사회학과

98 러시아의 체제전환 과정에서 나타난 국가의 역할과 그 전망
이상민 외 | 부산대 정치외교학과

99 남북한의 경제발전 수준과 산업구조 비교, 그리고 경제교류 협력방향
주성환 | 건국대 경제학과

100 집단따돌림과 교육해체
한준상 | 연세대 교육학과

101 공적연금제도의 효율성과 개선방안
유금록 | 군산대 행정복지학부

102 벤처기업-대기업의 성공적인 협력 모델
나중덕 | 경산대 경영학과

103 북한의 재외동포정책
조정남 외 | 고려대 정치외교학과

104 사이버 공동체 형성의 역동적 모형
장용호 | 서강대 신문방송학과

105 기업이론과 기업의 소유지배구조
김일태 외 | 전남대 경제학부

106 가축분뇨 자원화를 위한 공동이용조직에 대한 농가선호도 분석
유덕기 | 동국대 생명자원경제학과

107 개혁정책과 전문가 집단
이경원 외 | 제주대 행정학과

108 현대 한국사회의 이중가치체계
신수진 외 | 이화여대 가정관리학과

109 한국의 산업구조 변화와 기업집단 다각화 전략
김용학 외 | 연세대 사회학과

110 지식정보사회의 경제적 모형 설정 및 사례 연구
김범환 | 배재대 경영정보학부

111 변호사징계제도
오종근 | 한림대 법학부

112 인터넷 특허법
김순석 | 광주대 법학과

113 e-비즈니스 시대의 금융 및 재정정책의 새로운 패러다임
이종욱 | 서울여대 경제학과

114 청소년의 하위문화와 정체성
조성남 | 이화여대 사회학과

115 디지털금융시대의 금융구조변화와 정부규제 및 정책
이충열 | 고려대 경제학부

116 지식경영을 위한 기업의 조직설계방안
김경수 외 | 전남대 경영학과

117 전자금융의 발달과 경제정책의 새로운 패러다임
이명훈 | 명지대 경제학과

118 동아시아의 안보와 유엔체제
강성학 편저 | 고려대 정치외교학과

119 유료 치매노인 그룹홈의 개발과 관련 정책
최정신 외 | 가톨릭대 소비자·주거학과

120 소비자 지향적 문화산업 정책
홍영준 | 호남대 광고홍보학과

121 국제·국가·지방 환경규제의 연계
정준금 외 | 울산대 행정학과

122 현행 회사 합병·분할제도의 평가와 개선방안
옥무석 외 | 이화여대 법학과

123 배려지향적 도덕성과 정의지향적 도덕성
정옥분 외 | 고려대 사범대학

124 기업구조조정에 대한 채권금융기관 및 금융감독기관의 역할과 책임
이중기 | 한림대 법학과

125 실업대책으로서 한국의 법정기준근로 시간 단축
박영범 | 한성대 경제학과

126 프랑스어의 비분리성 소유개념 표현
노윤채 | 연세대 언어정보연구원

127 지방채의 효율적 관리방안
강태구 | 호원대 법행정학부

128 21세기 산업구조 변화와 과학기술정책
임채성 외 | 그리스도신학대 경영정보학부

129 인터넷 쇼핑몰 이용자의 불평행동
예종석 | 한양대 경영학부

130 한국기업의 성과급제도 현황, 효과 및 개선방안
김성수 | 서울대 경영학과

131 전자상거래와 소비자보호
서민교 외 | 경일대 인터넷국제통상학과

132 평생학습 사회에서의 인적자원개발을 위한 사회적 파트너십 구축
김영화 | 홍익대 교육학과

133 한국 공교육의 새로운 구상과 전략
권대봉 외 | 고려대 교육학과

134 한국의 정부개혁
김태룡 | 상지대 행정학과

135 지방정부 생산성 측정의 이론과 실제
이은국 외 | 연세대 행정학과

136 불가 시문학론
배규범 | 경희대 학술연구 교수

137 남북경제교류의 법적 문제
제성호 | 중앙대 법학과

138 경제위기와 청소년 발달
구인회 | 서울대 사회복지학과

139 생명과학기술의 응용과 기본권보호적 한계
정상기 외 | 한남대 법학과

140 경제발전과 정치환경의 한 · 일 비교분석
정갑영 외 | 연세대 동서문제연구원

141 한국 공교육의 진단
윤정일 외 | 서울대 교육학과

142 우리나라 지방자치 발전을 위한 자치 단체장의 역할
정성호 외 | 경기대 사회과학부

143 의료보험제도의 개혁방안
권순원 | 덕성여대 경제학과

144 중등 도덕교육의 현실과 문제
손동현 외 | 성균관대 철학과

145 사이버공동체 발전론
이명식 | 상명대 경영학과

146 남북경협 확대에 대비한 북한 담보 제도의 정비방안
박훤일 | 경희대 법과대학

147 한국 공무원 인사제도 개혁
김판석 | 연세대 행정학과

148 교사화법 교육
임칠성 외 | 전남대 국어교육과

149 세계화의 문화정치학
임혁백 외 | 고려대 정치외교학과

150 효과적인 e-SCM을 위한 의사결정 조정 시스템 모형
이원준 | 성균관대 경영학부

151 환경거버넌스
김종순 외 | 건국대 행정학과

152 자동차산업의 인적자원관리
이덕로 | 서원대 경영학부

153 한국과 영국 간 지식기반산업 비교
이명호 | 한국외대 경영학과

154 한국 벤처기업의 기술네트워킹 및 기술마케팅 전략
장영일 | 인제대 경영학부

155 회사변호사의 윤리
오승종 | 성균관대 법과대학

156 미디어교육론
이정춘 | 중앙대 신문방송학과

157 조선시대 서원과 양반
윤희면 | 전남대 역사교육과

158 환경문제와 철학
박찬국 | 서울대 철학과

159 노인보건복지 이론과 실제
김명 외 | 이화여대 보건교육학과

160 북한의 법체계
권재열 외 | 숭실대 법학과

161 생명공학기술의 안전성 확보에 관한 법적 고찰
이재협 | 경희대 법학부

162 청소년복지학
김성이 외 | 이화여대 사회복지학과

163 변화하는 세계, 변화하는 복지국가
조영훈 | 동의대 사회복지학과

164 의리의 윤리와 한국의 유교문화
김낙진 | 진주교대 도덕교육과

165 미국의 통상정책과 통상법
윤충원 | 전북대 무역학과

166 사회복지 프로그램 평가
김학주 | 경상대 사회복지학과

167 환경주의와 지속가능한 발전
정대연 | 제주대 사회학과

168 무역과 환경
김기흥 외 | 경기대 경제학부

169 산업계 유해폐기물의 위험과 관리
김금수 | 호서대 경상학부

170 백범 김구의 지적 계발과정 탐색
문용린 | 서울대 교육학과

171 태평양전쟁 발발 이후 일제의 인적 지배와 그리스도교계의 대응
윤선자 | 전남대 사학과

172 거버넌스 상황에서 갈등관리를 위한 대체적 분쟁해결제도
서순복 | 광주대 법정학부

173 시장경제의 유형과 민주주의
최배근 | 건국대 경상학부

174 일본고전소설 총론
김현정 | 국립한국전통문화학교

175 국어 교육을 위한 국어 문법론
이관규 | 홍익대 국어교육과

176 율곡의 군주론
전세영 | 부산교대 윤리교육과

177 동북아시아 환경협력
정서용 | 명지대 법학과

178 기후변화협약과 기후정책
신의순 외 | 연세대 경제학과

179 인터넷과 국제 학술정보 네트워크-하이퍼링크 분석
박한우 | 영남대 언론정보학과

180 국내 기업복지의 활성화 방안
최수찬 | 연세대 사회복지대학원

181 세계화와 인간안보
김우상 외 | 연세대 정치외교학과

182 세계문화유산 종묘 이야기
지두환 | 국민대 국사학과

183 한국 평생교육의 사회철학적 과제
곽삼근 | 이화여대 교육학과

184 강점모델
정순둘 | 이화여대 사회복지학과

185 글로벌시대의 계약법
박영복 | 한국외대 법과대학

186 배심제와 시민의 사법참여
안경환 | 서울대 법학과

187 동북아공동체
김재한 | 한림대 정치외교학과

188 정치 참여와 탈물질주의
김욱 | 배재대 정치외교학과

189 퍼지전문가회로망을 이용한 금융기관의 사이버 기업여신결정 지원시스템의 개발
권혁대 | 목원대 경영학과

190 환경정책과 환경법
송인성 | 전남대 지역개발학과

191 포스트모던 시대의 평생교육학
한숭희 | 서울대 교육학과

192 현대 한국인의 세대경험과 문화
박길성 외 | 고려대 사회학과

193 서구의 근로연계복지
김종일 | 건국대 사회복지학과

194 사회복지운동론
현외성 | 경남대 사회복지학과

195 외국의 역모기지 사례
유선종 | 건국대 부동산학과

196 옛이야기와 어린이문학
이지호 | 진주교대 국어교육학과

197 노인사회복지관광의 정책과제와 방안
김창수 | 경기대 관광학부

198 복지서비스의 민간위탁 시스템 분석
김순양 | 영남대 행정학부

199 새로운 빈곤층의 대두와 정부의 정책과제
김진욱 | 건국대 경제학과

200 문화행정론
김정수 | 한양대 행정학과

201 스칸디나비아 노인용 코하우징의 계획과 적용
최정신 외 | 가톨릭대 생활과학부

202 북한의 자연생태계
공우석 | 경희대 지리학과

203 통계로 이해하는 러시아
전홍찬 | 부산대 정치외교학과

204 사회복지법인의 경영과 회계
이동규 | 충남대 회계학과

205 의약분업 정책과정
차흥봉 | 한림대 사회복지학과

206 지역공동체와 평생교육
오혁진 | 동의대 평생교육학부

207 아동보호서비스의 실제
한미현 | 백석대 사회복지학부

208 그린마케팅
박재기 | 충남대 경영학부

209 아동권리와 아동복지
이혜원 | 성공회대 사회복지학과

210 국제 이주와 인도인 디아스포라
김경학 | 전남대 인류학과

211 질병과 의료의 사회학
조병희 | 서울대 보건대학원

212 북한이탈주민의 사회통합을 위한 지역복지실천의 모색
이기영 | 부산대 사회복지학과

213 치매노인케어론
조유향 | 초당대 간호학과

214 노인상담입문
서혜경 외 | 한림대 대학원 사회복지학과

215 '통일 이후 통일과정'으로서의 독일 통일영화
이준서 | 이화여대 독어독문학과

216 중국의 사회보장
오정수 | 충남대 사회복지학과

217 환경자원의 경제적 가치와 환경오염의 사회적 비용
김재홍 | 울산대 사회과학부

218 사회복지프로그램의 경제적 평가방법
박창제 외 | 상주대 사회복지학과

219 자유의지와 결정론
안건훈 | 강원대 철학과

220 심리학자들이 쓴 행복한 결혼의 심리학
채규만 외 | 성신여대 심리학과

221 현대 해석학 강의
양해림 | 충남대 철학과

222 한국인의 주거 빈곤과 공공주택
하성규 | 중앙대 도시 및 지역계획학과

223 IMF 경제위기와 한국 출산력의 변화
김두섭 | 한양대 사회학과

224 동아시아의 영토분쟁과 국제법
이석우 | 인하대 법학부

225 독일 복지국가와 사회복지서비스
정재훈 | 서울여대 사회사업학과

226 사회복지사를 위한 실용 비모수통계
엄명용 | 성균관대 사회복지학과

227 피해자학 연구
이윤호 | 동국대 경찰행정학과

228 광고언어창작론
박영준 외 | 부경대 국어국문학과

229 환경규제 패러다임의 전환
한철 | 한남대 법학과

230 고령사회의 노동환경변화와 고용시스템의 문제점 및 법적 대응
고준기 | 국립군산대 법학과

231 세계화와 소득불평등
이성균 외 | 울산대 사회과학부

232 유비쿼터스 사회의 이해
안중호 외 | 서울대 경영학과

233 국제환경책임법론
박병도 | 건국대 법학과

234 한국의 선거와 민주주의
윤종빈 | 명지대 정치외교학과

235 한국 시민운동의 구조와 동학
조대엽 외 | 고려대 사회학과

236 또래관계
송영혜 | 대구대 재활심리학과

237 해외 한국기업과 현지인 노동자
석현호 외 | 에스콰이아학술문화재단

238 독일 국가복지에서 민간복지단체의 역할과 의미
차성환 외 | 한일장신대 사회복지학부

239 청정공학
조정호 | 동양대 생명화학공학과

240 한국전통연희론
심상교 | 부산교육대 국어교육학과

241 정신장애와 가족
서미경 | 경상대 사회복지학부

242 빈곤통계의 작성과 활용
김주환 | 동국대 정보통계학과

243 인터넷과 한국정치
강원택 | 숭실대 정치외교학과

244 북한의 시장경제이행
정영화 외 | 서경대 법학과

245 시스템사고로 본 지속가능한 도시
문태훈 | 중앙대 도시및지역계획학과

246 실버산업과 유비쿼터스 컴퓨팅
고일상 | 전남대 경영학부

247 재활상담과 사례관리
나운환 | 대구대 직업재활학과

248 영유아교육기관에서의 장애 이해 교육
유수옥 | 우석대 유아특수교육과

249 장애의 사회적 의미와 사회통합
박수경 | 대진대 사회복지학과

250 경제분석의 수리적 기초
조인성 | 공주대 경제통상학부

251 비영리부문의 비교연구
김승현 | 서울산업대 행정학과

252 고등교육경제학
반상진 | 전북대 교육학과

253 과학윤리교육의 이론과 방법
조희형 | 강원대 과학교육학부

254 결혼이민자가족의 이해
김오남 | 대불대 사회복지학과

255 동아시아 국가의 공공부조
신동면 | 경희대 사회과학부

256 특수아동 진단 및 평가
이나미 | 대불대 특수교육과

257 계약형 사회복지와 권리옹호시스템
이명현 | 경북대 상주캠퍼스 사회복지학과

258 실내공기질 및 위해성 관리
양원호 | 대구가톨릭대 산업보건학과

259 충남 방언 문법
한영목 | 충남대 국어국문학과

260 교육권론
노기호 | 군산대 법학과

261 도시경관계획론
임승빈 | 서울대 조경 · 지역시스템공학부

262 교통의 새로운 패러다임
김형철 | 경원대 도시계획 · 조경학부

263 노인의 삶의 질 향상을 위한 주거환경 디자인
천진희 | 상명대 디자인대학 실내디자인전공

264 사회복지와 문화
박병현 | 부산대 사회복지학과

265 장애인복지의 이론과 실제
이선우 | 인제대 사회복지학과

266 창의성 개발을 위한 디자인교육 콘텐츠
김선영 | 인천가톨릭대 조형예술대학 환경디자인학과

267 구성주의 사회복지 실천 기술론
고미영 | 서울신학대 사회복지학과

아 | 산 | 재 | 단 | 연 | 구 | 보 | 고 | 서

1 한국인의 도덕성 연구
배해수 | 고려대 국문학과

2 산업화와 청소년 진로
이원호 | 울산대 교육학과

3 공동체의식과 시민운동
김영섭 | 한양대 행정학과

4 한국청년의 삶의 의미 충족도와 만족적 태도
안정수 | 경희대 철학과

5 중국조선족의 사회발전과 한·중관계의 위상
손장권 | 고려대 사회학과

6 해송림 "솔껍질깍지벌레"의 천적 및 주요 종의 생태
김규진 | 전남대 농생물학과

7 사회정의와 실천윤리
박종대 | 서강대 철학과

8 동구개혁의 영향
김달중 | 연세대 정치외교학과

9 한국청소년의 의식세계
김문조 | 고려대 사회학과

10 고강도 철근 콘크리트 구조의 실용화
정헌수 | 중앙대 건축학과

11 신기술의 연관형태 및 출현예측의 구조모형
권철신 | 성균관대 산업공학과

12 민간기업의 연구개발을 위한 조세정책
권영훈 | 한양대 경제학부

13 기술개발 활성화방안
송승구 | 울산대 화학공학부

14 부패의 현상과 진단
이문조 | 영남대 정치외교학부

15 연구투자의 지역적 편중화와 부산지역의 기초과학연구 활성화방안
윤웅찬 | 부산대 화학과

16 GATT의 신구 덤핑방지협정과 그 대응방안
전창원 | 동국대 무역학과

17 한국사회의 도덕성 제고를 위한 진단과 처방
황경식 | 서울대 철학과

18 새로운 노사관계 방향
이진규 외 | 고려대 경영학과

19 21세기 동북아 정세예측과 한국의 전략적 대응방안
최평길 외 | 연세대 행정학과

20 소련의 한국에 대한 정책목표분석
신승권 | 한양대 정치외교학과

21 메모리 커패시터용 $Pb(Zr_xTi_{1-x})O_3$ 강유전체 박막의 제작과 특성
장지근 외 | 단국대 전자공학과

22 러시아 국제법학의 전통
김용구 | 서울대 외교학과

23 유럽연합의 현황과 전망
김동현 외 | 성균관대 행정학과

24 중국의 정치동원
송영우 외 | 건국대 정치외교학과

25 산업적 활용을 위한 이동로보트 시스템의 개발
박민용 외 | 연세대 전자공학과

26 중국조선족의 정치사회화과정과 동화적 국민통합의 방향
전인영 외 | 이화여대 사회생활학과

27 공적부조의 이론과 실제
최일섭 외 | 서울대 사회복지학과

28 대외통상환경의 변화와 법제개편
서헌제 | 중앙대 법학과

29 기업금융의 국제화
최생림 | 한양대 경영학부

30 자동차부품공업의 노사관계
김호진 외 | 고려대 행정학과

31 산업화 과정에서의 한국가족의 실태와 전망
정창수 외 | 성균관대 사회학과

32 공무원 가치관 실태와 정립방안
배병룡 외 | 경상대 행정학과

33 해외귀국청소년의 국내적응연구
이장영 | 국민대 사회학과

34 초고속정보통신망에서 LAN서비스 제공방안
이재용 | 연세대 전자공학과

35 WTO체제의 정책적 대응
김병진 외 | 경희대 행정학과

36 유럽의 통합정치
최수경 외 | 충남대 정치외교학과

37 유기질폐기물을 이용한 고단백사료원인 조류의 생산공정
최정우 외 | 서강대 화학공학과

38 초고속정보통신망의 수용성과 정책방향
박영상 외 | 한양대 신문방송학과

39 중국의 강남사회와 한중교섭
조영록 외 | 동국대 사학과

40 세계화시대의 사회 · 문화의식
신행철 외 | 제주대 사회학과

41 국내 외국인 노동자의 문제와 대책
성규탁 외 | 연세대 사회복지학과

42 노인인력 활용정책과 프로그램
김정후 외 | 강원대 법과대학

43 한일간 학술교류 현황과 활성화방안
정홍익 외 | 서울대 행정대학원

44 계량모형에 의한 한일 경제관계의 이해
김명직 외 | 한양대 경제학부

45 직장인의 음주행태와 삶의 질
진기남 외 | 연세대 보건행정학과

46 유통정보 시스템의 구조와 설계
정용길 | 충남대 경영학과

47 남북통일 이후 사회통합을 위한 교육의 역할
안기성 외 | 고려대 교육학과

48 대중음악에 심취한 청소년들의 심리적 특성
김인경 외 | 연세대 인간행동연구소

49 멀티미디어 시스템을 활용한 교육환경의 개선방안
김한일 | 제주대 컴퓨터교육학과

50 탈냉전기 한일관계의 쟁점
최상룡 | 고려대 정치외교학과

51 자치시대 새로운 '삶의 질' 지표의 모색
김형기 외 | 경북대 경제통상학부

52 유럽통합의 역내외 협력과 갈등
이호재 외 | 고려대 정치외교학과

53 21세기를 대비한 신노사관계
김재원 | 한양대 경제학부

54 대학의 시간제학생 등록제
안규철 외 | 전남대 교육학과

55 21세기에 대비한 방송통신정책
한진만 외 | 강원대 신문방송학과

56 주민참여를 통한 혐오시설 관리운영방안
박균성 외 | 경희대 법학부

57 여성의 정치적 권리인식과 정치참여
전경옥 외 | 숙명여대 정치외교학과

58 한국인 위장질환과 식생활 · 환경요인 및 *H. pylori* 감염과의 관계
이양자 외 | 연세대 식품영양학과

59 학생과 시민의 자원봉사활동
윤정일 외 | 서울대 교육학과

60 동북아 환경문제와 지역환경협력의 모색
신연재 외 | 울산대 정치외교학과

61 노인 자원봉사활동을 통한 사회통합 프로그램 개발
김동배 | 연세대 사회복지학과

62 물류정보 시스템
김태현 | 연세대 경영학과

63 전자식 문서교환을 이용한 항공화물 운송체계
민재형 | 서강대 경영학과

64 청소년과 성
이근후 | 이화여대 의과대학

65 민족통합과 무궁화호 위성의 남북한 공동활용방안
방정배 | 성균관대 신문방송학과

66 채식주의가 20대 여성의 영양상태와 에스트로겐 대사에 미치는 영향
성미경 | 숙명여대 식품영양학과

67 가상정보공간을 통한 지역개발 활성화 전략
유재천 외 | 한림대 언론정보학부

68 조산아 관리현황 및 정책수립 방안
박상기 외 | 조선대 의과대학

69 남북한관의 의식조사와 통일교육 개선방안
김동규 외 | 고려대 북한학과

70 동양 전통 자연사상 탐구
장동순 | 충남대 환경공학과

71 초고속정보망의 시뮬레이터 구현
한기준 | 경북대 컴퓨터공학과

72 유통원가 시스템의 유효성
정다미 | 명지대 경영학과

73 국악과 문화관광의 만남
정익준 외 | 동아대 국제관광통상학부

74 기업의 지식경영 활용사례
김창은 | 명지대 산업공학과

75 선진국과 한국의 직업교육 · 훈련제도의 특성과 한계
정주연 | 고려대 경제학과

76 제주지역 성인 여성의 자원봉사활동
이상철 외 | 제주대 사회학과

77 M&A와 문화충돌 관리
박원우 | 서울대 경영학과

78 폐금속광산 인근 주민들의 중금속 오염실태
정종학 외 | 영남대 의학과

79 북한 농촌·농업실태와 인력자원개발 시스템을 통한 북한 농민의 구호방안
박성열 | 건국대 교육공학과

80 중소 소매점의 경쟁력과 소매성과
채명수 외 | 한국외대 무역학과

81 고령자를 위한 쾌적한 실내온도와 착의량의 설정
정운선 | 안동대 의류학과

82 지역문화 이벤트 PR
박종민 | 경희대 언론정보학부

83 인터넷 지역정보화의 실태와 전략
유평준 외 | 연세대 행정학과

84 여성 삶의 질 향상을 위한 사회교육 활성화 방안
김양희 | 중앙대 가족복지학과

85 벤처기업과 벤처금융
강대석 외 | 충남대 무역학과

86 구조조정기에 있어서 실업대책과 사회안전망 구축
박천익 | 대구대 경제학과

87 한국 유아의 조기교육
이명조 외 | 한국외대 교육대학원

88 남북한 경제공동체 형성전략
이상만 | 중앙대 경제학과

89 지방자치회계의 투명성과 주민의 알 권리
권찬태 외 | 경북대 경영학부

90 정치지도자의 정책리더십
이해영 | 경일대 행정학과

91 경제위기와 한국인의 복지의식
신광영 외 | 중앙대 사회학과

92 북한의 노동
김강식 | 한국항공대 경영학과

93 우리나라 중소기업의 정보기술 활용 현황과 경쟁력 강화를 위한 제안
정승호 | 부산외대 정보시스템학과

94 인간배아복제의 법적·윤리적 문제점과 그 해결방안
최병규 | 한경대 법학부

95 가치변화에 따른 투표행태
조찬래 외 | 충남대 정치외교학과

96 인터넷 경매에서의 계약체결과 소비자 보호
이기수 외 | 고려대 법과대학

97 세계화시대 남북한 통합의 방향과 과제
윤민재 | 서울대 사회발전연구소

98 글로벌 시대 지방정부의 문화마케팅 전략
박흥식 | 중앙대 행정학과

99 대졸여성실업의 실태분석 및 대학-노동 시장 간 효율적 연계방안
이은우 외 | 울산대 사회과학부

100 그린 투어리즘의 분석
이응진 | 대구대 관광학부

101 지방자치단체장의 부정부패
오일환 | 한양대 아태지역연구센터

102 산업화가 유교체제하 중국여성의 지위에 미친 영향
천성림 | 배재대 사회과학연구소

103 움직이는 말하기
유혜숙 외 | 나사렛대 교양학부

104 장애학생을 위한 특수교육공학의 활용
김용욱 | 대구대 중등특수교육과

105 지식기반사회의 평생교육 이해와 평생교육 프로그램 개발
박성열 | 건국대 교육공학과

106 N세대의 미술교육
김동철 | 대구교육대 미술교육학과

107 노후계획과 투자
권택호 | 여수대 국제통상학과

108 영화산업
양영철 | 경성대 연극영화학부

109 동유럽의 변혁과 언론의 역할
정대수 | 경남대 정치언론학부

110 환율, 임금, 물가가 국제경쟁력 및 수출입산업에 미치는 영향
하인봉 | 경북대 경제통상학부

111 일본기업의 기술혁신 전략
위정현 | 중앙대 상경학부

112 노후보장정책과 역저당연금제도
조덕호 외 | 대구대 행정학과

113 유비쿼터스 라이프와 미래 사회
김석수 | 한남대 멀티미디어공학과

114 죽음과 관련된 생명윤리적 문제들
구인회 | 가톨릭의과대 인문사회과학교실

115 경제적 세계화와 빈곤문제, 그리고 국가
김준현 | 한일장신대 인문사회과학부

116 한국의 세계불교유산
김종명 | 한국학중앙연구원 한국학대학원

117 복지레저서비스론
고태규 | 한림대 국제학부

118 자생적 철학체계로서 인간중심철학
선우현 | 청주교대 윤리교육과

119 전략적 통합과 한반도 평화체제
김승채 | 고려대 정책대학원